本书由西藏民族大学资助出版

边疆与枢纽

近代新疆城市发展研究（1884—1949）

刘玉皑◎著

中山大学出版社
·广州·

版权所有　翻印必究

图书在版编目（CIP）数据

边疆与枢纽：近代新疆城市发展研究（1884—1949）/刘玉皑著.—广州：中山大学出版社，2016.8
ISBN 978 - 7 - 306 - 05767 - 9

Ⅰ. ①边… Ⅱ. ①刘… Ⅲ. ①城市史—研究—新疆—1884—1949 Ⅳ. ①K294.5

中国版本图书馆 CIP 数据核字（2016）第 179597 号

出 版 人：	徐　劲
责任编辑：	王延红
封面设计：	林绵华
责任校对：	高　洵
责任技编：	何雅涛
出版发行：	中山大学出版社
电　　话：	编辑部 020 - 84111996，84113349，84111997，84110779
	发行部 020 - 84111998，84111981，84111160
地　　址：	广州市新港西路 135 号
邮　　编：	510275　　　　传　真：020 - 84036565
网　　址：	http://www.zsup.com.cn　E-mail：zdcbs@mail.sysu.edu.cn
印 刷 者：	广州家联印刷有限公司
规　　格：	787mm×1092mm　1/16　16.25 印张　300 千字
版次印次：	2016 年 8 月第 1 版　2016 年 8 月第 1 次印刷
定　　价：	48.00 元

如发现本书因印装质量影响阅读，请与出版社发行部联系调换

目　录

前　言 ·· （1）
　一、研究背景 ·· （1）
　二、研究概况 ·· （4）
　三、研究思路 ··· （14）
　四、主要内容 ··· （16）
　五、相关概念说明 ··· （17）

上编　时间·城市

第一章　清末新疆城市近代化的开端 ·· （23）
　第一节　毁坏与建设：清末新疆城市景象 ·································· （24）
　　一、战乱后疮痍满目的城市 ·· （24）
　　二、平乱后的城市建设 ·· （27）
　　三、沙俄入侵对新疆城市发展的影响 ···································· （32）
　第二节　建省、新政与开埠：新疆城市近代化的开端 ·················· （34）
　　一、建省：新疆城市迈入近代发展的轨道 ····························· （35）
　　二、新政：进一步推动新疆城市的近代发展 ·························· （43）
　　三、开埠：新疆城市卷入资本主义市场体系 ·························· （54）
　小　结 ·· （55）

第二章　20世纪上半期新疆城市的缓慢发展 ································· （56）
　第一节　城市的半封闭缓慢发展与陷入乱局 ······························ （56）
　　一、辛亥革命时期的新疆城市 ··· （56）
　　二、避世策略下的城市发展 ·· （58）

三、金树仁主新时期城市的萧条 …………………………………… (64)
第二节 新疆城市近代发展的上升期与停滞期 ……………………… (70)
一、盛世才主新前期新疆城市进入近代发展的黄金时期 ………… (70)
二、国民政府接管新疆后的城市发展 ……………………………… (73)
小 结 ………………………………………………………………… (75)

中编 空间·城市

第三章 近代新疆城市外部空间分布形态 ……………………………… (79)
第一节 城市数量：伴随县治逐渐增加的治城 ………………………… (79)
一、清末建省前后州县制初设时期的城市数量 …………………… (80)
二、民国时期（1912—1949）行政建置调整对城市数量的影响
　　………………………………………………………………… (82)
第二节 近代新疆城市人口规模 ………………………………………… (88)
一、清末新疆各城人口数量及城市相对等级划分 ………………… (89)
二、民国时期（1912—1949）新疆城市人口规模 ………………… (93)
第三节 城市空间分布形态 ……………………………………………… (103)
一、建省之前新疆城市空间分布状态 ……………………………… (103)
二、建省之后新疆城市以自然地理条件基础形成的空间分布状态
　　………………………………………………………………… (104)
三、近代新疆城市分布形态的特点 ………………………………… (109)
小 结 ………………………………………………………………… (111)

第四章 单体城市形态与内部功能分区 ………………………………… (112)
第一节 城市外部轮廓形态 ……………………………………………… (112)
一、清末建省时新疆城市外部轮廓形态 …………………………… (112)
二、建省以后城市空间形态的拓展 ………………………………… (122)
三、城市各实体要素的空间布局 …………………………………… (126)
第二节 城市不同功能区的空间分布 …………………………………… (131)
一、行政区 …………………………………………………………… (131)
二、工商业区 ………………………………………………………… (134)
三、居民区 …………………………………………………………… (138)
四、城郊的开拓经营 ………………………………………………… (140)
五、城中之城：领事圈与贸易圈 …………………………………… (141)

第三节 近代新疆城市的形态演变
　　——以迪化城为例 ……………………………………………（144）
　　一、迪化城空间形态的雏形 ………………………………（144）
　　二、建省后迪化城空间的扩展 ……………………………（145）
　　三、民国以后迪化城市空间的变化 ………………………（147）
小　结 …………………………………………………………………（151）

下编　时空之间·城市

第五章　因商而兴的城市近代化 …………………………………（155）
第一节　城市近代工业举步维艰 ………………………………（155）
　　一、城市传统手工业发展情况 ……………………………（155）
　　二、城市近代工业的萌芽 …………………………………（157）
　　三、新疆城市近代工业发展特点及工业对城市发展的影响 …（161）
第二节　因商而兴的近代城市发展 ……………………………（162）
　　一、空白市场对内地商人的吸引 …………………………（162）
　　二、维吾尔族从商传统 ……………………………………（164）
　　三、苏俄商业在新疆城市几成垄断之势 …………………（165）
　　四、商业发展对近代新疆城市发展的影响 ………………（169）
小　结 …………………………………………………………………（173）

第六章　近代新疆城市的功能与类型 ……………………………（175）
第一节　城市功能的多样化与综合化 …………………………（175）
　　一、近代新疆城市的个性功能 ……………………………（175）
　　二、近代新疆城市的功能变迁 ……………………………（176）
第二节　近代新疆城市的类型及个案分析 ……………………（179）
　　一、综合型中心城市 ………………………………………（179）
　　二、交通枢纽城市 …………………………………………（183）
　　三、商业城市 ………………………………………………（189）
小　结 …………………………………………………………………（192）

第七章　多元异质交融的近代城市文化与社会 …………………（193）
第一节　城市人口的多元结构 …………………………………（193）
　　一、近代新疆城市人口的国家、民族结构 ………………（193）

二、近代新疆城市人口的职业结构 …………………………（198）
　第二节　多元异质交融的城市文化 ……………………………（205）
　　一、穆斯林城市及其传统文化 …………………………………（205）
　　二、汉文化对城市的影响 ………………………………………（211）
　　三、近代城市发展中的外国文化、殖民文化印记 ………………（219）
　第三节　传统与现代碰撞的城市生活 …………………………（222）
　　一、城市居民的生活状态 ………………………………………（222）
　　二、城市居民的基本生活水平 …………………………………（226）
　小　结 ……………………………………………………………（230）

结语　边疆与枢纽双重角色中的城市发展 ……………………（232）
　一、"孤悬塞外"的边疆之城 ……………………………………（232）
　二、"欧亚十字路口"的枢纽之城 ………………………………（235）

参考文献 ………………………………………………………（241）

附　录 …………………………………………………………（254）

前　　言

一、研究背景

新疆位于我国西北边疆，地域辽阔，自然地理条件复杂，游牧经济与农耕经济是该地区的两种主要经济类型。除逐水草不定的游牧民族外，该地区的其他人口主要集中在天山南北沙漠边缘绿洲地区，自汉代起便形成一些人口密集、商业繁荣的市镇。然而，由于历史上这一地区地处边陲、人口稀少、生产力较低，加上民族问题复杂、地方政权更迭频繁、地区局势不稳，历代中央政府对此地的经营鞭长莫及、时断时续，因此，城市发展阻碍重重。直到清乾隆年间中央政府收复新疆，掀起屯垦、移民等开发热潮，推进了新疆地区城市建设与发展，城市规模才得以逐步扩大，城市数量也不断增加，奠定了近现代新疆城市发展的基础。

清末新疆建省以后，城市逐步迈入近代化的发展轨道，"边缘"与"枢纽"两种角色的交汇成为近代新疆城市发展的两大特色。具体而言，一方面，新疆位于中国西北地区边疆地带，使得新疆的城市带有鲜明的"边缘"特点，即在地理位置和国家管理层面的边疆性、军事防御层面的边陲性、民族文化层面的边缘性等；另一方面，新疆又处在"欧亚十字路口"，城市在近代国际交往中扮演了重要角色，不仅是中国西部内陆边疆重要的经济贸易进出口地区，也是国外各种政治力量试图渗透的前沿阵地，更是各种思想、文化冲突的风暴中心。"边缘"与"枢纽"两种属性的交织使近代新疆城市呈现出与中国内陆城市及其他边疆地区城市相异的发展道路，并对现代新疆城市的发展产生了深远的影响。

本书选择清末新疆建省以后城市的近代发展为研究对象，尝试以时间与空间结合、中观与微观结合、人（民族）与城市结合的多维视角，在近代国际格局和国内局势历史变革的背景之下，梳理近代我国西北边疆多民族地区城市的发展历程，展示城市的空间形态特征，分析城市的发展动力、功能

及类型,探讨城市与城市人的关系及城市多元文化特色等方面的问题,以构建近代西北边疆城市发展模式,希望对于充实我国城市史研究,理解西北边疆城市在当代发展中面临的某些历史沉积问题有所助益。

(一) 理论意义

1. 丰富近代城市史研究内容

自 20 世纪 80 年代以来,伴随着我国城市化的加速发展,国内城市史研究逐渐兴盛,其中近代城市史研究是国内城市史研究的重点之一。就目前的研究成果来看,近代城市史研究包括对近代单体城市史和对区域城市史的研究,前者主要集中于对上海、北京、天津、武汉、重庆等内陆大城市的研究,后者则集中于对国内沿海区域、沿江区域及华中、华北区域城市的研究。研究者在借鉴西方城市史研究理论的同时,结合上述城市的发展实际,初步形成了适用于我国单体城市和区域城市的城市史理论。

我国城市发展历史存在较大的区域差异,具有中国特色的城市史理论体系必然是这些区域城市史理论的集合与整合的结果,这是国内城市史学界普遍认可的观点。然而,无论是当前国内区域城市史研究对象的侧重点,还是我国城市史理论体系的构成,边疆城市史研究都是相对薄弱的部分。虽然近年来边疆城市史的研究已经逐步得到学者的关注,但研究的广度和深度尚需进一步拓展,表现在:①边疆区域城市史研究的关注热度呈现由东北边疆地区—西南边疆地区—西北边疆地区逐渐下降的态势;②边疆单体城市史研究集中于对少数大城市的研究,中小城市史研究成果不多;③对清代边疆城市发展历史的研究成果强于其他历史时段,边疆城市研究的时间链条还需完善;④边疆城市史理论研究有待加强。

从以上分析来看,对西北边疆地区近代区域城市史的研究可以说是目前国内城市史研究中最为薄弱的环节。以当前国内区域城市的划分标准来看,无论是自然地理条件,还是行政建置或人文历史发展特点,新疆地区都可以作为西北边疆地区一个相对独立的研究区域,而对这个区域城市的近代发展历史还未有较为成熟的综合研究成果。本书通过研究近代新疆地区的城市发展历史,以期弥补国内城市史研究中对近代新疆城市史研究的不足,丰富具有中国特色的多元城市发展理论。

2. 拓展民族史研究视野

其一,将少数民族近代史纳入城市空间内进行研究。历史上,我国少数民族多分布在边疆地区,传统的民族史研究往往将民族放在"农耕—游牧—渔猎"的生态大背景或"国家—地区"的政治、地域大背景之下,亦

有部分以乡村为背景展开的民族史研究,却很少出现以城市为空间背景的少数民族史研究。本书将对民族的历时性研究放入以城市为空间的研究框架中,使民族史研究体现更多的空间意义,如探讨各民族在近代移居城市的过程、在城市的居住形态和生存方式,城市结构与布局对民族关系的影响等,为理解新疆城市空间内多民族的近代发展历史提供了新的视角。

其二,研究多民族地区的城市特征。"背景"与"主体"的相对性决定了本书的研究在将城市作为边疆少数民族历史研究的空间背景的同时,也需探讨边疆少数民族赋予城市的独特印记,如民族关系对城市形态的影响、城市的民族特色、多民族聚居带来的多元城市文化等,对理解边疆多民族地区城市的近代发展历史亦可提供新的视角。

(二) 现实意义

1. 为解决当前新疆城市化发展中的城市问题提供借鉴

1949年后,新疆地区的城市步入城市化的快速发展阶段,尤其是进入21世纪后,城市化步伐加快,城市人口、资源、环境之间的矛盾逐渐凸显,如城市居民就业、居住、教育、传统与现代冲突等问题都成为困扰现代城市发展的难题。实际上,城市发展中的现实难题是与城市发展的历史,特别是城市的近代发展历史密切相关的。因此,研究近代新疆城市史,了解城市发展的历程,寻找各类城市现象背后的深层历史原因,总结城市发展的经验与教训,对于理解和解决当前新疆城市发展问题,推动城市和谐发展,具有重要的现实意义。

2. 为解决当前新疆城市民族问题提供借鉴

新疆地区自古以来便是多民族聚居的地区,进入近代以来,城市人口逐渐增多。至2009年,新疆城镇人口占总人口的比重达到39.85%,城镇人口数量约860万人。[1] 不仅城市人口数量庞大,而且城市人口的民族构成复杂,城市自身发展引发的种种问题如果处理不当,就可能会升级转化为民族问题,这成为城市发展要面对的重要挑战之一。了解近代新疆各民族在城市的生存历史,理解近代新疆民族问题与城市发展的互动交织,能够为解决当前新疆城市民族问题提供借鉴。

---

[1] 新疆维吾尔自治区统计局:《新疆统计年鉴2010》(光盘版),中国统计出版社2010年版。

二、研究概况

(一)国内研究现状

1. 近代城市史研究的逐步拓展与深入

近代城市研究属于城市史研究范畴。广义的中国城市史研究可以追溯到古代文献对都城、城市的记载。严格意义上的国内城市史研究起步于20世纪二三十年代,城市史研究的兴盛则是伴随着改革开放后中国城市化快速发展的步伐产生的。

在理论研究方面,学者对近代城市形态与结构、半殖民地与城市发展、城市近代化与城市化、城市近代化和城市化的动力、近代城乡关系及区域城市史研究等方面的理论进行了较为深入的探讨,提出了近代中国城市史研究的理论体系,① 初步形成了结构—功能学派、综合分析学派、社会学派、新城市史学派等不同学派,② 反映了理论研究领域的活跃。

从研究领域来看,我国近代城市研究经历了由单体城市向区域城市的扩展。单体城市研究普遍化、深入化,研究对象由近代四大城市(天津、上海、重庆、武汉)向其他城市、大城市向中小城市、通商口岸城市向其他类型城市拓展。这方面的研究成果首推国家社会科学"七五"重点项目的四部近代城市史著作,即《近代上海城市研究》(上海人民出版社1990年版)、《近代重庆城市史》(四川大学出版社1991年版)、《近代天津城市史》(中国社会科学出版社1993年版)、《近代武汉城市史》(中国社会科学出版社1993年版),是新中国成立以来第一批以比较新的理论和方法来研究中国近代城市史的学术专著。近年来又陆续出版有《近代昆明城市史》(云南大学出版社1997年版)、《近代山东城市变迁史》(山东教育出版社2001年版)、《北京城市发展史(近代卷)》(燕山出版社2008年版)、《大连近代城市发展史研究:1880—1945》(辽宁民族出版社2010年版)等著作,各具特色。从学术界对近代单体城市研究来看,成果仍主要集中在对我国内陆大城市的研究,近代数量众多的中小城市的研究还有较大的研究空间,城市个性研究和城市比较研究需要深入。

区域城市史的研究成果主要有张仲礼主持的国家"八五"社科重点研

---

① 何一民:《20世纪后期中国近代城市史研究的理论探索》,载《西南交通大学学报》(社会科学版)2000年第1期,第58-67页。

② 何一民、曾进:《中国近代城市史研究的进展、存在问题与展望》,载《中华文化论坛》2000年第4期,第65页。

究课题"东南沿海城市与中国近代化"及研究成果《东南沿海城市与中国近代化》(上海人民出版社 1996 年版),《北京与周围城市关系史》(燕山出版社 1988 年版)、《江南市镇及其近代命运 1840—1949》(知识出版社 1998 年版)、《长江沿江城市与中国近代化》(上海人民出版社 2002 年版)等近代区域城市史研究著作及《试论近代华北的区域城市系统》(《天津社会科学》1992 年第 5 期)、《上海开埠与长江流域城市近代化》(《城市史研究》第 10 辑, 1995 年)、《清末华北城市文化的转型与城市成长》(《城市史研究》第 13—14 辑, 1997 年)、《通商口岸与近代的城市和区域发展——从港口—腹地的角度》[《郑州大学学报》(哲学社会科学版) 2006 年第 6 期]、《近代天津城市兴起与区域经济发展——以天津城市与周边集市(镇)经济关系为例 (1860—1937)》(《天津社会科学》2011 年第 2 期)等研究论文。区域城市史研究改变了对单体城市孤立、静止研究的缺陷,展示了特定区域内部城市之间的动态关系及城市运转对区域历史发展的作用影响。但目前我国区域城市史研究还主要集中于对东南沿海、华北、华东、长江流域等区域城市体系的研究,对近代边疆地区城市史的研究急需加强。

有关中国城市近代发展的综合性研究成果相继出版,较有影响力的著作有何一民的《中国城市史纲》(四川大学出版社 1994 年版),对中国古代至近代城市的发展做了宏观梳理;戴均良的《中国城市发展史》(黑龙江人民出版社 1992 年版)建立中国城市产生发展的时空框架,其研究突出了中国城市与中华文明的关系;隗瀛涛主编的《中国近代不同类型城市综合研究》(四川大学出版社 1998 年版),对近代中国城市转型问题进行了全面、深入的探讨,从城市转型的角度分析了中国城市近代化的问题。曹洪涛的《中国近现代城市的发展》(中国城市出版社 1998 年版)对 19 世纪中期至 20 世纪中期中国政治中心、沿海、沿江、内陆、边疆城市分别进行了个案分析。以上这些著作作为城市通史性研究成果,研究的综合性、整体性突出,对不同历史时期及同一历史时期不同类型的城市发展特点进行了总结,具有一定的历史厚度和理论力度;但通史性研究在照顾研究的全面性的同时很难做到专题的深入研究。

此外,学术界对近代城市经济、人口、管理、文化、社会生活诸方面的研究成果极为丰富,本书不再一一列举,可参阅《近年来中国近代城市史研究综述》[①] 一文。

总体而言,我国近代城市研究从单一历史研究逐渐走向综合运用社会科

---

① 钟建安、陈瑞华:《近年来中国近代城市史研究综述》,载《社会科学评论》2007 年第 4 期,第 114 - 119 页。

学和自然科学多学科研究方法，从引用国外研究理论到初步形成具有中国特色的城市史理论，研究领域逐步拓展，研究层面日渐深入。

2. 边疆城市史研究的兴起

20世纪90年代，马大正先生在我国都市人类学第一届学术讨论会上提出边疆城市研究的重要性，此后，人类学结合民族问题对边疆城市的研究成果开始出现，但都市人类学对边疆城市问题的研究多侧重于当代城市族群与城市文化方面，对边疆城市的发展历史关注较少。

城市史研究中对边疆城市的研究较为薄弱。近年来，开始有学者涉足我国边疆地区近代城市史的研究。侯宣杰对边疆城市的概念进行了广义和狭义的界定，指出边疆城市作为一种特殊类型的城市，其发展具有与我国其他城市不同的环境、动力和功能，他认为中国边疆城市发展形成了边缘性、滞后性、民族性、开放性、复杂性等特点，在研究中国边疆城市发展史时应注意国外理论的国情适应问题，可以运用马克思主义交往理论和系统分析方法进行多维度的探究。① 侯宣杰在《论清代内陆边疆城市发展的特征》一文中进一步指出，清代内陆边疆城市发展主要依靠国家行政力量推动与国内外经济文化交往所形成的外力实现发展，造成了边疆城市发展在时序上的不稳定与空间中的不平衡状态②，其观点对于研究近代新疆城市具有一定的启发意义。值得注意的是，侯宣杰强调了"外力"在边疆城市发展中起到重要作用，对边疆城市发展的"内力"有所忽略，其论断有失客观。其他研究边疆城市近代史的文章有李德洙的《陆地边疆城市和民族地区现代化》，该文章研究方法独特，以城市与民族发展的关系为切入点，尝试了民族研究与城市史研究的结合。③ 此外，其他涉及边疆城市的研究成果还有《近代东北城市建设史》（中山大学出版社1999年版）、《近代东北城市的历史变迁》（东北师范大学出版社2001年版）、《西南地区城市历史发展研究》（东南大学出版社2011年版）等。

近年，四川大学历史文化学院城市研究所也开始推进对内陆边疆、民族地区城市发展的研究，完成了一批对边疆民族地区城市研究的成果，如何一民主持的国家教委"十五"规划课题"20世纪西部中等城市与区域发展研

---

① 侯宣杰：《中国边疆城市发展史的特点与研究方法》，载《青海民族研究》2011年第1期，第111-114页。

② 侯宣杰：《论清代内陆边疆城市发展的特征》，载《云南民族大学学报》（哲学社会科学版）2010年第4期，第98-102页。

③ 李德洙：《陆地边疆城市和民族地区现代化》，载《民族研究》1996年第5期，第30-32页。

究"及其研究成果《20世纪中国西部中等城市与区域发展》（巴蜀书社2005年版），该书第一章探讨"20世纪新疆中等城市与区域发展"，回顾了新疆城市的发展历史，对20世纪上半期新疆城市的发展类型、规模、特点等进行了概括，并分析了这一阶段影响新疆城市发展的自然环境、历史政治、经济、民族宗教、军事战争等因素，概括性强，观点鲜明。但新疆城市仅是该书研究对象的一部分，因此书中对相关内容未能展开针对性的深入研究。

从以上研究成果来看，目前学界对我国近代边疆城市的研究表现出两大特点：其一，研究尚处于起步阶段，主要运用人类学、历史学研究方法及城市史研究理论，边疆城市近代化相关理论有待进一步完善；其二，相对于对东北、西南、东南边疆城市的研究，对近代西北边疆城市的研究显得薄弱，成果少，综合性研究有待加强。

3. 近代新疆城市史研究成果

（1）近代新疆城市发展规律与特征

一些学者以大区域与长时段视野，论证了新疆城市在历史时期的发展规律与特征。葛剑雄从历史地理角度分析，指出新疆在汉代已经出现依托于绿洲和内陆河流的城市，西域城郭集中了绿洲地区相当的人口，城市化程度远远高于中原的农业发达地区，但这种城市化是建立在有限的人口和原始的农牧业基础之上的"原始的城市化"，到了近代，随着人口的增加和农牧业规模的扩大，从城市的数量、规模与人口来看，新疆城市化下降到了一般水平。① 从历史发展的长时段、大尺度而言，以人口数量为标尺衡量新疆城市化水平是可行的，但对城市在某个特定时期发展水平的判断还需考虑城市化在其他方面的内涵，如城市人口结构、产业结构等。

何一民在《20世纪中国西部中等城市与区域发展》一书中对20世纪上半期新疆城市发展特点及影响城市发展的因素进行分析，认为在20世纪上半期，新疆城市的特点表现为数量增加但总体数量少、规模小、城市经济不发达、城市封闭性强、城与市关系复杂、居民构成异质性突出、城市空间结构呈多样性、城市市政建设落后；历史、政治、自然条件、交通、通信、经济、民族和宗教等是影响新疆城市发展的重要因素。② 该研究的不足在于：其一，对城市进行了横向分类与特点概括，忽略了对城市的纵向分析，即不

---

① 葛剑雄：《从历史地理看西北城市化之路》，载《毛泽东邓小平理论研究》2005年第4期，第67—73页。

② 何一民：《20世纪中国西部中等城市与区域发展》，巴蜀书社2005年版，第32—61页。

同时间段中城市的发展变化；其二，未体现新疆城市近代发展中大、中、小城市的层级差别；其三，近代新疆城市的封闭性与开放性是并存的，其具体表现又是复杂多变的，简单界定"城市封闭性强"欠妥。

（2）近代新疆城市体系研究

近代新疆城市体系研究是新疆城市史研究领域中成果较为集中的部分。研究内容主要关注城市体系的形成、等级、规模、分布、职能与变迁。从研究范围来看，学者对近代新疆城市体系的研究，一是以新疆省域为研究单元，在研究中较关注天山南北城市体系的不同特点，二是以小城市群为研究单元。

在对新疆省域内的城市区域体系研究中，李春华的博士论文《新疆绿洲城镇空间结构的系统研究》指出，在地理、经济、民族和历史多因素的共同作用下，新疆绿洲城镇空间结构表现出多元复合特征，即点状、块状、带状组团形态下的城镇空间演化趋势，水资源、城镇职能等因素影响了城镇空间格局的发展。① 阚耀平进一步论证指出，清代以来，新疆城镇体系形成了以喀什噶尔、伊犁和迪化为中心的三大城镇群落；城镇特点表现为规模大、密度高；城镇的功能从军事、政治功能为主逐渐演化为具有经济、文化、交通等综合功能；城镇形态经历块状—条状—块状的发展历程，具有双城形态特点；城镇在平原地带和山麓地区表现不同形态；城镇布局以天山为界，在南疆和北疆分别呈现环状和"工"字形结构。② 黄达远从城市变迁的角度出发，认为晚清新疆建省以后，通过推行郡县制度，前期形成的多元化城市形态发生转变，一是城市向"治城"转变，二是打破了政区分割状态，三是复式城市向单体城市转化，最终实现了从多元政区到一体化行省政区的转变，促进了城市的发展和全区城市体系的建立。③

学者除对新疆区域城市体系进行研究外，对小城市群也有探讨，如吴轶群对新疆建省后伊犁城市体系的变迁进行了分析，指出伊犁城市职能结构在新疆建省后表现出多元发展特征，伊犁九城形成等级分明的城市体系，城市体系空间布局结构亦由条块隔离结构转变为块状结构，而这一时期推动城市发展的动力主要是行政与经济动力。④

总体而言，学者们对近代新疆城市体系的研究具有整体性和综合性的特

---

① 李春华：《新疆绿洲城镇空间结构的系统研究》，南京师范大学 2006 年博士学位论文。
② 阚耀平：《近代新疆城镇形态与布局模式》，载《干旱区地理》2001 年第 4 期，第 321 - 325 页。
③ 黄达远：《清代新疆政区变革与城市发展》，载《西域研究》2009 年第 3 期，第 90 - 97 页。
④ 吴轶群：《清代伊犁城市体系变迁探析》，载《地域研究与开发》2009 年第 4 期，第 29 - 34 页。

点,重视归纳与理论概括,但对单体城市特征及其发展变迁研究不足,从而使研究结论出现矛盾冲突之处,如何一民称近代新疆城市"数量少、规模小",但阚耀平却指出以喀什噶尔、伊犁和迪化为中心的三大城镇群落城市"规模大、密度高"。施坚雅曾指出,"几乎任何有关中国城市的概括性命题,都必须加以详细说明,加以限定",因为工业化前期的中国城市充满了"例外与偶然性"。① 意即研究工业化前期的中国城市,需从个体、部分出发来认识整体,这一研究原则同样也适用于近代新疆城市研究。鉴于新疆面积广阔,地理条件差异悬殊,对其近代城市特点及发展模式的概括也需从区域城市甚至是单体城市研究入手,只有掌握大量城市具体发展情况的资料,才能得出新疆地区不同区域(如北疆、南疆、伊犁河谷地区等)城市发展特点或规律的结论。在未有基础数据和详尽分析的前提下,过早地进行理论概括是不恰当的。

(3) 近代新疆单体城市发展研究

新疆地区的单体城市研究方面,学者关注较多的是乌鲁木齐城市的发展演变。贾秀慧对晚清民国时期乌鲁木齐城市近代化进行了系列研究,认为从19世纪下半期乌鲁木齐成为开埠城市后,在内外力的共同作用下,带着强烈的半殖民地色彩进入由封建城市向近代化城市的转变过程。② 韩春鲜、陈顺礼在《乌鲁木齐早期人类活动与城市形态演变》一文中指出,晚清至民国时期,乌鲁木齐城市呈现单触角状发展形态,城市格局表现出多民族聚集的文化特征,商业贸易发展是近代乌鲁木齐城市形态变异的内动力。③ 郑明治以乌鲁木齐为中心,探讨在多重动力与阻力共同作用下的新疆城市早期近代化进程,这一过程体现了传统与现代,中国与西方,中央与地方,保守与改革,本地与外来,边疆与内地,多民族、多宗教等二元或多元矛盾的对立与统一、冲突与调试,以广阔的研究视野对新疆城市近代化进行了多方面的分析。④

乌鲁木齐作为近代新疆的政治、经济、文化中心,是近代新疆发展最快

---

① [美]施坚雅:《中华帝国晚期的城市》,叶光庭等译,中华书局2000年版,第6页。
② 贾秀慧:《晚清民国时期乌鲁木齐城市近代化述论》,载《西域研究》2007年第2期,第35-45页;贾秀慧:《近代乌鲁木齐的市政文明建设述评》,载《新疆大学学报》(哲学·人文社会科学版)2007年第2期,第57-64页;贾秀慧:《晚清民国时期新疆的公共卫生建设探析》,载《伊犁师范学院学报》(社会科学版)2011年第1期,第76-80页。
③ 韩春鲜、陈顺礼:《乌鲁木齐早期人类活动与城市形态演变》,载《中国历史地理论丛》2005年第2期,第41-47页。
④ 郑明治:《多元视角下的新疆早期(1884—1949)城市近代化——以乌鲁木齐为中心的考察》,载《学理论》2010年第13期,第141-142页。

的城市，其城市近代化的途径、模式具有一定的特殊性，却不能作为新疆城市近代化发展的普遍性代表，因此，对新疆其他中小城市近代化发展历程的个案探讨对于理解新疆城市近代化发展的总体状态是十分必要的，而这正是目前学术界对新疆单体城市研究的不足。

（4）城市近代化阶段的特征研究

相对来说，涉及新疆城市近代化内涵的研究，即对城市经济、人口、文化、城市建设与管理等方面的研究成果较多，但由于学者研究的出发点与研究角度各异，将以上诸方面与城市近代化发展相关联的探讨较少。

①城市经济方面。学者普遍认为，晚清至民国时期新疆城市经济贸易发展带有半殖民地色彩，近代工业发展滞后①，手工业发展水平低②，城市商业相对来说较为繁荣③。其中，对于近代新疆城市商业的研究主要集中在新俄（苏）贸易④、新疆的汉族商人与商业组织方面⑤。这些研究显示了学者对近代新疆城市经济细致入微的回顾与反思，但关注点多在经济本身，很少分析城市经济发展对城市近代化及对乡村发展的作用及影响。

---

① 陈剑平、任冰心：《俄国——苏联对近代新疆工业发展的影响》，载《新疆大学学报》（哲学·人文社会科学版）2009年第3期，第69-73页；努如拉·莫明·宇里魂：《清末的新疆工业》，载《史学月刊》2010年第12期，第126-128页。

② 何伦志：《新疆近代手工业初探》，载《新疆大学学报》（哲学社会科学版）1981年第3期，第52-57页；关毅：《略论盛世才主政时期新疆近代工矿业的发展》，载《新疆师范大学学报》（哲学社会科学版）2006年第1期，第49-53页；刘洋：《浅谈新疆近代手工业之衰落》，载《乌鲁木齐职业大学学报》2009年第1期，第30-34页。

③ 张建军：《清季新疆建省后商业与城市的发展》，载《中国历史地理论丛》1996年第4期，第170页；关毅：《盛世才主政时期新疆商业贸易的发展》，载《新疆师范大学学报》（哲学社会科学版）2007年第1期，第95-101页。

④ 孟宪章：《中苏贸易史资料》，中国对外经济贸易出版社1991年版；厉声：《新疆对苏（俄）贸易史（1600—1990）》，新疆人民出版社1993年版；厉声：《清代新疆与俄国的经济关系》，载《新疆对苏战略研究论文集》，新疆大学出版社1987年版；厉声：《新疆俄国贸易圈研究》，载《西域史论丛》（第3辑），新疆大学出版社1990年版；邓绍辉：《略论1881—1914年间新俄贸易关系的扩大》，载《新疆大学学报》（哲学社会科学版）1989年第1期，第29-37页；李耕耘、厉声：《盛世才统治时期新疆对苏贸易概述》，载《喀什师范学院学报》1991年第1期，第35-47页；阎东凯：《近代中俄贸易格局的转变及新疆市场与内地市场的分离》，载《陕西师范大学学报》（哲学社会科学版）2000年第2期，第53-58页；周泓：《盛世才及国民党统治时期新疆对苏联的贸易关系》，载《西南民族大学学报》（人文社科版）2004年第12期，第253-259页；韩蓓蓓：《近代我国新疆地区与苏（俄）贸易简论》，载《边疆经济与文化》2009年第2期，第114-115页。

⑤ 贾秀慧：《民国后期新疆的工商同业公会刍议》，载《西域研究》2010年第4期，第101-107页；贾秀慧：《"津帮"在近代新疆的商业活动述评》，载《西北民族研究》2005年第3期，第198-207页；陈剑平：《试述商会对民国新疆工业的推进作用》，载《新疆地方志》2007年第2期，第57-60页。

②城市人口方面。清政府在新疆地区实行民族隔离政策,造成新疆部分城市的"复式"形态,维吾尔族、汉族、满族人口分而居之的居住格局,形成"回城""汉城"与"满城"并存的状态。① 这一时期,新疆城市人口的空间分布格局体现了原住民、难民、殖民者、移民杂居的形态。② 张建军分析了清代后期新疆主要城市的人口数量及城市规模,认为新疆建省后城市发生较大变化,为近现代新疆城市的进一步发展奠定了基础。③ 吴轶群分析了清代新疆建省前后伊犁人口变迁,认为新疆建省以后,历经20多年的发展,伊犁地区人口恢复缓慢,与社会动荡、制度变更、城市中心地位丧失有关。④ 这些有关新疆城市人口的研究,多侧重于对人口数量变化的探讨,对城市人口结构的分析需要进一步加强。

③城市民众心态、生活与文化方面。虽然晚清至民国时期新疆城市工业发展滞后,但伴随着商业的繁荣与城市人口的多元异质化,城市民众的社会心态与社会生活开始由传统向现代转变。外来因素和社会内部变革力量造成近代新疆社会生活变迁,抗战时期是这一变化的重要时期,而城市的社会生活变迁程度高于农村和牧区。⑤ 仲高指出,20世纪前半叶,新疆城市文化在外力推动下发生物质文化层面、制度文化层面、心理文化层面的近现代化变迁,在变迁过程中,传统与现代发生碰撞与磨合。城市文化表现出中西糅杂、城乡对峙、士商并列三大特点。⑥ 近代新疆城市出现多民族居住状态,各民族有特色相异、根基深厚的文化传统,城市不同民族由传统向近现代转变的道路必定有所差异,即便是同一民族,由于阶层、性别、职业等内部结构差异,面对近代文化冲击所做出的应对也有区别,因此,学者在探讨城市民众心态、生活与文化时还需做类型化的细致分析。

---

① 朱永杰、韩光辉:《清代新疆"满城"时空结构研究》,载《满族研究》2010年第3期,第49-53页、第69页;苏奎俊:《清代新疆满城探析》,载《新疆大学学报》(哲学·人文社会科学版)2007年第5期,第81-87页。

② 娜拉:《清末民国时期新疆民族人口与分布格局》,载《黑龙江民族丛刊》2006年第3期,第88-93页。

③ 张建军:《论清代新疆城市的人口规模》,载《中国历史地理论丛》1999年第4期,第133-160页。

④ 吴轶群:《清代新疆建省后伊犁人口变迁考》,载《新疆地方志》2009年第3期,第52-56页。

⑤ 冯建勇:《民国初期新疆民众社会心态的重构:传统与近代之间》,载《新疆地方志》2009年第4期,第28-30页;贾秀慧:《晚清民国时期新疆的社会生活变迁》,载《新疆大学学报》(哲学·人文社会科学版)2008年第6期,第70-75页。

⑥ 仲高:《20世纪前半叶新疆民间文化与城市文化》,载《西域研究》2000年第1期,第77-86页。

④城市结构方面。复式城市是清代形成的新疆独特的城市结构,对新疆城市发展产生了深远的影响,目前学者对新疆复式城市结构的研究成果主要有两个方面:一是对"满城""汉城""回城"称呼的论证①;二是梳理复式城市形成发展及衰落的过程②。虽然辛亥革命后复式城市发生变迁,但这一城市结构对后期新疆城市发展产生了持续性影响,从现有的研究来看,学者对这一方面的重视不足。

⑤城市规模方面。张建军以城市的城厢面积为标准,通过对比分析揭示了清末新疆建省以后城市发展的规模特点,即清末新疆各城市的城池占地规模悬殊,南北疆大城市在地域分布上的不平衡状况有所改观;张建军还进一步对一些典型城市的城池与关厢面积之间的比例关系及其影响因素进行了论证。③

⑥城市管理方面。学者普遍认为在经济困难、官僚腐败的背景下,新疆近代城市管理发展缓慢、水平落后,各城中以省会乌鲁木齐的城市管理近代化特征明显。贾秀慧指出,19世纪下半叶乌鲁木齐成为开埠城市,在政府和开明士绅、官僚的推动下,乌鲁木齐的市政文明建设开始走向近代化。④此外,有两点是目前学界在研究新疆城市管理时关注不够的:其一,从民间层面来看,近代新疆商业社团在城市管理方面的作用是值得一提的;其二,在俄、英殖民制度下,外国的城市管理方式对近代新疆城市管理也有一定的积极影响。

(5) 近代新疆城市综合研究

黄达远的《晚清新疆城镇近代化初探》是目前为数不多的直接关注新疆城市近代化的研究成果。他在文中指出,新疆建省和晚清新政是新疆城镇近代化的制度化开端,开埠通商使新疆城市卷入了近代世界市场,同时在城市内部区域商品经济也在缓慢发展;总体而言,新疆城镇的近代化带有强烈的半殖民地色彩。⑤ 此外,对于新疆近代城市研究的硕博论文体现了一定的

---

① 贾建飞:《满城,还是汉城——论清中期南疆各驻防城市的称呼问题》,载《西域研究》2005年第3期。

② 苏奎俊:《清代新疆满城探析》,载《新疆大学学报》(哲学·人文社会科学版)2007年第5期,第81-87页;朱永杰、韩光辉:《清代新疆"满城"时空结构研究》,载《满族研究》2010年第3期,第49-53页、第69页。

③ 张建军:《论清代新疆城市的占地规模》,载《中国历史地理论丛》1998年第3期,第55-75页。

④ 贾秀慧:《近代乌鲁木齐的市政文明建设述评》,载《新疆大学学报》(哲学·人文社会科学版)2007年第2期,第57-64页。

⑤ 黄达远:《晚清新疆城镇近代化初探》,载《西域研究》2005年第3期,第101-106页。

综合性研究特点，如黄达远的博士论文《隔离下的融合》，探讨了1775—1911年新疆城市发展的脉络与特点，在论及晚清新疆城市发展时，其观点与前文《晚清新疆城镇近代化初探》的观点基本一致。①

（二）国外研究状况

国外学术界的城市史研究已较为成熟，亦有关于中国城市的研究著作出版。对中国城市史研究影响极大的著作当数施坚雅（William Skinner）主编的《中华帝国晚期的城市》（中华书局2000年版），该书收录了20世纪70年代以前欧美与日本等国以及中国台湾地区一些学者有关中国城市史研究的成果，但该书关注的时间段在明清时期（1368—1895年），研究的区域主要是中国沿海及内陆城市，对晚清时期的边疆城市几乎未有涉及。施坚雅运用中心地理论，创立了区域体系理论和城市研究的层级体系模型，对中国国内城市史研究产生了极大影响，推动了国内区域城市研究的发展。

国外学术界对近代中国边疆城市及近代新疆城市的研究极少，相关研究成果有Piper Rae Gaubatz的《长城之外：中国边疆城市的形态及演变》（*Beyond the Great Wall*：*Urban Form and Transformation on the Chinese Frontiers*, Stanford University Press，1996）一书，作者详细研究了兰州、西宁、呼和浩特、乌鲁木齐和昆明5个边疆城市，提出了边疆城市中城墙的民族分隔意义、边疆城市作为民族文化交汇地、边疆城市作为帝国缩影、边疆城市的结构简单性和传统性特点等观点。②

美国学者米华健（James A. Miuward）曾专门从事新疆历史研究，著有《欧亚十字路口：新疆史》（*Eurasian Crossroads*：*A History of Xinjiang*, Columbia University Press，2007），作者将新疆的历史发展置于欧洲与亚洲两种文明交汇的背景之下，探讨新疆地区在世界历史中的角色和作用。作者在研究地区历史时采用的与世界历史结合的宏观研究视野对于研究近代新疆城市史很有启发意义。

拉铁摩尔（Owen Lattimore）在《中国的亚洲内陆边疆》（江苏人民出版社2008年版）一书中对1911—1928年间新疆城市的政治、经济、民族、宗教状况亦有述及。该书的特点在于突破以往对边疆研究的"他者"视角，采用了以边疆为"主位"的研究视角，对边疆在中国历史和中国文明中的

---

① 黄达远：《隔离下的融合——清代新疆城市发展与社会变迁》，四川大学2006年博士学位论文。

② Piper Rae Gaubatz. *Beyond the Great Wall*：*Urban Form and Transformation on the Chinese Frontiers*, Stanford University Press，1996.

作用进行了全新的定位，对近代新疆城市史研究视角的定位同样具有借鉴意义。

三、研究思路

城市史研究是一个开放的多元学科领域，涉及历史学、地理学、建筑学、经济学、社会学等学科理论方法的综合运用。本书在研究中借用现已较为成熟的城市史相关理论方法，采用区域城市史的中观研究视角和单体城市研究的微观视角，结合城市史研究的总体史观、空间史观，对近代新疆城市进行历时性和共时性的探索。

（一）研究方法

文献是历史研究的基础，本书涉及的文献有两个方面：其一，散见于晚清、民国时期的各种文献中有关1884—1949年间新疆城市发展的史料，这是梳理近代新疆城市发展过程、城市规模、城市形态、城市经济、城市文化等内容的研究基石；其二，近现代学者对近代新疆城市研究的成果，分析这些成果的优秀价值和研究缺憾，能够使研究更加有的放矢，避免重复，查漏补缺。

在梳理文献的基础上，以系统分析方法建立研究框架。新疆城市自19世纪末期开始卷入资本主义世界体系，在之后半个多世纪的城市近代化发展历程中，受各种因素交错影响。本书采用吉尔伯特·斯蒂尔特（Gilbert A. Stelter）的观点，将城市视为一种复杂的关系[①]，运用系统分析方法，将近代新疆城市发展视为有机系统的演化过程，探讨系统要素与城市系统的关系。

在研究过程中注意共时性研究与历时性研究的结合。传统的历史学研究一般需要梳理研究对象在历史时期内的发展演变过程，往往还要解释事件更早的背景及之后的影响。本书研究时段界定为1884—1949年，这是一个跨度为65年的历史时段，在论述中也采用历时性的史学传统研究方法，展示65年间新疆城市的发展概况。共时性研究是一种以横向的、静态的维度研究事物的方法。理解近代新疆城市的具体特征，如数量、规模、分布、形态、经济、文化等，就必须从历史的横切面入手，通过细致入微的归纳、比较、分析，得出客观的结论。因此，本书的结构设计便以纵向的时间和横向

---

① Gilbert A. Stelter, A Regional Framework for Urban History, in *Urban History Review*, Vol. XIII, No3. February 1985. 姜芃：《城市史研究中的都市—地区理论》，载《史学理论研究》1997年第4期，第86页。

的空间为线索,既分别探讨近代新疆城市的时间发展历程和空间形态状况,又讨论近代新疆城市在时间和空间两个维度中城市的发展动力问题、城市功能类型、城市多元文化及市民生存等问题,充分结合时、空、人这三个历史要件与近代新疆城市发展的关联。

(二) 研究理论

1. 运用现代化理论分析新疆城市在近代的发展演变

现代化理论(modernization theories)由美国社会学家最早提出,是探讨一个国家或地区如何从传统农业社会过渡到现代工业社会的理论。本书借鉴现代化理论,探讨新疆城市在近代(现代早期)阶段的发展过程。

本书在研究中亦考虑到现代化理论的某些缺陷,如理论方面的"西方中心主义倾向"和分析方法上的"传统—现代"简单二分法。结合人类学文化相对主义理论,特别关注探讨中国西北边疆多民族城市的近代发展道路的独特性及传统与现代、封闭与开放、汉文化与少数民族文化、东方文化与西方文化等连续统在城市近代发展中所表现出的形态及其存在合理性与多元价值。

2. 运用城市史结构—功能理论分析近代新疆城市的立体特征

城市史研究的结构—功能学派主张对中国近代城市史的研究应以城市结构、功能的发展演变为基础,通过分析城市体系、城市群或单体城市的空间、社会、群体等结构及城市功能的发展变迁,展示近代城市的立体形态,以构建中国城市近代的发展模式。

新疆地区的城市在进入近代发展阶段后,区域城市分布及单体城市功能、空间、社会、群体构成等方面均有新的表征,运用结构—功能的分析方法,在把握城市时间发展线索的基础上,进一步理解城市作为有机体在时间纵剖面上展现出来的系统运行特征。

3. 运用地缘政治理论、马克思主义交往理论等分析近代新疆城市与外部关系

地缘政治理论是政治地理学的重要理论之一,政治格局的地域形式对相关国家和地区的战略决策有关键的影响。本书根据这一理论解释近代新疆在世界政治格局中的地缘核心性,分析近代苏(俄)、英、美等国在新疆的政治角逐及其影响与结果,如近代新疆城市文化中的殖民文化因素、城市经济中的资本主义垄断局面等。

马克思主义认为,人类历史发展的纵、横主线分别为以生产力发展为核心的社会经济的发展和以打破民族国家间孤立闭塞为核心的世界交往的发

展。运用交往理论分析近代新疆城市发挥的经济中转、政治交往、文化交流等枢纽功能在推动边陲民族向心运动，维护边疆经济社会稳定发展，促进中华民族多元一体格局形成过程中的作用。

四、主要内容

本书以"时间""空间""时空之间"三个视角分别梳理新疆城市的近代发展历程，分析城市的立体结构及其变迁，探讨城市发展动力与城市文化、城市生活等问题，从而寻找新疆城市近代发展的特征、规律及模式。

上编以"时间"为线索。首先，回顾新疆城市发展的历史，展示建省前城市的存在状态，特别关注回民起义、阿古柏入侵、俄国占领伊犁等历史事件对全疆城市的影响；其次，探讨建省、新政与开埠对新疆城市迈入近代化的重要意义；再次，梳理民国时期（1912—1949）新疆城市的半封闭发展及城市发展的上升期和停滞期几个阶段中城市的发展概况。

中编以"空间"为线索。其一，从近代新疆城市的数量变化、人口规模变化等方面入手，探讨城市的外部空间分布格局及分布特点；其二，对单体城市形态及城市内部功能分区进行展示和分析；其三，以案例分析近代新疆城市形态演变的进程。

下编以"时空之间"为视角。其一，分析近代新疆城市发展的动力问题，指出近代工业和商业对城市发展的不同作用；其二，论证近代新疆城市的个性功能及城市功能变迁特点，以城市主要功能为基础划分城市类型，并举案例说明；其三，关注新疆城市近代发展与城市人的关系，如多民族居民使城市呈现的多元文化特色，城市居民在城市近代化中的生活状态等。

结语部分对近代新疆城市发展中，"边疆"与"枢纽"双重角色对城市发展产生的影响及城市由此表现出的近代发展道路的特殊性进行概括总结。

本书研究时间范围为1884—1949年，65年的时间跨度对于历史来说可谓白驹过隙，但是，城市的发展变迁不可能在朝夕实现，因此，展示65年间城市的变化、划分城市发展的阶段，分析各阶段城市发展特点十分必要。本书以一些历史重要事件作为近代新疆城市发展的节点，突出呈现近代城市发展的质变，并抓住城市发展伴随时局变革表现出的整体发展趋势特点，进而解决近代城市发展在数量、规模、分布、形态、文化、生活等方面变化的时段划分问题。

虽然与内地各省相比，近代新疆城市数量较少，但其绝对数字也从30多个发展至近80个，且城市因自然地理条件的差异、历史发展的承继、居民结构的多元、城市功能的多样而各具特色，在论述时把握普遍性与特殊性，归纳概括结论时注意相关基础史料、案例的充分性，是较为不易的工作。

首先，本书尝试提出适合分析、解释近代边疆城市发展的方法与理论。我国近代城市史研究理论多以内陆地区城市为研究对象而形成，相关理论难以解释边疆城市的近代发展现象。本书在借鉴城市史现有理论与方法的基础上，探索边疆城市研究方法与理论，如结合近代新疆城市发展实际，在分析近代新疆城市人口规模时，试以文献逻辑推理方法论证城市人口数量及变迁趋势，提出区域内城市相对等级划分的人口规模标准。

其次，对现有的边疆城市分布格局理论进行时段细化和修正。目前有关近代新疆城市的研究成果形成了一些概括性结论，但这些结论的时段适应性弱，如对近代新疆城市的"两条半城市"、北疆"工"字形城市的表述等，缺乏时间背景的明确界定，且未进行动态分析。本书在研究中重视近代新疆城市发展的动态变化性，概括相关结论时注意时间背景的界定，如提出近代新疆城市分布格局为北疆小"c"形城市带、伊犁河谷"△"形城市群、南疆大"C"形城市带逐渐形成的观点。

再次，提出"边疆性"特点对近代新疆城市发展的双重影响。"边疆"的角色使近代新疆城市发展与内地城市沟通受限，入疆政客、商人等缺乏扎根情结，影响新疆城市发展。但作为国家疆土，新疆城市仍然在近代发展中呈现出"边疆—内地一体化"的发展态势。

最后，指出"枢纽性"特点对近代新疆城市发展同样产生了双重影响。现有研究认为近代新疆城市是封闭孤立的，本书提出近代新疆城市处在欧亚枢纽之城的发展角色中，与西部边境外的苏（俄）、英（英属印度、阿富汗）城市交往频繁，城市的发展应是半封闭半开放式。半开放式的局面使新疆在与内陆隔绝状态下获得了外向的发展机会，另一方面也使新疆城市失去了独立自主发展的空间。

五、相关概念说明

（一）"近代"及"近代化"

国内历史学界对中国社会"近代"时段的表述有两种：1840—1919年、1840—1949年。也有学者认为1840—1949年是"近现代"发展阶段。同时又有学者提出以"现代"概念涵盖1840—1949年时间段，认为"近代"属于"现代"的早期发展阶段。目前学界较普遍采用以1840—1949年作为中国近代历史发展阶段。

传统观点将中国自鸦片战争至五四运动或新中国成立之前这一段历史中社会向近代文明发展的过程称为"近代化",即中国的资本主义化历程。需要注意的是,一些学者认为,如果以"近代化"描述国家的资本主义化过程,那么现在的西方资本主义国家便无"现代化"的发展历史,而现代化是一个世界性的历史过程,它是"传统的农业社会向现代工业社会的全球性的大转变过程",是落后国家"迅速赶上先进工业国和适应现代世界环境的发展过程",在这一过程中,"工业主义渗透到经济、政治、文化、思想各个领域,引起深刻的相应变化",用"现代化"的概念表述这一历史过程更为准确。① 也有学者认为,可以用"现代化的早期发展阶段"替代"近代化"的概念。就目前学术界对上述概念的使用来看,第一种即传统的"近代化"提法仍较为普遍,后两种建议尚未得到学界的普遍认可。

无论是"近代化""现代化",还是"早期现代化",中国社会自1840年以来的发展历史是中国由封闭走向开放、传统社会发生巨大变革、西方科技文化广泛传播的过程,这一过程绝非一蹴而就,社会各部分的发展道路和发展阶段也不可能完全一致。

就新疆地区而言,由于地处中国西北边疆,特殊的自然地理环境及社会历史条件决定了其社会的近代化历程必然异于中国内陆地区。关于新疆近代化的开始时间,吴福环等学者主张其时间开始于1884年新疆建省,齐清顺等学者认为该时间标志为20世纪初清末新疆新政的实施。本书认为新疆近代化发展始自19世纪80年代中期,延续至1949年。

(二)城市

国内外城市史学界一般认为,城市是人类的聚落形态之一,研究者往往根据其研究的聚落特征构建相应的城市定义,形成诸如对城市发展时段上的"古典城市""中世纪城市""现代城市"及在城市功能特征方面的"生产性城市""消费性城市""工业城市""商业城市""交通枢纽型城市"等不同范围、不同层面的城市概念界定方式。

对于现代城市的划分,国内外皆有较为明确的量化分析标准。国外学术界以人口为划分标准,一种以人口职业(主要区分农业和非农业人口)区分城乡,另一种以一定人口数量区分,也有将这两种标准兼用,即人口数超过一定数值,同时农业居民未超过一定比例的聚居点划分为城市。我国城市史学界结合国外城市史研究成果与我国城市自身历史发展轨迹特点,将城市

---

① 罗荣渠:《现代化新论——世界与中国的现代化进程》,商务印书馆2009年版,第3-17页。

视为动态和开放的,认为城市是生态过程、经济过程和文化过程的产物,现代城市是一定地域范围内的政治、经济、文化中心,以大量非农业人口高度密集为标志。我国政府对现代城市的划分采取人口数量和人口职业相结合的标准,如1953年全国人口普查对城市的界定为:常住人口在2000人以上,在其中非农业人口占50%以上。在其后的人口普查中,仍延续这种城市界定方式,只是在数字标准上有所提高。这种城市的量化划分,在城市史研究中具有一定的适用性,然而对于历史时期的城市,则需考虑以下情况:

其一,对于非农业人口比例问题,我国历史上的城市中农业人口的比重是比较高的,先秦时期的城市中便有相当数量居于城中、耕于城外的农民。因此,研究历史上的城市,不可过于执着人口的职业标准。

其二,中国古代城市较早地分化为基于行政管理需求而建的行政区划治所与基于经济因素而自然形成的市镇两大类。前者对于治所内居住人口有较为严格的限制,人口数量一般稳定在一定规模之内;后者因经济活动的规律性出现人口的频繁流动,而这一数字很难统计。

因此,对历史时期城市的研究,可借鉴现代城市划分的量化标准,同时又需从性质、功能上考虑对城市的界定。

新疆地区城市的兴起时间久远,自汉代起便已有城市存在,如"西域三十六国"中很多政权修建城池,形成地区政治、经济、文化、人口中心。在漫长的历史长河中,受自然地理环境条件演变及社会历史发展的影响,新疆地区的古代城市在新兴与衰落的交替演进中缓慢发展。直至清代乾隆时期统一新疆,国家重视对边疆地区的经营,新疆城市才开始有了较大的发展。至清末新疆建省,城市逐步进入近代发展阶段。

本书所研究的城市是指清代新疆建省至新中国建立,即1884—1949年间新疆的城市。这一时期,新疆城乡建置频繁变化,结合1910年新疆省颁布的《城镇乡地方自治章程》第一章第二条"城、镇、乡区域,凡府厅州县治,城厢地方为城,其余市、镇、村、屯、集等地方人口满五万以上者为镇,人口不满五万者为乡"①的界定,书中论及的"近代新疆城市"主要为1884—1949年新疆行政区域内各县及县以上行政区划治所所在城市。

需要注意的是,清末新疆城市存在两种特殊情况:一是某些地区因政治、军事的地区平衡目的,在行政建置上成为各级行政区划的治所所在,却不具备城市的基本条件,如未建城池、居民稀少等;二是某些行政区划治所

---

① (清)袁大化、王树枏等:《新疆图志》(卷四七,民政八),东方学会1923年版,第8页。

之外的地区,在经济、人口等方面的发展水平高于部分治所城市,如伊犁惠远城等。在具体论述清末新疆城市时,应注意在以治所城为基础的城市界定中,适当考虑以上两种特殊情况。

民国时期(1912—1949),新疆行政区划逐渐实现了省县两级制,各县县城基本上具备了城市的规模,论述对象主要是各县县城所在。

上编 时间·城市

第一章　清末新疆城市近代化的开端

新疆位于我国西部边疆地区，同时又是"欧亚十字路口"，兼具"边缘"与"枢纽"的双重特点，自古以来便是各方力量角逐交锋的政治舞台，生活在这片地域内的族群不断演替更迭，逐渐形成共居于此的多元民族文化。汉代丝绸之路的开通使这一地区的经济枢纽地位大为增强，频繁的商业往来带动了丝路沿线古代城市的发展。据《汉书·西域传》载，汉时西域地区的城镇有鄯善国的扜泥城，且末国的且末城，小宛国的扜零城，精绝国的精绝城，戎卢国的卑品城，扜弥国的扜弥城等。① 东汉时，西域地区又出现一些新的城镇，如《后汉书·西域传》中所载疏勒的桢中城，焉耆的南河城等。② 魏晋南北朝时，西域地区的城镇再次增加，《北史·西域传》记：于阗"有大城五，小城数十"；高昌"国有八城"，北周时"城有一十六"；焉耆"凡有九城"；疏勒"有大城十二，小城数十"。③ 受制于自然地理条件，西域地区的古代城镇大多数建立在沙漠边缘的绿洲地带，由于绿洲农业产量有限，人口承载能力较低，因此城市规模较小、数量较少。再加上生态环境变迁和政治局势动荡等因素，部分城市或衰落，或被废弃，消失在历史长河之中，如楼兰古城、交河故城等。

清政府在统一新疆后，天山南北结束了多年的部落攻伐与割据混战，进入较长时间的稳定发展时期。在国家主导之下，新疆城市获得较大发展，表现为：

（1）城市建设方面，乾隆年间新疆城市出现建设高潮，形成天山北路"伊犁所属城九，乌鲁木齐所属城十有六"，天山南路"共有十一城，各城

---

① （汉）班固：《汉书》（卷九六，西域传第六十六），中华书局1962年版，第3875—3898页。
② （南朝·宋）范晔：《后汉书》（卷八八，西域传第七十八），中华书局1965年版，第3927页。
③ （唐）李延寿：《北史》（卷九七，西域传第八十五），中华书局1974年版，第3209、3212、3214、3216、3219页。

又有所辖之回城，或五六，或十余二十不等"① 的城市分布格局。东路重要城市有哈密、吐鲁番，北路重要城市有乌鲁木齐、巴里坤、伊犁（九城）、塔尔巴哈台等，南路重要城市有西四城，即喀什噶尔、英吉沙尔、叶尔羌、和阗与东四城，即阿克苏、乌什、库车、喀喇沙尔。

（2）城市管理方面，遵循强军事防御、弱民政管理的军府制度和民族隔离政策，形成州县制、札萨克制、伯克制并行的地方管理制度。

（3）城市经济方面，城市商业稳定发展，但大多数城市的物资交流多为满足本地城乡人口基本生活需求，城市间的经济交流并不频繁；哈密、奇台、迪化等城市成为与内地城市经济交往的重要中转城市；伊犁、塔城、喀什等城则逐步发展起与俄、英等国的对外贸易。

19世纪中期以后，中国闭关锁国的状态被西方列强攻破，整个社会进入近代发展阶段，新疆也在清末陆续实施了开埠、建省、新政等各项措施，城市随之步入近代化发展道路。

第一节 毁坏与建设：清末新疆城市景象

一、战乱后疮痍满目的城市

晚清时期，清政府统治日渐腐败，在闭关锁国的政策下，中国社会经济各方面发展停滞，社会混乱，人民生活困苦。19世纪中期，西方资本主义国家完成资本原始积累，开始向外扩张，中国成为各国觊觎和攫取利益的对象。在此种危局形势下，全国各地持续爆发起义，新疆也无可避免地遭遇了战乱的重创。其中，同治年间回民起义、阿古柏入侵新疆及沙俄侵犯新疆对新疆城市的破坏极大。

清朝统治者实行民族压迫政策，"以汉制回"的手段造成民族纠纷不断，进而引发了同治年间规模空前的西北回民起义。1862年，运动在陕西爆发后迅速蔓延至甘肃、宁夏各省。1863年，新疆伊犁、库车、乌鲁木齐等地穆斯林相继响应陕甘回民起义。其中，库车回民起义爆发后一度攻占南疆大部分地区，于1866年被来自浩罕的阿古柏军队击败；乌鲁木齐穆斯林运动爆发后占领了东至哈密、西到精河的北疆地区，1873年为阿古柏所败；伊犁、塔尔巴哈台回民起义爆发后攻占伊犁，后被俄军击败，沙俄趁此侵占

---

① 李寰：《新疆研究》（下卷），重庆安庆印书局1944年版，第43、48页。

伊犁长达10年之久。

在新疆爆发回民起义期间，库车、和阗、喀什、吐鲁番等地先后建立地方割据政权，全疆局势混乱，中亚浩罕汗国军官阿古柏借此机会入侵新疆，进一步扩展了新疆的战乱局面。1865年，阿古柏率军进入新疆，攻占南疆西部喀什噶尔、英吉沙尔、叶尔羌、和阗等城。1867年初，在喀什噶尔自称为"毕条勒特汗"，成立所谓"哲德莎尔汗国"，意即"七城汗国"，表明了其意欲统辖南疆七大城（喀什、英吉沙尔、叶尔羌、和阗、阿克苏、库车、乌什）的野心。此后，阿古柏率军东进，相继入侵南疆乌什、阿克苏、库车、库尔勒，进而攻占吐鲁番、乌鲁木齐等地，势力几至全疆。

同治回民起义及阿古柏入侵新疆期间，各方攻城略池，厮杀劫掠，使新疆大部分城市在基础设施、人口、经济、文化等各方面遭到严重打击。

其一，城池遭到破坏。

《新疆图志》载："及同治三年，全疆糜烂，城池学宫荡然无存。"① 阿古柏侵略军占据新疆的十多年间（1865—1877），天山南北城乡继续遭受重创，《戡定新疆记》载，"自逆酋盗踞各城，官军力攻而克之，鲸鲵既歼，城垣多毁，喀什噶尔、叶尔羌、英吉沙尔、和阗汉回诸城最甚，玛喇尔巴什、迪化、绥来、精河、镇西次之"②，一些城市几乎遭到摧毁性的破坏，如迪化"汉城（迪化）仅剩颓垣，满城（巩宁）已同平地"③；喀喇沙尔"城中水深数尺，官署民舍荡然无存"④；奇台"厢关房屋烧毁殆尽"⑤；绥靖城"攻陷城池，门楼垛堞皆无，衙署民房付之一炬"⑥；等等。

战乱期间，新疆各地城池遭到的破坏大致可分为三类：一是战争双方在攻占城池时对城市的破坏，这是城市遭受破坏的主要原因。19世纪中后期新疆经历的乱局中，大小战争已开始频繁使用枪炮等杀伤力较强的近代兵器，特别是阿古柏的侵略军队由英方提供兵器，在各次攻城战中常以炮火为

---

① （清）袁大化、王树枏等：《新疆图志》（卷三八，学校一），东方学会1923年版，第3页。
② （清）魏光焘：《戡定新疆记》（卷八，善后篇），载沈云龙编：《近代中国史料丛刊》（第十七辑），台湾文海出版社1968年版，第307页。
③ 刘金声、曹洪涛：《中国近现代城市的发展》，中国城市出版社1998年版，第334页。
④ （清）魏光焘：《戡定新疆记》（卷三，武功记三），载沈云龙编：《近代中国史料丛刊》（第十七辑），台湾文海出版社1968年版，第109页。
⑤ 中国社会科学院中国边疆史地研究中心编：《新疆乡土志稿·奇台县乡土志》，全国图书馆文献缩微复制中心1990年版，第59页。
⑥ 中国社会科学院中国边疆史地研究中心编：《新疆乡土志稿·塔城直隶厅乡土志》，全国图书馆文献缩微复制中心1990年版，第380页。

前锋，对城池的破坏性极大，如古城被围困时，"贼数发地雷轰城"①。清军收复各城过程中，亦使用"开花大炮"轰城。二是由于对清政府地方统治者腐败治理的不满及长时期积累的民族矛盾，回、维等少数民族参与起义，亦有破坏城池的情况出现。同治三年（1864），"库车土回……率党反，焚库车"②；驻扎满营八旗官兵的乌鲁木齐巩宁城遭到起义乡民焚毁，"城身大半倾坏，城内一片瓦砾。从前死尸骸骨，随处埋瘗，垒垒无隙地，满目荒凉，于兹为甚"③。三是清军在收复新疆期间对"非法"城池进行销毁。同治三年（1864），"清真王"妥明（字德璘）在迪化城南区筑"王城"，俗称"皇城"，1876 年刘锦棠率军收复乌鲁木齐时将妥德璘的"皇城"焚毁，此地后成为荒丘坟地。

其二，城市人口急剧减少。

同治战乱及其后期阿古柏入侵新疆期间，南北疆各城人口遭到大肆杀戮，各城中满汉官兵大量阵亡，"自援兵南行，精壮几尽，仅存屯勇数百"，伊犁宁远城中官兵"死伤千余人"，古城"汉城游击以下具战殁"，"满城惠庆以下死者七千余人"。④ 各城平民遭到乱军屠杀，乌鲁木齐"满汉两城只余汉民及残回数十人"⑤，镇西"回居城中者一夜尽歼"⑥，塔尔巴哈台"二道桥商民千余悉屠戮无遗"⑦，伊犁惠宁"阖城殉难二万人"，昌吉人口由3900 户锐减至410 余户，阜康由3090 余户减至210 余户，绥来由3700 余户减至850 余户，奇台由4360 余户减至570 余户。⑧

各城损失人口中除大部分为入侵军队所杀戮之外，还有一部分城市居民选择自杀。俄军在进攻伊犁瞻德城时，城内满汉军人早已被维、回杀戮殆尽，剩余被迫"随教"的满汉妇孺，虽劫后余生却如同惊弓之鸟，得知俄军入侵，纷纷投井、上吊。自杀成为战乱中各城人口特别是满汉人口减少的

---

① （清）魏光焘：《戡定新疆记》（卷一，武功记一），载沈云龙编：《近代中国史料丛刊》（第十七辑），台湾文海出版社 1968 年版，第 25 页。
② （清）魏光焘：《戡定新疆记》（卷一，武功记一），载沈云龙编：《近代中国史料丛刊》（第十七辑），台湾文海出版社 1968 年版，第 20 页。
③ （清）朱寿朋：《光绪朝东华录》（光绪六年四月条），中华书局 1958 年版，第 65 页。
④ （清）魏光焘：《戡定新疆记》（卷一，武功记一），载沈云龙编：《近代中国史料丛刊》（第十七辑），台湾文海出版社 1968 年版，第 21 - 26 页。
⑤ （清）奕䜣等：《（钦定）平定七省方略》（卷三零零），中国书店 1985 年版，第 19 页。
⑥ （清）袁大化、王树枏等：《新疆图志》（卷三八，学校一），东方学会 1923 年版，第 3 页。
⑦ （清）魏光焘：《戡定新疆记》（卷一，武功记一），载沈云龙编：《近代中国史料丛刊》（第十七辑），台湾文海出版社 1968 年版，第 25 页，
⑧ （清）魏光焘：《戡定新疆记》（卷七，置省篇），载沈云龙编：《近代中国史料丛刊》（第十七辑），台湾文海出版社 1968 年版，第 250 页。

重要原因之一。

此外,俄国趁阿古柏入侵新疆之机,长期占据伊犁,强征伊犁地区人口入俄作为佣工或诱骗民众加入俄籍。清军收复伊犁前后,大批入俄籍的伊犁民众逃往俄国后被俄方扣留,伊犁九城人口大幅减少,史载"伊犁未乱以前,各营及商民户口有十万余人,收回后调查只存六万七千八百余"①。

其三,城市经济凋敝。

《新疆图志》称北疆迪化在乱前"东西袤延八里,市廛迤逦相属,肩摩毂击,比于吴会之盛",有"小苏杭"之称,同治乱后则"疮痍满目,无百金之贾,千缗之肆"。② 阿古柏占领南疆期间,更是"把贸易看作他个人的垄断事业。他擅自估计商品,并按他所指定的价格不定期地赊购大部分商品"③,造成南疆城市经济的混乱。

二、平乱后的城市建设

19世纪中后期,西方资本主义大国不断扩张在中国的势力,整个中国社会面临危局,晚清政府压力重重,有关新疆的政策在经历了著名的"海防"与"塞防"之争后,清朝统治者认识到,"得新疆以屏蔽西陲,关陇数千里屹然自成要区。海氛虽恶,一旦率三秦之众,卷甲东趋,真有建瓴莫御之势"④。1875年,左宗棠被清政府任命为督办新疆军务的钦差大臣,率军收复新疆。自1876年8月到1878年1月,前后一年半时间中,清军按照先取北路后收南路的作战方针,相继收复天山南北各城。

此时,清军收复的各城皆是一片凋敝的萧条景象,修整在战乱中遭到毁坏的城池成为清政府恢复新疆社会经济的首要任务之一。由于清政府财政日蹙,新疆所获各省协饷不济,能够得到官方拨款重修的城市数量仅占全疆城市的很少部分,这些城市的重建工作在有限的建设资金下只能按照轻重缓急的步骤来进行。

1. 平乱后城市建设方式

清末新疆城市建设主要有新建、移建、扩建等方式。

---

① 曾问吾:《中国经营西域史》,商务印书馆1936年版,第350页。
② (清)袁大化、王树枏等:《新疆图志》(卷二九,实业二),东方学会1923年版,第14页。
③ [俄] A. H. 库罗帕特金:《喀什噶尔(它的历史、地理概况,军事力量,以及工业和贸易)》,中国社会科学院近代史研究所翻译室译,商务印书馆1982年版,第51页。
④ (清)魏光焘:《戡定新疆记》,载沈云龙编:《近代中国史料丛刊》(第十七辑),台湾文海出版社1968年版,第6页。

(1) 新建城市

光绪九年（1883）阿克苏"修建新城，周九百五十九丈，高二丈二尺五寸，雉堞七百五十二个，门四"①；光绪十年（1884）和阗于老城城东三里许改建新城"以地平水足故也"②；光绪十年（1884）温宿县于旧城东南三十里择地修建新城，次年将"镇道以次各官移驻新城"③；光绪十一年（1885）于古城（孚远城）东南修筑满城，"周八百三丈，高一丈八尺，门四……迁巴里坤、乌鲁木齐满兵居之"④；光绪十二年（1886）乌鲁木齐新建巩宁城，城周九里，门四，城内驻满营官兵⑤；光绪十五年（1889）于惠远旧城北五十里筑建新城，将新旧满营官兵移驻新城；光绪二十四年（1898）于叶尔羌回城西建新城，城周八百九十四丈四尺，门二，成为莎车府府治。⑥

《塔城直隶厅乡土志》对清末绥靖城的建设有较为详尽的记录，从中可窥见清末平乱后新疆部分城市新建的过程。旧绥靖城为乾隆三十一年（1766）筑，同治战乱时城池被攻陷，平乱后有十余年时间无人居住。光绪六年（1880）清政府曾拨款修复，但由于"饷绌"，仅修了城堡，衙署等设施未能得到修复，且修复后的旧绥靖城"无城郭可凭"。光绪十四年（1888），参赞大臣额尔庆额以额奏报，认为旧绥靖城需择址新建，他提出新建绥靖城的原因有：①旧绥靖城无法掌控额敏河（距城160里，为塔城市镇最为繁华之地。笔者注）；②旧绥靖城规模狭隘，城楼雉堞均已坍塌，房屋亦拆毁殆尽；③旧绥靖城紧邻俄疆，虽然位置扼要，但城壕与俄贸易圈仅距二十丈，"相隔太近，声息相闻，诸多不便"。额尔庆额以额奏请在"绥靖旧城里许"处新建绥靖城，因该处"负山带河，天然雄胜"，不仅可以控守边防，而且可与旧城相互呼应。光绪十五年（1889），绥靖新城修成，城周三里，门三，庙宇、衙署、兵房陆续落成。⑦从以上案例来看，清

---

① 中国社会科学院中国边疆史地研究中心编：《新疆乡土志稿·温宿府乡土志》，全国图书馆文献缩微复制中心1990年版，第441页。
② 中国社会科学院中国边疆史地研究中心编：《新疆乡土志稿·和阗直隶州乡土志》，全国图书馆文献缩微复制中心1990年版，第680页。
③ 中国社会科学院中国边疆史地研究中心编：《新疆乡土志稿·温宿府乡土志》，全国图书馆文献缩微复制中心1990年版，第453页。
④ （清）袁大化、王树枏等：《新疆图志》（卷一，建置一），东方学会1923年版，第5页。
⑤ （清）袁大化、王树枏等：《新疆图志》（卷一，建置一），东方学会1923年版，第5页。
⑥ （清）袁大化、王树枏等：《新疆图志》（卷一，建置一），东方学会1923年版，第7页。
⑦ 中国社会科学院中国边疆史地研究中心编：《新疆乡土志稿·塔城直隶厅乡土志》，全国图书馆文献缩微复制中心1990年版，第380页。

末新疆平乱后，城市新建的必要前提为旧城毁无可用，或旧城位置在军事、政治、交通等方面存在缺陷。新城的选址往往在旧城附近，选址考虑自然地理条件及军政战略位置。新城建设时首要建设城墙、衙署、兵房、庙宇等设施，经济设施及民房缓而建之。

（2）移建治城

光绪十二年（1886）绥来县行政中心移至南城，光绪十五年（1889）奇台县治移至古城。分析上述行政机构迁移的原因，主要有以下几点：①旧城自然地理条件欠缺，规模、设施无法满足需求。如绥来县北城因战乱、自然灾害遭到毁坏，无法继续使用，于光绪十二年（1886）将行政中心迁移至南城，北城废弃不用。清末奇台知县在奏请迁移县治时指出奇台旧城"屏营驿，逼近天山之阴，山原高亢，周回数里，内无井泉河渠之利，就地掘井恒深至百丈，莫能汲水，县城关附郭居民旅不集"，而古城"地当孔道，其地适滨水磨河、葛根河下泻之冲，众流所归，其土性沃衍，人烟稠密，密林环抱，樵粮取购近便"①，因此后者更适合驻师兵屯。②城市军政、交通或商业地位变迁。奇台老城在清时不仅是天山北麓的军事重镇，也是商业要道，北通蒙古、绥远，南越天山通吐鲁番、鄯善，东达巴里坤，西达迪化，沿途设有台站，商业发达。同治战乱，老奇台城城垣、官舍、民房被毁，又加同治五年（1866）瘟疫四起，人口大大减少，虽然乱后城池得到修葺，但居民寥落、城郭荒凉。此时古城（孚远城）成为新疆入疆第一商埠，交通、商业条件均优越于奇台，于是光绪十五年（1889）县治移至古城。

（3）扩建城市

迪化城城周原为五里四分，光绪十二年（1886）扩建，城周达十一里五分二厘；哈密汉城在光绪十三年（1887）"经营拓展"，城周从一里三分扩展至三里五分；古城（孚远城）在光绪二十一年（1895）拓展，其"西南南墙与满城接"，城周从四里增至一千四百五十八丈，城高由一丈八尺增至二丈五尺，由四门增至六门。② 由此可见，这一时期扩建的城市一般都为汉城，军府制的拟废，使满城已不再作为清政府着力建设的城市。

（4）合并城市

平乱后，清政府逐渐改变民族隔离的政策，在城市修建中将部分满城、回城、汉城合而为一。如绥来县在乾隆年间建有康吉、绥宁两城，分居南

---

① 奇台县人民政府编：《新疆维吾尔自治区奇台县地名图志》（内部资料），1986年版，第4页。
② （清）袁大化、王树枬等：《新疆图志》（卷一，建置一），东方学会1923年版，第5页。

北，两城中间筑墙相隔，同治战乱城毁，清军收复后"于东关路筑墙一道，通接南城之东北角楼，北城之东南角楼，于是判为三城矣"，光绪八年（1882），将"北城间墙一道拆毁，并中关合而为一"，统称为绥来城，十二年（1886），衙署及兵吏移至南城，"北城遂为丘墟矣"；① 乌鲁木齐虽然在老满城巩宁城毁于战乱后新建满城，1886年新满城与迪化城（汉城）亦合并；光绪十五年（1889），奇台县治移至古城，时孚远城与古城毗连，二十一年（1895）新治城垣倾圮，"遂照依颁发图式，接连孚远城西南两墙一律重修……孚远城东北两墙均仍其旧，合而观之，满汉两城贯通一气，分而言之，满汉二城各有界限"②。清代中期形成的乌鲁木齐、巴里坤、古城等城双城毗连或三城毗连的城市景观，经过战争的破坏以及满营驻防的裁减，在19世纪末时仅剩下巴里坤和古城仍保留双城毗连的布局。

2. 清末新疆城市建设的不均衡态势

由于建设资金短缺，清末新疆城市重建工作波及面窄，且进展缓慢。以天山北麓的城市为例，大部分城市未能恢复战乱前的繁荣景象，巴里坤城道光年间"商货云集"，"颇称繁盛"，"兵燹后，当商大贾百之一二，黎民因以孑遗，商货自难麇集"，"镇西街市愈困顿而愈形凋敝也"③；木垒"乱前市廛极盛，民居逾万……兵燹后已三十余年，市上仅一百五六十家，迄未复一"④；呼图壁城在民国初年依然"城垣塌颓"，城内居民"回乱以前二千余户，今仅千六百余户"⑤；达坂城（嘉德城）"曾经开花弹轰毁，寻遂未加修葺"⑥。此外，北疆的大部分屯堡亦因清末新疆屯垦政策由兵屯向民屯转变，而未能得到重修，丧失向城市转变的机遇，逐渐变为乡村聚落。

清末新疆城市建设的不均衡性还表现为由军政中心转移而带来的城市修建轻重缓急之别，显著地表现在伊犁九城与省会迪化城的建设差异上。

清时在伊犁地区相继修建的塔勒奇城（1761年建）、宁远城（1762年建）、惠远城（1763年建）、惠宁城（1766年建）、绥定城（1772年建）、

---

① 中国社会科学院中国边疆史地研究中心编：《新疆乡土志稿·绥来县乡土志》，全国图书馆文献缩微复制中心1990年版，第131页。
② 中国社会科学院中国边疆史地研究中心编：《新疆乡土志稿·奇台县乡土志》，全国图书馆文献缩微复制中心1990年版，第58页。
③ 中国社会科学院中国边疆史地研究中心编：《新疆乡土志稿·镇西厅乡土志》，全国图书馆文献缩微复制中心1990年版，第212页。
④ （清）方希孟：《西征续录》，甘肃人民出版社2002年版，第136页。
⑤ 谢晓钟：《新疆游记》，甘肃人民出版社2003年版，第130页。
⑥ 谢晓钟：《新疆游记》，甘肃人民出版社2003年版，第94页。

广仁城（1780年建）、瞻德城（1780年建）、拱辰城（1780年建）、熙春城（1780年建）九城，在同治战乱及其后沙俄占领期间，皆遭到损毁：惠远城"仓库、官廨、兵房，荡然无存"，惠宁、拱宸两城"坍塌尤甚"，绥定、塔勒奇、瞻德三城"亦多损坏"，熙春、广仁两城"城垣楼橹坍塌不堪"。①1881年清政府收复伊犁，此时新疆管理体制和行政建置转变，伊犁不再成为新疆的重心，九城之中仅有惠远城在1882年得到重建，后作为伊犁将军府所在地。新建惠远城以钟鼓楼为城市中心，向东、南、西、北四个方向分别延伸主要街道，靠近钟楼的街道两旁为官邸、衙门，稍远的街旁则分布商店、餐馆等，所有的建筑都是单层平房样式。马达汉在20世纪初考察新疆时，来到伊犁惠远新城，称赞该城设计好，街道笔直，宽敞漂亮。除惠远城外，伊犁九城中的其他八座城市并未得到清政府的重修，绥定城除了"一座将军庙和城隍庙建筑尚可，再无可称道的建筑"②。

与以上各城形成鲜明对比的是迪化城的大规模建设和迅速发展。迪化城最早建于清乾隆年间，包括迪化城和巩宁城两城。迪化城即汉城，1758年于红山之南建乌鲁木齐城，周一里五分，高一丈二尺；1763年，原土城向北扩展，城周五里四分，高一丈六尺，墙厚一丈，赐名"迪化"，增添东"惠孚"、西"丰庆"、南"肇阜"、北"景惠"四座门楼，城内驻扎绿营官兵；巩宁城为满城，1772年始建，位于迪化城西八里处，周九里三分，城高二丈余，墙厚一丈七尺，设东"承曦"、西"宜穑"、南"轨同"、北"枢正"四门，城内建官厅、营房、庙宇，将满营官兵3000多人移驻其中，该城又被称为"老满城"；1864年同治回民起义中，巩宁城被焚毁，城废。1880年，刘锦棠奏称"乌城系全疆扼要重镇，军情吃重，又与前敌无殊"，该城的修建应"并力速成"，得清政府应允后，修建工作开始。据刘锦棠查，"迪化城东北两门，逼近高原，俯视城中，虚实毕见"，此地筑城可防边警。此外，这片"四里三分"的高原之地"气脉较旺，土水色味亦正。既询谋佥同，更卜云其吉"③，于是，决定于迪化城东北角建设新满城。新满城驻扎满营官兵，原迪化城由商民居住。1886年迪化直隶州改为新疆省治，新满城向东南扩展城基，旧城增高培厚，满城、汉城合而为一，城池周长扩增至十一里五分二厘，增开新东门"惠孚"、新南门"丽阳"、新西门

---

① （清）奕䜣：《钦定平定七省方略》（卷三一四），中国书店1985年版，第24页。
② ［芬兰］马达汉：《马达汉西域考察日记（1906—1908）》，王家骥译，中国民族摄影艺术出版社2004年版，第177页。
③ （清）朱寿朋编纂：《光绪朝东华录》（光绪六年四月），中华书局1958年版，第919－920页。

"徕远",并新建巡抚署、藩司署等。自此,迪化城城市规模显著扩大,城市功能日益完善,逐渐成为新疆的政治、经济、文化中心城市。

三、沙俄入侵对新疆城市发展的影响

1. 俄国占领伊犁对新疆城市发展的影响

1871年,沙俄借阿古柏入侵新疆之机,派兵进驻伊犁,据伊犁达十年之久,对近代伊犁地区城市的发展产生了不小的影响。

其一,破坏城市、掠夺人口。沙俄入侵伊犁时,拱宸、绥定、宁远等城民众皆进行了顽强的抵抗。沙俄军队发动强大的炮火攻击,基本上摧毁了这些城市的军事防御设施。沙俄军队占领伊犁后,不但未对该地区的城市进行长远的规划建设,反而为了攫取经济利益,对塔勒奇、绥定等城"弃而不守,惟取各城堡木料于金顶寺营造市廛几二十里"①。清军在收复伊犁时,沙俄又诱使大量民众迁入俄境并阻止其回归,致清政府得城为空城、郊为荒郊。

其二,实施经济侵略,伊犁与新疆及内地其他城市的交往被隔绝。1871年,俄军入侵伊犁各城后,便掌控了伊犁军事、行政、经济大权,俄国军队驻扎在各城附近,并定期在城市中巡逻,俨然以统治者自居。由俄国人担任"乌亚斯"(即地方长官,相当于县长。笔者注)统治各族人民,在城镇和农村实行"按灶科赋",盘剥平民百姓。同时,经济侵略亦随之而来,俄国侨民陆续迁入伊犁,从事商业活动,大量倾销俄国工业产品。伊犁城市的市场中几乎所有的日用品皆为俄国产品,当地手工业遭到严重打击。在俄国占领伊犁的十年中,伊犁与内地的商业往来基本断绝,仅偶尔与内地茶贩进行茶叶贸易。

其三,伊犁城市出现俄国化风格。沙俄侵占伊犁期间,将伊犁地区划分为南部和北区,其中北区的统治中心在宁远城,因此,宁远城的俄国化风格最为明显,其街道用俄文商号名称作为标牌,马达汉称走在这些街道上感觉其"非常像俄国的一个小城镇"②。

其四,罂粟之毒开始危害伊犁。在俄国未侵入伊犁之前,伊犁并无人种植罂粟,吸食鸦片者为数不多。自俄军入侵后,俄商从中亚向伊犁输入了大

---

① (清)魏光焘:《戡定新疆记》(卷六,归地篇),载沈云龙编:《近代中国史料丛刊》(第十七辑),台湾文海出版社1968年版,第198页。

② [芬兰]马达汉:《马达汉西域考察日记(1906—1908)》,王家骥译,中国民族摄影艺术出版社2004年版,第177页。

量劣质、低价的鸦片，伊犁城内的锡伯族吸食鸦片的人大量增多，满汉百姓甚至部分穆斯林也违反教规，沾染了这一恶习。不久之后，在沙俄当局的庇护之下，罂粟开始在伊犁地区广泛种植，吸食鸦片者数量激增。沙俄对罂粟经济利益的追求最终加剧了新疆民众吸食鸦片恶习的泛滥，成为民国时期新疆城市的痼疾之一。

沙俄侵占伊犁的目的，一是领土扩张，二是资源掠夺，对伊犁城市破坏有余而建设不足。至清政府收复伊犁之时，伊犁九城已经成为人烟稀少、资源殆尽的空城，周边乡村亦举目荒凉。

2. 新疆领土的割让与部分城市的边境化

19世纪中叶鸦片战争后，我国东北、北部、西北边疆大片土地被沙俄通过一系列不平等条约强行侵占，其中沙俄在我国西北边疆地区划走的土地大部分原在新疆界内。1860年中俄签订《中俄北京条约》，沙俄将"沙宾达巴哈之界碑末处起，往西直至斋桑淖尔湖，自此往西南，顺天山之特穆尔图淖尔，南至浩罕边界"的土地割走。① 1864年中俄签订《中俄勘分西北界约记》，原属中国的阿穆哈河、阿勒坦河、哈屯河、察拉斯河、布克图尔玛河、那林河流域、阿勒坦淖尔、爱古斯河、布昆河等地区共44万多平方千米的土地被划入俄境。1881年，中俄签订《伊犁条约》，自伊犁西南天山之南、那抹哈勒克山口起至伊犁西北喀尔达止，即霍尔果斯河以西及斋桑湖以东以南地区，割让与俄国。《伊犁条约》签订后，沙俄根据该条约中关于修改南、北疆边界的原则规定，于光绪八年到光绪十年（1882—1884）强迫清政府订立了《伊犁界约》《喀什噶尔界约》《科塔界约》《塔尔巴哈台西南界约》和《中俄续勘喀什噶尔界约》五个勘界议定书，分段重新勘定了中俄西段边界，进一步割占新疆塔城东北和伊犁、喀什噶尔以西7万多平方千米的中国领土。

根据上述各条约，19世纪中后期至19世纪末，俄国侵占中国西北部边界50多万平方千米的领土，俄国将其与新疆接壤边界向西南推进，新疆丧失西部边境的大片土地，塔尔巴哈台、伊犁、科布多、库车、阿克苏、乌什、喀什噶尔等城成为接近中俄边界的城市。

新疆上述城市的边境化不仅使这些城市的辖地范围缩小，更使各城在战略上失去了西部安全缓冲地带。"塔城一隅去俄镇仅三十里"②；霍尔果斯之

---

① 王铁崖编：《中外旧约章汇编》（第1册），生活·读书·新知三联书店1957年版，第150页。
② （清）魏光焘：《戡定新疆记》（卷六，归地篇），载沈云龙编：《近代中国史料丛刊》（第十七辑），台湾文海出版社1968年版，第203页。

西"一切险厄,均在苏联境内,此地实无险可守"①;伊犁在清初时尚不与沙俄边界接壤,康熙之后,伊犁西南哈萨克、布鲁特游牧部落部分并属沙俄,上述条约的陆续签订又使伊犁再次被沙俄蚕食,致其"北境一二百里间皆俄属部,孤注万里"②。此外,伊犁的失地不仅使自身难以自守,亦失去了对南路八城的掌控之势。清政府认识到伊犁失地对国家边境安全的威胁,却又无力保地不失,只能采取对沿边喀什噶尔、乌什、精河、塔尔巴哈台四城"足兵力、浚饷源、广屯田、坚城堡"③的措施,使这些边境城市在清末时仍凸显较强的军事防御功能。

同时,沙俄对割占的领土进行全面建设,如在侵占中国的伊犁河、卡拉塔尔河、比茵河、阿克苏河、勒普什河、巴斯坎河和萨克坎德河7条河流区域建立七河省,其边境城市斜米帕拉汀斯克及霍尔果斯等城逐渐成为清末民国时期新俄贸易交往的重要城市。

第二节 建省、新政与开埠:新疆城市近代化的开端

关于新疆近代化的开端目前并无定论,学者提出了以下几种观点:

(1)新疆近代化始于新疆建省。新疆建省是中国近代历史和西北边疆历史发展中的重要事件。吴福环先生指出,新疆建省后,国家行政管理体制取得一致性,新疆与内地政制统一,社会经济发展得到重视,新疆开始出现近代工矿业、通信业,并促成20世纪初民族资本主义企业的出现。④

(2)新疆近代化始于清末新疆新政。赵云田指出清末新疆地区实施新政,使先进的西方科学文化知识传播到边疆地区,一定程度上改变了新疆经济文化落后的面貌,新疆社会经济的发展开始出现近代化轨迹。⑤齐清顺先生认为,新疆近代化的起步比内地沿海地区晚几十年,直至20世纪初"新政"的推行,将资产阶级民主科学之风引入新疆,为新疆向近代化迈进开

---

① 李烛尘:《西北历程》,杨晓斌点校,甘肃人民出版社2003年版,第90页。
② (清)魏光焘:《戡定新疆记》(卷六,归地篇),载沈云龙编:《近代中国史料丛刊》(第十七辑),台湾文海出版社1968年版,第198页。
③ (清)魏光焘:《戡定新疆记》(卷六,归地篇),载沈云龙编:《近代中国史料丛刊》(第十七辑),台湾文海出版社1968年版,第199页。
④ 吴福环:《我国边疆治理制度近代化的重要举措——论新疆建省》,载《新疆大学学报》(哲学社会科学版)1995年第4期。
⑤ 赵云田:《清末新疆新政述论》,载《新疆大学学报》(哲学社会科学版)1997年第1期。

了好头。① 周伟洲先生指出，晚清"新政"期间，新疆在"练兵""兴学""商务""工艺"等方面创新变革，促成了新疆地区近代化经济的萌芽，虽然这一萌芽力量微弱，却引导了社会发展的新趋势。②

对新疆城市近代化的开端问题，学者黄达远明确提出，晚清时期从新疆建省到新政期间，新疆城镇近代化开始启动；开埠通商是新疆城镇近代转型的外力因素，建省与新政则是新疆城镇近代转型的制度因素，城镇近代转型的主要动力来自于商业化。③

在综合以上各方观点的基础上，本书以学界普遍使用的概念为准，结合新疆的发展特点，认为近代化即国家或地区在社会诸方面与封建体制割裂，并逐渐表现出资本主义早期特征的过程。由于各国主客观条件的限制，此阶段的发展可能无法完全呈现近代社会的全部特征；近代化的发展道路可以是多样化的，但"殊途同归"，发展方向是政治民主化、法制化，经济工业化、商品化，文化多元化，教育科学化等。新疆近代化开始时间滞后于内地，在"建省""新政""开埠"三件重大历史事件推动下，新疆社会开始逐步出现近代化的特征和趋向。三件大事相继发生在19世纪80年代中期至20世纪最初10年，前后持续20余年，这段时期正是新疆步入近代发展的开始时期。与此同时，新疆地区的城市亦逐步迈入近代化的发展阶段。

城市近代化研究属于近代中国城市史研究的范畴，是近代城市研究的主线之一。城市近代化亦是城市化发展的早期阶段。一般认为城市化是指人口由农村向城市流动，第二、三产业向城市聚集，城市数量增加，城市范围扩大，城市生产生活方式向农村传播的过程。城市近代化是国家、地区近代化的构成部分之一，同时又是社会近代化最集中、最鲜明的体现。城市近代化综合体现为近代民族工商业、反帝反封建民族民主运动、近代教育、科技、文化等诸方面要素在城市的兴起与发展，以及这些要素引发的城市结构、功能、文化等方面的变迁。

一、建省：新疆城市迈入近代发展的轨道

1884年11月19日，清政府颁发上谕，新疆省正式建立，刘锦棠为新疆省第一任巡抚，魏光焘为新疆布政使。新疆建省是近代中国历史边疆制度

---

① 齐清顺：《论清末新疆"新政"——新疆向近代化迈进的重要开端》，载《西域研究》2000年第3期。

② 周伟洲：《晚清"新政"与新疆维吾尔族地区近代经济的萌芽》，载《陕西师范大学学报》（哲学社会科学版）2005年第1期。

③ 黄达远：《晚清新疆城镇近代化初探》，载《西域研究》2005年第3期。

的重要变革,有学者甚至认为此事为"中国边疆史上的里程碑"①。

建省以后,由于清政府的重视和省府官员的切实躬行,新疆社会各方面都取得了较大进步。政治方面:改革行政建置,迪化取代伊犁成为新疆的政治、经济、文化中心,军府制、伯克制、札萨克制、州县制的混合体制统一改为州县制,府、州、厅、县相继设置。经济方面:兴修水利、发展屯垦、改革税制,农业、手工业、商业得以逐渐恢复,近代工业萌芽。文化方面:兴办义学,发展各族儿童启蒙教育。这些措施对推动新疆迈入近代发展轨道意义重大,更为新疆城市的近代发展奠定了基础。

1. 行政建制改革对城市发展的影响

行政建制改革为后期新疆各项行政管理制度的统一实施扫清了障碍,促进了地区社会经济的协调发展,对全疆城市产生了重要的影响,主要表现在以下三个方面:

其一,城市管理体制与内地逐步一致。清代新疆实行军政合一的"军府制"管理体制,各地又采取三种管理制度:一为州县制,如设迪化州,州之下辖昌吉、绥来、阜康等县;二为伯克制,南疆八大城(喀喇沙尔、库车、阿克苏、乌什为东四城,喀什噶尔、英吉沙尔、叶尔羌、和阗为西四城)及其所属各小城实行伯克管理体制,由阿奇木伯克、伊什罕伯克总领地方一切事务,专设帕提色布伯克负责巡查城市;② 三为札萨克制,实行于哈密、吐鲁番等地及土尔扈特、和硕特、哈萨克等部。这三种地方管理制度在全疆并行,其宗旨即军民分治,实行民族隔离。上述地方管理制度客观上导致了城市各自为政,彼此之间缺乏交流、联络,城市发展程度不一,等级落差悬殊。

新疆建省的首要任务便是对行政体制的改革。正式建省之前,刘锦棠在进行新疆善后工作中便开始逐步实施改革措施,1882年,刘锦棠相继裁撤南疆各善后局,对旧有伯克制度下的行政区划进行改革,先后设置了喀什噶尔道和阿克苏道,增设疏附、拜城、于阗、叶城等县,建立了道县制的地方行政机构,这一行政建置改革取代了清代以军府制为主、因俗而治的统治方式,新疆地方行政体制得以统一,各城行政级别明确,管理权责明晰。此外,道县制度的实施也使新疆与内地省份的行政体制逐步一致化,实现了中央政府对新疆全面有效地直接统治,由此,新疆城市的发展开始逐步纳入全

---

① [美]费正清等编:《剑桥中国晚清史(1800—1911)》(下卷),中国社会科学院历史研究所编译室译,中国社会科学出版社1985年版,第115页。

② 曾问吾:《中国经营西域史》,商务印书馆1936年版,第270-271页。

国统一的城市管理体系之中。

其二，城市的军事职能弱化，综合性职能增强。清代新疆地区的一些城市是由国家基于军事防御与行政管理目的规划建设的，而非由经济中心的"市"发展为"城"，因此，城市的规模、结构与功能往往取决于其在军事和行政上的重要性。军府制体制之下，伊犁将军为天山南北最高的军事行政长官，其下管理北路、南路、东路三大军事系统。在三路各城设立领队大臣、办事大臣或协办大臣，北路大臣受伊犁、塔城参赞大臣节制，南路大臣受喀什参赞大臣节制，东路大臣受乌鲁木齐都统节制。在军府制体制下，城市的军事职能显著，三路军事系统之下各自形成了一些重要的城市，如北路的伊犁九城，南路的塔里木盆地北缘的喀喇沙尔（焉耆）—库车—阿克苏—乌什—喀什，盆地南缘的英吉沙尔—叶尔羌（今莎车）—和阗，东路的哈密—镇西（今巴里坤），北路的吐鲁番—古城（今奇台）—乌鲁木齐—乌苏。各重要城镇皆驻有清军，特别是北疆的一些城镇，形成了专门的八旗驻防城，有的城市在城中建设"满营""绿营"区域，南疆的城市则驻扎一定数量的换防兵，城市的军事职能强大。嘉庆年间，伊犁各城驻兵及家眷约98300 余口，其中惠远城、宁远城满营分别为 22600 口、13340 口，同期，迪化城驻防满兵 3400 余，镇西驻防兵 1000，奇台驻防兵 1000。①

由于军府制管理体制对城市军事防御功能的强化，上述城市的职能单一，存在重军事而弱民政的弊端，城市并非为方便民众生活的区域文明中心，难以形成人口吸引力及商业辐射力，城市间及城乡间交流不足，城市发展较为缓慢，不仅未形成多元、完善的城市职能，且未形成健全的城市体系。

建省之后，州县制全面推行，随着都统、参赞、领队大臣等军职的裁撤，新疆的城市完成了由北疆"军城"及南疆伯克辖城向"治城"的转变。同时，由于军府制的结束及内地协饷的断绝，全疆裁撤军队，大部分城市的军事职能开始弱化，城市的民政管理职能逐步得以增强，城市职能向政治、经济、文化多元化综合职能发展。

其三，全疆政治经济中心由伊犁转移至迪化。新疆建省之议，实际上在1820 年就已由龚自珍提出，但由军府制的管理体制转为行省管理体制，还需要全面的规划与论证，特别是当这种行政建置的变革背后又牵扯到复杂的集团利益背景时，新疆建省于是成为旷日持久的朝堂论争议题。建省规划中，争议较多的焦点之一便是省会所在问题。建省之前，新疆最高军政长官

---

① 曾问吾：《中国经营西域史》，商务印书馆 1936 年版，第 267－268 页。

为伊犁将军，驻伊犁惠远城，伊犁是全疆军政中心。建省之后，省治是仍选择在伊犁还是另觅他处，清政府经历了一番细致的考量。

最早提出新疆建省之论的龚自珍虽未明确指出省治问题，却敏感地意识到满洲贵族在新疆的权力是不可动摇的，这一原则在其后各个版本的建省规划中得到了体现。文人朱逢甲提出按照新疆天山南北的地形特点，在山南、山北分设总督，阿克苏为山南巡抚驻所，乌鲁木齐为山北巡抚驻所。① 由于其时新疆局势尚未恶化，又加上龚自珍及朱逢甲人微言轻，新疆建省之议并未得到清政府的重视，更不用说具体考虑省治所在的问题了。直至19世纪中后期，新疆军府制危机全面爆发，左宗棠率大军平定全疆后，建省之议才再次被呈交至中央统治集团定夺，各种建省规划中，省治所在又成为争议焦点。左宗棠认为乌鲁木齐（迪化）"地居天山南北之脊，居高临下，左右伸缩，足以有为也"②，对于左宗棠的奏折，清朝统治者以"伊犁尚未收复，布置一切，不无窒凝"为由推诿。实际上，统治阶层不愿在新疆设省的深层原因是担心湘军势力会因建省而在新疆获得巨大的权益，从而威胁满洲贵族的统治。之后，陕甘总督谭钟麟提出新疆"设立行省当从州县办起，然后递设督抚以统辖"，即新疆可暂缓建立省治，不设置督抚，以镇迪道、喀什噶尔道、阿克苏道分别统辖各区域的州县。③ 最终，清政府选定刘锦棠提出的设省方案，即新疆只设巡抚，驻乌鲁木齐，设镇迪、阿克苏、喀什三道，伊犁、塔尔巴哈台不设道，保留伊犁将军。④ 刘锦棠的这一建省方案是在总结了左宗棠、谭钟麟等人提议的基础上，综合考虑清政府对在新疆保留满洲贵族势力的想法并恰当处理了新疆与陕甘总督的关系而形成的，在建省已必需之时为清政府权衡采纳。

综观各种版本的建省方案，虽然多少存在差异，但仍可看出，大部分议者赞同在迪化设省治，这是由该城的地理位置和经济发展基础决定的。从地理位置来看，迪化地处天山之北，向东约1000里可达镇西，东南700余里可达吐鲁番及鄯善，西南约600里可达库尔喀喇乌苏，西北600余里可至塔城，东北约900里可至科布多，"东西一千五百七十里，南北五百四十里，山河巩塞，形势隩阻……而封壤坚腴"⑤；从农业及商业发展基础来看，迪

---

① （清）王锡祺：《小方壶斋舆地丛钞》（二），杭州古籍书店1985年版，第119页。
② （清）朱寿朋编纂：《光绪朝东华录》，中华书局1958年版，第918页。
③ （清）朱寿朋编纂：《光绪朝东华录》，中华书局1958年版，第1378－1379页。
④ （清）刘锦棠：《刘襄勤公奏稿》，台湾文海出版社1985年版，第399－403页，第409－416页。
⑤ （清）袁大化、王树枏等：《新疆图志》（卷一，建置一），东方学会1923年版，第10页。

化"经涂四达,利尽西北,北路一大都会也"①。左宗棠收复新疆时,随军有不少天津杨柳青商人来到迪化从事商业活动,使得迪化在商业和人口上得以迅速从战乱中恢复,奠定了作为省治的基础条件。

当然,伊犁掌控全疆军政地位的丧失也是迪化成为省治最佳备选的重要影响因素。清乾隆时期统一全疆后,综合考量自然地理、军事防御等因素,以伊犁为控御全疆之军政中心,建设伊犁九城。但同治战乱后,伊犁九城受损极大,加之为俄国军队占领长达10年,西部国土又陆续被俄国侵占,不仅失去辖地、人口,还丢失了军事防御缓冲带,自身安全且岌岌可危,更难承担掌控全疆军政的角色。

建省之前,迪化的行政级别仅为直隶州,州治所在为巩宁城,同治战乱中,巩宁城被焚毁。刘锦棠就任新疆巡抚后,将迪化直隶州升为府,伊犁将军不再总统全疆军政事务,新疆军政中心由伊犁移至迪化,迪化逐渐发展成为全疆交通、经济、文化中心。

2. 经济措施助推城市工商业的恢复

经济是城市发展的重要助推力,清末新疆建省前后,主政的地方官员皆十分重视城市经济的恢复发展。

首先,发展农业,缓解城市人口与粮食压力。新疆建省后改革军府制,各城驻军中的老弱冗员被大量裁撤,再加上内地不断遣发入疆的罪犯及入疆的内地难民、流民大多散布于城市中,暂难寻得谋生之计。刘锦棠着力发展屯田,将土地分别拨给上述人员,令其耕作,解决了这些人的生计问题。这对缓解城市人口压力、稳定城市社会秩序起到了重要作用。建省后政府在土地制度、赋税、货币政策等方面实行改革,南疆维吾尔族地区封建农奴制逐渐转变为封建土地所有制经济,减轻了农民的负担,调动了维吾尔族农民的生产积极性。农业的稳定发展保证了城市人口所需的粮食供应,一度空虚的粮仓逐渐得到充实。此外,屯垦发展形成的一些农业聚落成为后期新城市的基础。1891年,甘肃巡抚魏光焘奏请于罗布淖尔设立"抚辑招徕总局",招民屯垦,渐有起色。巡抚陶模遂于1893年奏请于罗布淖尔西南的都纳里筑蒲昌城。1896年蒲昌城吸纳了自青海逃新的3000多名回族人。之后,蒲昌城的官员和户民不断增加,1899年其地置新平县,蒲昌城成为县治所在。

其次,农牧业商品化生产使农村成为城市商品采集地及消费市场。桑、棉是新疆重要的农业经济作物。新疆南北路产桑,但"蚕织未广",平乱后

---

① (清)袁大化、王树枏等:《新疆图志》(卷一,建置一),东方学会1923年版,第10页。

新疆设蚕桑局，招募熟悉养蚕业的内地养蚕人携带蚕种及设备入疆，教授栽桑、养蚕、煮茧、丝织等技术，自哈密、吐鲁番、库车、阿克苏至西四城及北路各处"耕织相资"。1907年，新疆布政使王树枏提倡桑业发展，南疆茧额从1906年的不足7万斤增至1908年的约40万斤。① 棉业亦是南疆地区传统的种植业，建省后，通过地方政府向棉农提供贷款、改良棉种及种植技术等措施，新疆棉花种植面积和产量皆增。桑蚕业及棉业的推广普及，促进了农村家庭纺织手工业生产的发展，南疆农村家庭几乎户户皆有家庭纺织，纺织产品不仅供给城乡民众衣被所需，且有棉、桑及纺织品的大量出口；同时，家庭纺织业的普及也为20世纪之后新疆机器纺织工业的发展奠定了基础。同期，牧区畜牧产品成为新疆出口商品的大宗，销往苏俄及印度、阿富汗等地。农牧业产品的商品化生产及农村手工业的发展，为城市商品交换提供了丰富的物资，农牧民收入的增加和一定程度上购买力的提高，亦使农牧区成为城市各种商品的重要消费终端。

再次，币制及税制改革稳定市场贸易环境。同治战乱及其后的阿古柏入侵，使新疆各城的商业遭到严重打击：①城破而市坏，《新疆图志》载："同治初，元中更回乱。旧时都会之地，夷为灰烬，商旅裹足。百年来民间元气彫丧尽矣。光绪十一年改建行省，其时迪化城中疮痍满目，无百金之贾、千贯之肆。"② ②商民大为减少。③交通不畅，"玉门以西官道行千里不见人烟，商贾往还无休宿之所"③。乱局之后，城市商业一片萧条。建省前后，政府通过铸造钱币、改革赋税等经济措施，促进城市商业的恢复与发展。

新疆建省前后，各地货币种类繁杂，各种货币仅在一定区域内通行，北路市肆原通用制钱④，光绪年间由于制钱缺乏，遂开始使用红钱（铜铸，方孔圆钱，色红）、天罡（又作"腾格"，银制）；北疆的伊犁由于受到俄国长达10年的控制，"俄元、俄普、俄帖充塞市面"⑤；南路8城天罡、红钱并用，间有阿古柏占据时铸造的钱币。当时铸造红钱的官钱局有迪化宝迪局、迪化宝新局、伊犁宝伊局、喀什噶尔局、叶尔羌局、阿克苏局、乌什局、库车局、和田局9个铸币局，由于铸造机器的落后及政局腐败导致工人消极怠

---

① （清）袁大化、王树枏等：《新疆图志》（卷二八，实业一），东方学会1923年版，第7页。
② （清）袁大化、王树枏等：《新疆图志》（卷二九，实业二），东方学会1923年版，第14页。
③ （清）袁大化、王树枏等：《新疆图志》（卷二九，实业二），东方学会1923年版，第14页。
④ 乾隆统一新疆后，银两和红钱平行本位。北疆用制钱，与南疆红钱在托克逊兑换，1枚红钱等于5枚制钱。
⑤ （清）袁大化、王树枏等：《新疆图志》（卷三五，食货四），东方学会1923年版，第2页。

工，各局铸造的红钱数量不多且大小不一、品质粗糙。天罡的品质亦难称道，且民间还存在私自铸造假钱的情况。货币混乱之外，本位制钱又极为缺乏，时"伊塔一带竟无钱可使"[①]。

制钱的缺乏与前期新疆市场上白银的外流有极大关系：19世纪下半期新疆与英、俄的贸易交往中，新疆市场上的白银大量外流。俄国占领伊犁期间，将中国钱文贱价勒买，熔铸器皿。新疆地方官员称，如果没有钱币外流，按照新疆各官钱局的正常鼓铸情况，至光绪十六年（1890），已铸造20余年，市场钱币应当足够流通所用。新疆设省后，为缓解市场制钱的缺乏，刘锦棠于1885年发银1万两，饬令在省城迪化设立官钱局，铸造红钱，并由喀喇沙尔、库车、吐鲁番等处置换红钱解运至迪化。1889年，伊犁设官钱局，发行制钱，但由于当时市场上俄帖轻便，民众不愿换制钱，政府通过兑换补贴使制钱在1897年开始正式于伊犁市场流通。此后，阿克苏、喀什噶尔也先后设立官钱局，制钱逐渐得到民众的认可，开始在南北两路市场上流通。货币的统一对新疆各城之间的商业往来提供了便利的条件，促进了城市商业经济的繁荣。

此外，建省后新税制的推行也为新疆各城商业经济的发展提供了良好的环境。新疆建省前后已开始出现各省饷银不济的情况，为增加政府财政收入，应对新疆建设的各项支出，左宗棠在收复新疆后仿照内地各省实行抽收釐税[②]，自1878年秋至1879年夏不到一年时间即收得税款18万两。税率数字不得而知，但根据清末民国时期新疆普遍实行的税率，按3%计算，估计当时各城商贸流通数额可达600万两。建省后，刘锦棠再次征收百货税[③]，设哈密、古城两局征收。哈密局专门征收由嘉峪关出关经由哈密运入新疆的货税，古城局征收由包头、归绥经蒙古草地运入新疆的货税。政府允许各地地方官招殷实商户开设牙行征收货税，货物市价一两税三分，牙行可取二分，剩余上缴地方官收存。当时新疆地区的华商商贸活动主要有以下几类：①城市中的街市铺面及巴扎（市场）买卖；②城市外的集市镇巴扎及乡村巴扎买卖；③商人前往农牧区的收购活动。这三种商贸活动中，以城市商业街店铺和巴扎销售的商品流通规模最大，按照当时百货税收"只税其大宗，

---

① （清）袁大化、王树枬等：《新疆图志》（卷三五，食货四），东方学会1923年版，第1页。
② 釐税：即厘税，为晚清起实行的一种商业税，分坐厘、行厘两种，前者征货物交易税，后者征货物通过税。税率按货值抽若干厘。
③ 按《新疆图志》（卷三一，赋税二）记载，当时涉及的百货包括缎绸、皮货、服饰、靴帽、棉麻、布定、海菜、南土货、京广川南洋杂货、药材、细药、次药、纸札、铜铁锡器、木料等各类。

零星小贩概从宽免"的规定①,可以推断政府所收百货税税额中的绝大部分应当为城市商品流通的税收。虽然新税制多少存在不足,在具体实施中也多有弊端,但政府对税制的明确规定毕竟还是避免了各级满汉官员及维吾尔族伯克对商人的肆意盘剥,对城市商业经济的恢复还是有一定促进作用的。《新疆图志》载,刘锦棠颁行百货税后,政府每年所收税额"自二万至五六万而止",这一数字虽然低于1878—1879年18万的釐税收入,但并非表明新疆建省后城市商贸活动衰落。政府税收所得较少,有以下几个原因:①牙行抽利。由于牙行承担直接征收货税的职责,可抽取所得税收的2/3,政府最终得到的税款仅为百货税实际缴纳的1/3。②商人偷税。此时,俄商在新疆已取得"暂不纳税"特权,一些华商采取贿赂俄商,托其转运货物的方法逃税,使政府税收大为减少。考虑到以上因素,从政府的税收额还是能够大致推断出建省后新疆城市商业发展平稳。

3. 城市学校教育的发展

新疆地区的学校教育是自清初由北疆镇西和迪化发展起来的,当时两地属甘肃管辖,为解决汉族和满族学童的学习需要,两地开办了学校;之后,北疆的昌吉、绥来、奇台等县相继建立学宫。由于清政府实行民族隔离政策,南疆地区在清末以前主要为维吾尔人聚居地区,未设学校,当时南疆维吾尔族居住地区"数十家必建寺,寺必有学,其人笃信教祖牢不可破"②,维吾尔族儿童在各清真寺接受宗教启蒙教育。19世纪中后期的乱局对新疆文化教育的打击颇大,特别是北疆学宫几乎在同治战乱中荡然无存。③ 建省前后,新疆各地相继设立了义塾,由官方聘用随营入疆的内地游学教授学生千字文、百家姓等。维吾尔族信仰伊斯兰教,其教义规定不拜圣人、偶像,因此,维吾尔族将义塾中拜孔子视为背教,又加上学习中语言不通,学习内容枯燥,义塾难以招到维吾尔族学生,因而建省后虽学校"骎骎称盛焉",然"其效去内地者远"④。尽管如此,建设义塾仍然具有积极意义:一方面,迪化开始确立其全疆学校教育中心的地位。清乾隆统一新疆后至新疆建省前,镇西为新疆重镇,是清军用兵西北的枢纽,当地汉族、满族人口较多,是全疆学校教育发展较早也较好的城市。直至光绪十二年(1886),迪化州

---

① (清)袁大化、王树枏等:《新疆图志》(卷三一,赋税二),东方学会1923年版,第3页。
② (清)袁大化、王树枏等:《新疆图志》(卷三八,学校一),东方学会1923年版,第4页。
③ (清)袁大化、王树枏等:《新疆图志》(卷三八,学校一),东方学会1923年版,第2页。
④ (清)袁大化、王树枏等:《新疆图志》(卷三八,学校一),东方学会1923年版,第2页。

学升为府学,设教授一名管理所属各县学务①,镇西府则改厅学,迪化开始逐渐取代镇西,成为全疆学校教育中心。另一方面,全疆各地除牧区以外,在人口聚集之地,特别是各城市中几乎都设立了义塾,甚至连建省之前并无"学额"的伊犁、疏勒、温宿各府亦相继设立了学校,虽然学校教育效果不尽如人意,但义塾的普遍开设毕竟将近代学校教育模式引入了新疆各城,为此后城市文教事业的发展奠定了基础。

二、新政:进一步推动新疆城市的近代发展

20世纪初,清政府面对义和团运动及八国联军入侵等多重内忧外患的危机,不得已于1901年重新开启变法,推行新政,新疆也逐渐推展实施。鉴于新疆的地方实际,伊犁将军长庚认为,练兵、购械、牧政、商务、工艺、兴学等,应是新疆实施新政的主要内容,② 甘肃新疆巡抚联魁主张改官、开垦、兴学、练兵数端为新政要项,③ 其继任袁大化则更为注意民生,重视垦荒、开渠及采矿。④ 清末新疆新政虽未有专门的城市建设发展项目,但已开展实施或筹备中的项目对城市发展有直接和间接影响。

1. 全疆统一政区下州(府)—县(厅)两级城市体系形成

1902年,新疆巡抚饶应祺主持开展了新疆建省后的第二次行政建置改革,设立了4个道、6个府、2个直隶州、8个直隶厅、1个州、2个分防厅、21个县、2个分县的行政区划,使新疆城市体系发生了一次质的变革。

清代乾隆中期统一新疆后,鉴于新疆面积辽阔,便依"山川形便"为原则,将此地区分为三路进行管理,即天山南北两路和安西北路,由此在新疆境内形成了3个城市群,即天山南路以喀什噶尔为中心,包括喀什噶尔、英吉沙尔、和阗、阿克苏、乌什、库车、喀喇沙尔在内的"南八城"城市群,天山北路"伊犁九城"及塔城、库尔喀喇乌苏城市群,安西北路以乌鲁木齐为中心,包括精河、绥来、阜康、巩宁、迪化、昌吉、镇西等城市在

---

① (清)袁大化、王树枏等:《新疆图志》(卷三八,学校一),东方学会1923年版,第4页。
② 《清实录》(德宗景皇帝实录八,卷五六三,光绪三十二年八月乙酉),中华书局1987年影印本,第453页。
③ 《清实录》(德宗景皇帝实录八,卷五九一,光绪三十四年五月己丑),中华书局1987年影印本,第815页。
④ 《清实录》(宣统政纪,卷五七,宣统三年闰六月丙辰),中华书局1987年影印本,第1026-1027页。

内的城市群。① 三大城市群分别实行不同的行政管理制度，天山北路为伊犁将军直辖的军府制，天山南路为伯克制，安西北路既有乌鲁木齐都统所辖的军府制兼州县制。在自然山川阻隔、行政体制多元的主客观条件下，加之城市本身数量少、城际交通不便等因素的影响，清代新疆这三大城市群彼此分隔、各自为政。

新疆建省之后的两次行政区划改革，皆是将全疆视为一个完整的行政单位，在天山南北全面推行州县制，打破了新疆建省之前政区分割的局面，州（府）、县（厅）行政等级的确立使全疆城市等级得以明晰，使全疆城市处在统一的行政体制之下，便利了城市之间的横向与纵向联系，新疆城市从政区分隔体制下的三大城市群演变为政区统一体制下的州（府）、县（厅）两级城市体系及纵横交错、彼此联络的多条城市带。

2. 试行城市自治

19 世纪后半期，随着中国国门被列强攻破，西方政治、科技、文化的传入客观上使部分中国民众的眼界得以开阔、心智得以启发，民众开始出现民主参政的要求，清政府决定尝试开放政治事务的社会参与平台。1909 年，清政府仿效西方国家的地方自治制度，颁布《城镇地方自治章程》，允许各省城镇设立议事会和董事会，开展地方自治，并规定地方自治公所为地方自治办公场所，自治事项包括学务、卫生、工程、农工商务、慈善、公共事务等。

根据清政府旨意，新疆为"开自治之知识，养自治之能力"②，于 1909 年 5 月 20 日首设省城自治研究所，附设于新疆省谘议局筹办处内（位于迪化藩正街忠义祠东院）。当年 7 月 4 日，研究所开课，学员由各地方选送，为当地土著士绅或长期寄居资本雄厚之商人。研究所共开课两期，学员毕业后被派往各处宣讲自治。1910 年版，新疆各道属城镇相继成立自治研究所。各城进行了自治区域的划分，如迪化县划为本城中区、东南区、南区、西区、北区 5 个区域，各辖一定范围的村庄，其他各城镇自治仿照此例进行。各地自治研究所经费均有地方筹给，"南路多由亩捐、草捐而出，北路多以地方官捐廉及斗称税、门市各捐而来"③，喀什噶尔道台召集地方士绅等建

---

① 黄达远：《清代新疆政区变革与城市发展——纪念新疆建省 125 周年》，载《西域研究》2009 年第 2 期，第 90 - 97 页。《民族社会学研究通讯》2009 年第 51 期，第 20 - 21 页。
② （清）袁大化、王树枏等：《新疆图志》（卷四五，民政六），东方学会 1923 年版，第 12 页。
③ （清）袁大化、王树枏等：《新疆图志》（卷四六，民政七），东方学会 1923 年版，第 13 - 14 页。

喀什噶尔议事会时，曾表示议事会成员"有权为了修路建桥而增加地方税"①。

虽然由于"新省地处极边，人格太卑"，在自治实践中很多事项或"暂付阙如"，或需"变通办理"②，城镇自治并没有取得实质性的效果，但从城镇自治的研究、宣讲，到相关章程的制定及各类自治机构的设置，开创了新的城市管理方式，不失为新疆城镇发展的新风气。

3. 实施警政

新政期间，清政府学习近代西方各国警政，结合当时中国国情，于京师设巡警部，设左右丞各一员、左右参议各一员，分设五司十六科，后以巡警部未周，改为政部管辖。③ 京师巡警制度实施后，清政府下令要求各直省督抚开办巡警，举行自治，调查户籍。

新疆建省以前汉人不多，省内北疆以军府制、南疆以伯克制管理城市治安，如南疆伽师设"街市伯克"管辖城区，巴楚设有专管市场的伯克。④ 警政的实施使新疆出现了维护城市安全与社会秩序及进行城市管理的专门机构。1902 年，新疆省城迪化首先开始清查户口，编保甲。由文武稽查委员 2 名、亲兵 6 名，文委由保甲局委充，武委由城守协委充，另设堆卡，派委员 2 名、兵丁 4 名协同稽查户口，向各户发放注明丁口的口牌，生业店设号簿循环调查。迪化城内部划分为 8 个局，即总局、中段、西南隅、东南隅、西北隅、东北隅、西关、南关八局，每局配备巡查兵 10～20 名，负责各管辖地段的治安，"斯时也，省城地而称安谧"⑤。

1903 年 9 月，新疆省城保甲正式改编巡警，经费由巡防队项下提用，仍以东北隅、西北隅、东南隅、西南隅、中段、西关、南关命名分局，分设警棚 72 处，每棚驻兵 4 名，实施六七年间未设站岗警兵。1905 年，制定《新疆巡警三十条》，新疆巡警制度粗备。由于保甲制度积习难改，这一时期省城迪化的巡警制度并未真正起到作用。1910 年 7 月，迪化发生王高升纵火烧市事件，而巡警却未及时救助处置，新省遂整顿警政，仿西方警察章

---

① G. P. Skrine and Pamela Nightingale. *Macartney at Kashgar*: *New Light on British*, *Chinese and Russian Activities in Sinkiang*, *1890—1918*, London, Methuen & Co. Lt ［D］. 1973, p. 154. 转引自贾秀慧：《晚清民国时期新疆的政治近代化评述》，载《新疆社会科学》2009 年第 2 期，第 121 页。
② （清）袁大化、王树枬等：《新疆图志》（卷四六，民政七），东方学会 1923 年版，第 13 页。
③ （清）袁大化、王树枬等：《新疆图志》（卷四十，民政一），东方学会 1923 年版，第 3 页。
④ ［芬兰］马达汉：《马达汉西域考察日记（1906—1908）》，王家骥译，中国民族摄影艺术出版社 2004 年版，第 101、109 页。
⑤ （清）袁大化、王树枬等：《新疆图志》（卷四十，民政一），东方学会 1923 年版，第 2 页。

程，各街道设岗亭，由警兵日夜分班站岗，省城四区又附设派出所，负责城区户口调查、门牌编订及防火、卫生等各项事务，"其时新疆省城警政粗具规模"①。

为培养警备力量，1909 年，新疆开办高等巡警学堂，一年毕业，学生分布各属为二等巡官。1910 年 9 月，省城设巡警教练所，原打算培养高级巡警，因经费不足在半年后停办。1911 年 3 月，开办警务公所，分司法、行政、总务、卫生四科，学制一年，毕业优等生可任巡长。省外各府厅州县县丞治共计 39 属，于 1908 年分最要、中要、次要举办城治巡警教练所，以省城巡警毕业生为巡官兼教习。至 1911 年，省城巡警部署官员长警有 504 名，全省长警共 2560 名。②

省府颁布的警律大纲及各项管理规则，对城市建设与管理进行了细致的规定，③ 涉及城市建筑物及公共设施管理、交通管理、卫生管理等诸方面，如：

①城市建筑物及公共设施方面：居民须对所居危房加以修缮，不得私建房屋；不得损坏道路交通标志、路灯设备、通信电杆、路旁树木等。

②城市交通方面：在城市喧闹地段或道路狭窄蜿蜒地段不得驾车横冲直撞；车马行人须分左右分别行走，车马须靠左通行；夜晚驾车、行人须有灯火照明；不得在道路上乱停车马；不得在道路上堆积杂物以致妨碍交通；不得私自在路旁开设店棚、摆放货物；不得因马戏、杂技妨碍交通。

③城市卫生方面：警局卫生科负责清洁街道、疏通沟渠、灌溉沿街树木等事务；夏日或大风时须向街道洒水，冬日街道积雪须随时扫除；各街道不得堆积尘芥污秽煤灰，一切不洁之物须排放到沟渠；各街巷须安置垃圾桶，每日由官设垃圾车将垃圾运到僻静处；商贩不得贩卖腐败食物、自死动物肉类及未熟果实；警务人员须及时报告传染病情。

④城市生活方面：茶馆、酒肆、客店、铺户及居民在晚上十二点后需关闭门户；不得赌博、酗酒、嫖妓及在公共场合集会、争吵、散播谣言等；警务人员须对城市中被遗弃老弱病残者实施救助。

新政期间，新疆通过建立巡警队伍、制定巡警制度，警政在实践中得以不断完善，其中，又以省城迪化警务规模最良，城内严格分区，各区遍设岗

---

① （清）袁大化、王树枬等：《新疆图志》（卷四十，民政一），东方学会 1923 年版，第 4 页。
② （清）袁大化、王树枬等：《新疆图志》（卷四十，民政一），东方学会 1923 年版，第 4 页。
③ （清）袁大化、王树枬等：《新疆图志》（卷四十，民政一；卷四一，民政二；卷四二，民政三），东方学会 1923 年版，第 2－3 页，第 7－9 页。

亭、派出所（见下表），"巡警布置严整，区巡各官勇与任事科长、科员日夜轮班稽查，岗兵按四班守岗，盗贼屏迹，烟赌潜踪，争斗无声，于五方杂处之区克见安宁秩序"①，"斯时游民绝迹，官商称便"②。

表1　迪化各区派出所岗亭分布情况

区名	岗亭编号	岗亭所在位置	岗亭编号	岗亭所在位置	岗亭编号	岗亭所在位置
第一区	1	满城南门口	2	县署东十字街口	3	江浙会馆前
	4	老东门口	5	通志局前	6	两湖会馆左首
	7	臬正街口	8	院东街	9	满城西二道巷
	10	满城西五道巷口	11	满城西门口	12	鼓楼中
	13	初级审判厅旁	14	正街中东五道巷口		
第一区派出所	1	新南街口	2	院前街口三角地	3	左公祠栅门口
	4	东大街	5	左公祠左首	6	顺南街北口
	7	荷池街中	8	府西街中	9	府署东
	10	财政局后城脚	11	府后街	12	府前街中
	13	藩前街	14	藩署西辕门边		
第二区	1	新西衢口桥西	2	四川会馆门首	3	北大街
	4	书院巷口	5	长顺馆门口	6	博达街口
	7	邮电栅口	8	陶勤肃公祠前	9	中学堂东隅
	10	中学堂西隅				
第二区派出所	1	六道巷	2	头道巷城脚	3	两仪巷口
	4	两仪巷头	5	文庙前	6	老西门口
	7	聚福巷口				

---

① （清）袁大化、王树枬等：《新疆图志》（卷四十，民政一），东方学会1923年版，第5页。
② （清）袁大化、王树枬等：《新疆图志》（卷四十，民政一），东方学会1923年版，第6页。

续表1

区名	岗亭编号	岗亭所在位置	岗亭编号	岗亭所在位置	岗亭编号	岗亭所在位置
第三区	1	藩后街	2	抚正街南口	3	抚正街中
	4	院照墙后	5	东辕门口	6	西门口
	7	留仕巷北口	8	大兴巷中	9	北大街半截巷
	10	北大街聚福巷口	11	大十字牌楼中	12	南大街六道巷口
第四区	1	老南门大街	2	顺南巷口	3	后街东巷底
	4	江南巷口大街南	5	大街中	6	大街中
	7	文昌阁口	8	后街横巷口	9	财神巷十字巷
	10	新安巷高升巷	11	东渠巷头道巷	12	南关门北口
	13	关外头道巷口	14	西二道巷口	15	西三道巷口
	16	头道桥口	17	中俄稽查局南首		
第四区派出所	1	西关巡警巷口	2	西大街口	3	西大街中
	4	西大街中	5	育才巷口	6	车市巷口
	7	车市巷南口	8	西关南口		

附注：资料来源于《新疆图志》卷四十，民政一，第11-12页。缺第三区派出所资料。

4. 资本主义工商业推进城市近代发展

清政府在推行新政时已认识到振兴工商业是国家权益的重要保障，强调"农工商业，为富强之根本，自应及时振兴"①。新疆巡抚陶模亦称："欲求富强，当先崇节俭，广教化，恤农商。"②

新政期间，新疆工商业的发展主要表现在矿产开采、兴办工艺场、成立公司等方面：

其一，矿产开采。新疆的金矿、铜矿、铁矿等矿产资源丰富，"固有振兴实业之资"③，早在建省之前时已有政府开矿之先例。新政期间，新疆的采矿业出现了新的变化，一是使用机器生产，俄国提供生产机器及技术人员，参与矿厂的开采经营，如塔城喀图金矿，中俄各出一半资本，俄方提供

---

① （清）朱寿朋编纂：《光绪朝东华录》（光绪二十八年正月），中华书局1984年版，第4830页。

② 赵尔巽等：《清史稿》（卷四四七，陶模传），中华书局1977年版，第12506页。

③ （清）袁大化、王树枏等：《新疆图志》（卷二八，实业志序），东方学会1923年版，第1页。

机器。二是矿厂经营实行官商合办或官督民办形式，如 1902 年时，喀什噶尔开办保利、保大、保源、保兴 4 个金矿厂，由官商合办，官方认筹股银 20000 两，民商股银 10000 两。新政期间，由于广泛吸纳民商资本，并积极引进机器生产设备，学习先进生产技术，不少矿厂实现了盈利，开矿办厂壮大了民间商人的资本，其中不少商人将资本再次投入城市商业活动中，对新疆资本主义工商业的发展和城市经济的繁荣大有裨益。

其二，创办工艺研习所。新政期间，迪化、和阗、洛浦、库尔喀喇乌苏、皮山等地先后设立了工艺厂、劝工所、工艺局、工艺会、织造局、实业讲习所等，根据各地情况，向民众教授工艺技能，使无业之人亦能"占一技自赡"①。工艺局主动学习国外先进技术，迪化工艺局曾派官员到俄国、德国考察，并购置机器，在新疆办厂生产石油、石蜡、火柴、电灯等，颇具成效。各地创办的农林试验场和实业讲习所，指导农业生产，培养实业人才。各工艺局、所的建立为新疆农业、手工业及实业培养了技术人才，并自有产出，为城市经济发展奠定了良好的基础。

其三，成立实业公司。新政期间新疆成立的公司中以"伊犁制革有限公司""伊塔皮毛公司"及"伊塔茶务公司"的影响最大。19 世纪中后期，伊犁、塔城等地的畜牧业产品出口俄国，受到俄商的盘剥。新政时政府着手在伊犁、塔城成立制革公司、皮毛公司，引进德国生产设备与技师，由中方掌握经营权。通过设立上述公司，新疆不仅增加了畜牧业产品的产出，扩大了出口，同时减少了农牧区牧民由俄商贱价收购畜牧产品而遭受的损失，商人资本及农牧民收入的增多有益于城市商业的进一步发展及民众购买力的提高。此外，1906 年新疆还成立了伊塔茶务公司，"以济蒙哈日用，而防俄茶倒灌"②，防止新疆白银大量外流，对于稳定城市经济也起到了一定的作用。

5. 建设俄新及新省城际邮政

俄国自于塔城、伊犁、乌鲁木齐、喀什设立领事以来，相继在这些城市创办邮局，以便于俄领、俄商与本国联络，同时兼办新疆商民邮件、包裹投递业务，获利颇丰。新政期间，新疆官员奏请设立邮政，称"新疆与内地悬隔已久，民间向无信局，致外人得擅其利，自非亟谋交通，无以保固有之利权，非速兴邮政，无以杜后日之觊觎，请裁减驿站夫马之半，提充经费，先从东北两路试办，以次推行。凡公文报章，均由邮递；其商民书信，略仿

---

① （清）袁大化、王树枏等：《新疆图志》（卷二九，实业二），东方学会 1923 年版，第 13 页。
② 《清实录》（德宗景皇帝实录八，卷五八七，光绪三十四年二月壬戌），中华书局 1987 年影印本，第 756 页。

邮政售票章程办理"①。1909年9月，乌鲁木齐设立邮政总局，南北二路各设分局及代办所，共计78处②。1910年，南北各局次第告成。邮政的开设完善有益于省内民政管理，对各城间商业联络亦有极大的便利。

6. 城市文教事业的积极发展

清末新疆建省之前，学校教育未在维吾尔族等少数民族中推广，仅有"义学""旗学"为新疆的汉、满族子弟提供学校教育。其中，义学以各地方官办为主，分布在新疆各府、州、厅、县治所城内或城周；旗学则为驻守新疆的八旗官兵子弟提供教育，主要分布在北疆八旗驻兵营区。

表2　清末新疆部分城市学宫名称及地点

城市名	学宫所在地点	修建时间	城市名	学宫所在地点	修建时间
迪化	巩宁城	1773	精河	城西北隅	1900
	省城内西大街	1879	温宿	城南门	1908
阜康	城东关	1776	柯坪	署东南	1904
奇台	城东大街	1873	拜城	城西北隅	1887
镇西	城西南隅	1872	乌什	城东南	1907
哈密	城西南郊一里	1892	焉耆	县署东偏	1908
乌苏	城西街	1899	库车	城南大街	1900
吐鲁番	城东南隅	1891	疏勒	城西北隅	1889
鄯善	城北大街	1880	和阗	回城	1878
伊犁府	惠远城东北隅	1892	洛浦	县署迤西	1905

附注：资料来源于《新疆图志》卷三八，学校一，第8—9页。

左宗棠平叛之后，试图在新疆普及汉文化教育，广设义塾，新疆各城学校数量大大增加，据《迪化县乡土志》载，建省后迪化"城内设义塾十二堂"③。

清末新政期间，开始实施近代教育，于1903年公布《奏定学堂章程》1905年废止科举制度，设立学部；1906年，各省开始设立提学使、劝学所。

---

① 钟广生：《西疆备乘》（卷八，邮政），1914年私印本，第43页。
② 《新疆的交通》，载《边事研究》1935年第2期，第6页。
③ 中国社会科学院中国边疆史地研究中心编：《新疆乡土志稿·迪化县乡土志》，全国图书馆文献缩微复制中心1990年版，第12页。

新疆作为全国行省之一,在新政的浪潮中同样开展了一系列文教事业。

1906年,曾留日学习的杜彤任新疆提学使,提出新疆学校教育应"求普不求高","以次渐进"办学,饬令"全省改设两等小学,照奏定全国学堂章程管理教育"①,设立劝学所作为提学使的下属机构,具体负责各地兴学事宜。1907年,新疆各府厅州县设立劝学所达30余处②,陆续将原有旧书院改为新式学堂。自1908年至1910年,新疆各地共设新式学堂80余所,在校学生达4000余人。据《新疆图志》载,清末新政期间,新疆各厅、州、县兴办学校数量达589所。

表3 清末新政期间新疆各厅、州、县兴办学堂情况

	行政区划名	学堂数量	城区学校数量	城区学校校址	教师人数	学生人数
镇迪道	迪化县	25	17	县城内满城、汉城、城周及省城内	35	262
	昌吉县	5	3	县城内	6	76
	呼图壁县丞	6	2	治城内	6	65
	绥来县	15	7	县城内	16	343
	阜康县	7	6	县城内、城周	7	85
	孚远县	5	5	县城内	5	99
	奇台县	13	10	治城内、旧县城内、新县城内	14	248
	镇西直隶厅	10	10	治城内、城内、城周	10	208
	哈密厅	10	3	老城内、新城内、治城外五凉会馆	14	178
	乌苏厅	4	2	城内、治城北关	4	57
	吐鲁番厅	15	12	厅城内、新城内、治城内	20	394
	鄯善县	9	7	县署内、治城内	9	222
	小计	124	84	—	146	2237

---

① (清)袁大化、王树枏等:《新疆图志》(卷三八,学校一),东方学会1923年版,第5页。
② 陈启天:《中国近代教育史》,台湾中华书局1969年版,第22页。

续表3

行政区划名		学堂数量	城区学校数量	城区学校校址	教师人数	学生人数
伊塔道	伊犁府	2	2	绥定城内、治城内	8	82
	绥定府	10	10	绥定城内、广仁城内、瞻德城内、惠远城内、治城内	12	191
	宁远县	12	5	县城内、城周、熙春城内	12	214
	精河直隶厅	4	2	治城南门	4	58
	塔城直隶厅	5	3	厅署附近及本城内、城周	5	71
	小计	33	22	—	41	616
阿克苏道	温宿府	20	9	府城内、治城内	37	740
	温宿县	19	16	县城内、城周及回城内、旧城内、旧回城内	20	575
	柯坪县丞	5	1	县署内	5	104
	拜城县	16	6	治城内县署附近	23	620
	乌什直隶厅	17	5	治城内、城周	18	542
阿克苏道	焉耆府	16	4	府城内、治城内	11	377
	轮台县	13	2	县署内、县城内	13	238
	新平县	11	2	县城内	11	126
	若羌县	4	2	治城八栅	3	58
	库车直隶州	24	7	治城内、城周	20	774
	沙雅县	12	4	县城内、城周	12	245
	小计	157	58	—	173	4399
喀什噶尔道	疏勒府	18	7	府城内、城关及治城内	18	592
	疏附县	23	6	治城内、城关及县城内	24	568
	伽师县	18	4	县城内	24	452
	英吉沙尔直隶厅	13	5	治城内	17	394
	莎车府	49	12	汉城内、城周及回城内	56	1878
	巴楚州	19	6	治城内、城周	24	542
	叶城县	34	7	治城内、城周	34	971
	皮山县	16	5	治城内、城周	23	330

续表3

行政区划名		学堂数量	城区学校数量	城区学校校址	教师人数	学生人数
喀什噶尔道	蒲犁厅	1	1	署内西厢房兼	2	22
	和阗直隶州	34	9	州城内、城周及附郭	40	935
	于阗县	17	9	治城内、县城内	26	510
	洛浦县	20	6	治城内	26	508
	哈密回部	4	3	汉城、回城内	4	104
	吐鲁番回部	3	2	鲁克沁城内及叶郡王府内	2	72
	库车	6	3	回城郡王府内	3	45
	小计	275	85	—	323	7923
合计		589	249	—	683	15175

附注：资料来源于《新疆图志》卷三九，学校二，第3－35页。

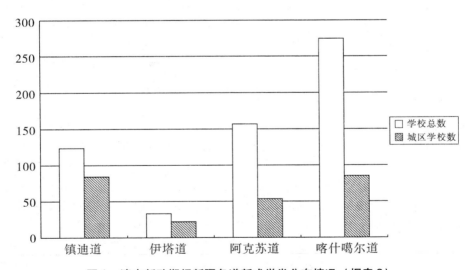

图1 清末新政期间新疆各道新式学堂分布情况（据表3）

从上面的图表可知，清末新政期间新式学堂的建设遍及新疆各城，各府、厅、州、县治所城内及城周新式学堂数约为249所，占全疆新式学堂总数的42.3%。其中，镇迪道、伊塔道、阿克苏道、喀什噶尔道四道新式学堂数分别为124、33、157、275所，各道府、厅、州、县治所城内或城周的学校数量分别为84、22、58、85，占各道学校总数的67.7%、66.7%、

36.9%、30.9%。这些数据反映了清末新政期间新疆新式学堂教学设施在城市的集中分布状态，各治城在所在地区的教育中心地位初步确立。

以城市为中心的新式学堂的普遍设立，是近代学校教育在新疆的首次实践，使近代科学知识及近代民主、解放等新思潮得以在新疆城乡传播，对新疆城乡社会的近代转型起到了推动作用。

三、开埠：新疆城市卷入资本主义市场体系

鸦片战争之前，中国城市都是传统的封建性质的城市，城市发展仅有量变而无质变。近代城市的开埠通商，标志着城市性质的质变，即由封建城市转变为半殖民地半封建城市。

19世纪后，沙俄将领土扩张的触角伸向了新疆，先后派员"考察"新疆。对于沙俄来说，相比由蒙古草原前往北京，新疆是其通向中国内陆更为便捷的通道。此外，通过伊犁西南的穆扎尔山，沙俄可直达天山以南的喀什噶尔和叶城等城。因此，沙俄在1847年、1848年向清政府提出在伊犁、塔尔巴哈台、喀什噶尔三处通商的请求，但被清政府拒绝。1851年，中俄签订《伊犁塔尔巴哈台通商章程》，伊犁、塔尔巴哈台向沙俄开放通商。1860年，沙俄又通过《北京条约》获得了在喀什噶尔通商的权利。

1864年，新疆爆发民乱，清政府失去了对新疆大部分地区的控制，沙俄趁浩罕军官阿古柏入侵新疆之时，出兵占领伊犁地区，控制伊犁长达10年。清政府在"重疆轻商"的原则下，为收回伊犁与沙俄政府进行了反复的交涉，1881年中俄在彼得堡签订《改订条约》及《改订陆路通商章程》，俄方进一步取得了在新疆吐鲁番、哈密、乌鲁木齐、古城通商的权利。

至此，伊犁、塔城、喀什噶尔、乌鲁木齐等城相继成为"约开商埠"城市，城市性质从此开始浸染浓厚的半殖民地半封建色彩：一方面，上述城市成为列强的资源掠夺地和商品倾销市场，伊犁、塔城、迪化皆设有俄国贸易圈，聚居的俄商达千余户，"市面商权，皆握俄人之手"①；另一方面，虽然外国资本主义的入侵扰乱、压制了中国民族资本主义的正常发展，但开埠通商客观上也给上述城市带来了近代文明和外向发展的机会，新疆本土农牧产品获得向外销售的渠道，同时，各城在俄、德等国技术的支持下创建了各式工厂，电报、电话等近代事物被引入新疆，欧洲国家的近代生活方式也逐渐传入新疆，如俄式澡堂、电影、体育娱乐活动等，推动新疆城市从封建城市向近代化城市转化。

---

① 谢晓钟：《新疆游记》，甘肃人民出版社2002年版，第148页。

小　结

对于清代新疆城市的发展，有学者总结其特点为"发展迟滞、规模较小，缺乏产业支撑，聚集力和辐射力都较弱，城市分布稀疏，城市与城市之间的距离较远，城市的孤立性封闭性较强"[①]。笔者认为，这一论断有失客观，且未从动态的视角分析新疆城市在清代的变化。从实际情况来看，清代新疆城市在乾嘉时期曾有一次大规模的建设高潮，在南疆城市承继前期发展的基础上，北疆城市迅速发展起来。19 世纪中后期，新疆各城陷在外国军事侵略、内部民族起义的混乱局面之中，城市本身及城市人口、商业、文化皆遭到巨大的破坏。面对边疆的破败与危局，清政府一度在"弃"与"收"间摇摆，新疆在战略上的重要地位终使清政府决定以巨大的代价收复新疆，使新疆城市发展再次获得了相对和平、稳定的发展环境和中央政府的支持，城市重建工作成为新疆建省的重要组成部分，政府通过修复、新建、合并等方式，新疆城市得以逐步重建与恢复。伴随行政建制改革，新疆治城数量逐步增多，城市分布稀疏的状况有所改善。虽然省内大部分城市之间商贸往来有限，但新疆部分城市与内地城市及俄、英（英属印度、阿富汗）等国城市之间的商贸交往频繁，新疆城市并非"孤立封闭"发展。

综合而言，清末新疆城市发展的特点为：①城市行政管理体制由军府制转变为州县制，城市的民治功能逐步增强；②迪化成为新疆省的省会城市，同时成为新疆政治、经济中心与交通枢纽城市；③全疆城市的基础设施、城市人口、城市经济在同治战乱中皆损失严重，新疆建省后，部分旧城被废弃，部分城市得以重建，城市普遍处于恢复建设阶段。

由于当时晚清王朝处于内外交困的危局，对边疆的建设已是心有余而力不足，新疆建设头绪繁多，各省协饷逐渐减少乃至断绝，本省能够投入城市建设的资金也极为有限，城市发展在近代时期的艰难已初露端倪。

在艰难中行进的新疆城市，伴随建省、开埠、新政等一系列重要变革，城市发展出现质的变化，即由传统封建城市向半封建半殖民地的近代城市转型，城市行政建置和管理体制逐步与内地一体化，农商经济得以恢复，近代工业开始萌芽，近代文化以城市为基地在城乡传播开来，新疆城市近代发展的车轮终于缓慢地开动起来。

---

① 何一民：《清代藏新蒙边疆城市发展滞后原因探析》，载《民族学刊》2012 年第 1 期。

第二章 20世纪上半期新疆城市的缓慢发展

《中国城市史纲》指出，从总体来看，中国城市在20世纪上半期的发展分为两个阶段：民国初年至抗战前期为城市发展上升阶段，抗战至1949年为城市衰退阶段。[①] 该论断用于描述我国内陆中东南部地区城市更为贴切，中国边疆民族地区的城市却在同期展现出另一番发展景象，具体到西北边疆地区，新疆城市在20世纪上半期经历了半封闭缓慢发展—衰落—上升—停滞的发展历程。

第一节 城市的半封闭缓慢发展与陷入乱局

一、辛亥革命时期的新疆城市

清朝统治末期，政治日益腐朽，帝国主义侵略加深，社会矛盾激化，1911年，中国各地爆发资产阶级民主革命，清朝统治被推翻，中国结束了长达2000年之久的君主专制统治。革命爆发的消息迅速传到新疆，迪化、伊犁两城相继响应，酝酿革命风暴。

时任新疆巡抚袁大化认为新疆地处边陲，强邻压境，军事力量薄弱，财力匮乏，人民愚昧保守，新省并无力独立，因此对革命持反对态度。从革命一方来看，新疆的"革命者"大多对新民主主义革命缺乏正确的认识，且有很多参与者为哥老会成员、地痞群氓之辈，后者往往以杀戮清朝官吏、劫掠各城汉商为目的。因此，在执政者力行镇压、革命者立场模糊的情况下，新疆省内的两场革命起义成果皆微。1911年12月28日，革命党人在迪化城内仓促起事，终因准备不足而以失败告终；1912年1月7日伊犁起义虽

---

① 何一民：《中国城市史纲》，四川大学出版社1994年版，第318页。

获得成功,却因资产阶级革命的不彻底性,革命的胜利果实被革命党人拱手相让。

新疆迪化、伊犁的两次革命起义是辛亥革命的组成部分,学者何一民认为,"辛亥革命是城市现代化发展到一定阶段的产物,也是城市现代化的一个突变环节"①。从革命的爆发地来看,新疆虽然与内地交通不便,消息闭塞,但伊犁、迪化两城先后作为新疆的军事、政治、经济中心,城市发展基础深厚,工商业相对新疆其他城市来说较为发达,两城汇集了大量内地入疆的商人、士兵、流民,这些人多与内地保有联系,对辛亥革命有一定的了解,便于革命思想在新疆传播。因此,内地辛亥革命的浪潮首先席卷了北疆汉族人口较多、信息相对畅通的迪化、伊犁等大城市。革命爆发后,虽然由于各种原因成效甚微,但对于迪化、伊犁两城及新疆其他城市来说,近代民族革命的思想已如星火燎原,势不可当。伊犁成立华族联合会,成员约有2800人,"首倡五族一家",宣传"联合自治,实行共同进化,养成共和国民资格能力"。②

革命起义启迪了民众,客观上却对城市发展带来了一定的不利影响:

其一,城市作为革命爆发的历史舞台,受到冲击和破坏。迪化革命得到迪化商业界的支持,刘先俊等革命党人曾为保护城市及商民做了具体部署,但由于准备不足,革命爆发当日迪化一夜激战,在革命党人及哥老会与清兵的战斗中,城内署衙、军械所等建筑成为攻击目标,官署附近皆是稠密的民居,在枪击炮轰下,迪化城的炮台、官署、军械所及附近建筑均遭到破坏。

其二,投机分子散布谣言,引发城市商业混乱。迪化革命未发之时,城内已谣言四起,人民不知究竟,纷纷持钱帖前往店肆兑换现钱,引发城内商业混乱,尤以津商八大家各商铺遭受的损失为最大。城市流民、会匪于街巷偶语,"辄以甘心八大家为词"③,迪化王高升纵火使"三十载之廛肆菁华积聚,燔为灰烬"④。此外,由于迪化城中商民"频更祸乱,忍剧痛深惧蹈往岁覆辙,乃首先告变"⑤。因此,在袁大化屠杀革命党人的过程中,不少迪化工商界人士遭到杀害,财产亦被没收,据乌鲁木齐耆老回忆当时"因资

---

① 何一民:《中国城市史纲》,四川大学出版社1994年版,第309页。
② 张大军:《新疆风暴七十年》(全十二册),台湾兰溪出版社1980年版,第1017页。
③ (清)袁大化:《新疆伊犁乱事本末(辛亥定变纪略)》,载沈云龙编:《近代中国史料丛刊续编》(第六十五辑),台湾文海出版社1979年版,第179页。
④ 曾问吾:《中国经营西域史》,商务印书馆1936年版,第480页。
⑤ (清)袁大化:《新疆伊犁乱事本末(辛亥定变纪略)》,载沈云龙编:《近代中国史料丛刊续编》(第六十五辑),台湾文海出版社1979年版,第181页。

助和同情辛亥革命被株连的工商界人士几乎街街都有"①。

其三，俄军借机入城扰乱城市秩序。辛亥革命之前，喀什俄商"由该处文武官员照约保护，仅驻换防俄兵五十八名，以资防卫"，1912年6月22日，俄国以保护商民为借口，调军队抵达喀什，"计马队三营，弁兵五百五十员名，步队两营，员兵二百九十员名……均在疏附县北城门外分七处驻扎"。② 同年5月，俄国马兵200余名抵达伊犁宁远，借爱兰巴克公园为住所。1913年，杨增新在呈报中央的电文中称伊犁始有俄军7000～8000人，近余700人，机关炮6尊。俄军在喀什、伊犁、塔城"佩刀游行街市"，不准伊犁民众集会结社，并与市民发生诸多产业纠纷，如强行租占中民土地、房屋、铺面等，严重扰乱了上述各城的社会秩序，干扰了新疆城市市民的正常生活，但面对此种情景，各城的巡警却"不敢过问"。③

二、避世策略下的城市发展

1. 城市的半封闭缓慢发展

1912年，北京国民政府任命杨增新为新疆督军、省长。杨增新是一位政治手腕老道的从政者，曾在新疆阿克苏、乌鲁木齐、巴里坤等地任道台，对新疆情况了解颇深。出任新疆省长后，杨增新取消伊犁临时革命政府，平息阿尔泰地区的乱事，使新疆结束了纷乱的局面，为城市发展创造了和平稳定的环境。此外，杨增新还实施了诸多民生政策，推动了城市政治、经济各方面的发展。

其一，调整行政建置，进一步完善城市警政管理制度。民国初年，新疆省内行政建置分四道，即迪化道、伊塔道、阿克苏道、喀什噶尔道，共辖39县；民国五年（1916），伊塔道改设为伊犁、塔城两道；民国八年（1919），原属蒙古科布多的阿勒泰地区划归新疆省，设阿山道；民国九年（1920），增设焉耆、和阗两道。至此，新疆共设迪化、焉耆、阿克苏、喀什噶尔、和阗、伊犁、塔城、阿山八道，辖57县，原有四道辖地范围有了较大调整。

新疆在清末新政期间建立的警政因宣统三年（1911）经费紧张曾一度

---

① 中国人民政治协商会议乌鲁木齐市委员会文史资料研究委员会编：《乌鲁木齐文史资料》（第6辑），新疆青年出版社1988年版，第70页。

② 新疆社会科学院历史研究所编：《新疆地方历史资料选辑》，人民出版社1987年版，第611页。

③ 张大军：《新疆风暴七十年》（全十二册），台湾兰溪出版社1980年版，第1150页。

停办，杨增新主政新疆后，省内各属的警政相继恢复，1915 年杨增新呈北京政府改革警政：将省内 27 属分为四等，库车、宁远为一等属，各设 66 名警察；焉耆、和阗为二等属，各设 44 名警察；奇台、孚远、吐鲁番、绥来、昌吉、阿克苏、温宿、拜城、沙雅、轮台、尉犁、若羌、且末、疏勒、疏附、于阗、洛浦、塔城、绥定、精河 20 属为三等属，各设 33 名警察；阜康、哈密、霍尔果斯及呼图壁、广仁城为四等属，各设 22 名警察。① 1916 年，因塔城"地处极边，中俄比邻，种族尤形杂处，非可靠警察实不足以资保卫"，遂又增招土著警兵 33 名；莎车县因"为英俄通商要地"，招募巡警 33 名。②

其二，修缮道路以利商民。1926 年，鉴于苏联已从其境内的斜米开通了至新疆塔城边境巴克图（苇塘）的长途汽车客运，杨增新聘用白俄技术人员，组织兵工和民工修葺迪化至塔城间的原有驿道，拟开迪化至塔城的班车，并筹备成立汽车总局，自天津购买汽车，于 1927 年夏开通了迪化至奇台间的运输班车③，这是新疆官办城际汽车运输的开始。迪化至塔城及迪化至奇台班车的开通，为三城城际及沿途各城之间的民、商交通运输提供了便利，对商贸产品的运输和北疆城市经济的繁荣及国际贸易的恢复发展起到了重要的作用。随着对苏贸易的恢复，迪化、伊犁、喀什、塔城、承化（今阿勒泰）等城镇的商业有了一定的发展。

其三，恢复发展农工商业，推动城市经济发展。农业方面，杨增新认为"地方多一游民，即地方多一乱民"④，兴水利垦荒安置游民，可加强农业对城市发展的支撑，减少无业游民对城市带来的不稳定影响。此外，通过改良棉业、兴办农林试验场等措施，提高新疆农业经济作物的产量和质量，增加农产品的出口贸易额，使新疆城市商贸活动日益繁荣。工业方面，杨增新认为兴办工厂可抵制漏卮，主政新疆期间积极推动城市工业的发展，自民国元年至六年（1912—1917），新疆共开办工厂 12 个⑤，兴办有迪化制革厂、机器局、省立工艺厂、电灯公司等。商业方面，杨增新推行币制、税制等方面的改革，畅通商路，新疆与内地，新疆与俄国，新疆与英属印度、阿富汗的商贸往来在此期间都较为频繁，城市商业活跃。

---

① 张大军：《新疆风暴七十年》（全十二册），台湾兰溪出版社 1980 年版，第 828 页。
② 张大军：《新疆风暴七十年》（全十二册），台湾兰溪出版社 1980 年版，第 831－832 页。
③ 新疆维吾尔自治区交通史志编纂委员会：《新疆公路交通史》，人民交通出版社 1992 年版，第 2 页。
④ 张大军：《新疆风暴七十年》（全十二册），台湾兰溪出版社 1980 年版，第 2060 页。
⑤ 张大军：《新疆风暴七十年》（全十二册），台湾兰溪出版社 1980 年版，第 2208 页。

上述措施出发点虽良好，亦付诸实践行动，然而由于资金、技术、人才的缺乏及外力侵扰与内政腐败等各种客观因素的影响，再加上杨增新本质上仍是一位封建体制下培养出来的旧官僚，其在新疆采取的"避世愚民"统治策略，主观上隔绝了边疆与外界的联系接触，禁锢了民众心智，上述措施仅仅是在旧体制之下"蜻蜓点水"般的尝试，未能对城市近代发展提供有效的推动力。因此，杨增新统治新疆的17年，新疆城市呈现出半封闭缓慢发展的状况。

2. 新疆边城危局

在杨增新避世政策下，虽然新疆避开了内地军阀混战，但边境的地理位置使新疆难以逃脱俄国境内动乱带来的危机。

其一，俄犯科布多，引发新疆边城危局。科布多地处外蒙西部，清代时科布多参赞大臣驻其地。科布多对新疆的战略价值在于：一方面，新疆阿尔泰与科布多接壤，科布多为新疆北部重要的战略屏障；另一方面，新疆境内的土尔扈特蒙古与阿尔泰、科布多的蒙古诸部皆属西蒙古，在宗教、文化等方面联系密切，蒙古部落一动则俱动。

历史上科布多城的兴乱对于新疆北部局势具有牵一发而动全身的影响。民初，外蒙上层宣布独立，俄国借机侵扰科布多，杨增新认识到，"科城不守，则新疆北路处处受敌，且恐商路不通，尤关紧急"①。为增强科布多城的防御力并完善科城后防，杨增新在1912年向科布多派发援兵，同时注意加强古城与科布多的联系，在古城与科布多之间栽竖电杆、修整军道、驮粮接济等。科布多的乱局一直持续至1915年中、俄、蒙三方签订《中俄蒙协约》，在此之前，新疆北部阿尔泰地区始终处于科城紧张局势的影响之下。此外，由于外蒙军队在攻破科布多城池后，"官吏人民几至尽遭屠戮"②，科城"已成一塞外死城"，往年科城粮食、茶叶、白酒等生活必需品皆由古城（奇台）供应，科城与古城之间的商贸交易额亦由400万～500万两急剧跌落。

其二，俄难民入新，扰乱新疆边城秩序。自19世纪中后期俄国占领伊犁及新疆口岸城市的相继开放，新疆各城特别是北疆边城俄国商民人数逐渐增加。民初以后，由于俄国国内局势动荡，其境内商民及败兵开始大规模涌入新疆境内，俄境内哈萨克、柯尔克孜等民族向新疆塔城、阿山、伊犁一带迁徙，"仅迁往伊犁者即有三千余帐，到民国三年始归化入中籍"③。1916

---

① 张大军：《新疆风暴七十年》（全十二册），台湾兰溪出版社1980年版，第225页。
② 张大军：《新疆风暴七十年》（全十二册），台湾兰溪出版社1980年版，第243页。
③ 张大军：《新疆风暴七十年》（全十二册），台湾兰溪出版社1980年版，第437页。

年，俄在其哈拉湖一带征兵，引起当地少数民族居民爆发哈拉湖动乱。杨增新在1916年9月呈北京政府的电文中称，"俄国哈萨、回民、缠民、布民逃至西路伊犁、北路塔城、南路阿克苏、喀什等处者甚多"，此难民狂潮"大有莫可遏止之势"。① 就难民人数而言，根据杨增新在1917年呈报北京政府的电文估计，伊犁、塔城、阿克苏、喀什等处的哈萨克难民约20万人，其中伊犁的哈萨克难民约7万人以上，喀什难民约2万人；就难民构成而言，包括哈萨克、柯尔克孜等游牧民族，东干（回）、维吾尔等族及俄国华侨和在俄种植鸦片的中国游民。这些逃入新疆的难民大多数在新疆边城附近游牧，但仍有不少因为边城"未尽到截堵责任，纷向新疆内地窜逃"②，时新疆精河、绥来、沙湾、乌苏一带皆有俄国难民散布。

表4 民国初年俄难民逃新情况

逃入地区	逃入民族	逃入人数	逃入时间	新省处置难民情况
塔城	回、维吾尔、布鲁特、哈萨克	8万	1916.9	与俄国交涉遣返
塔城周边	哈萨克	万余	1916.9—1917.3	遣返5000余户，余四散
伊犁	俄民	千余	1916.9	不详
伊犁特克斯川	哈萨克	数万	1916.10	安置于黑树窝暂住
伊犁沿边		17万	1916	驱逐16万人回俄，余9000余人安置过冬
沙湾大小拐		600余顶房	1916.10	驱逐
乌鲁木齐河		3000余顶房	1916.10	调马队镇防
乌苏		663顶房	1916.11	转塔城转遣
阿尔泰		千余	1916.7—1916.9	阻拦并押送回俄
乌什	东干（回）	数千	1916.9	镇恤
	中国人	不详		回籍，适当容留旅新
	布鲁特	2000		阻拦

---

① 张大军：《新疆风暴七十年》（全十二册），台湾兰溪出版社1980年版，第330－331页。
② 张大军：《新疆风暴七十年》（全十二册），台湾兰溪出版社1980年版，第349页。

续表 4

逃入地区	逃入民族	逃入人数	逃入时间	新省处置难民情况
温宿	哈萨克、布鲁特	2000 余	1918.1	遣返回俄
拜城	布鲁特	300 余家	1917	劝返
库车	俄民	260 余	1917.8	遣返回俄
焉耆	布鲁特	300 余	1917.5	部分遣返回俄
沙雅	哈萨克	300 余	1917.8	劝返
疏附		3000 余户	1917.1	部分劝返
伽师		2000 余户	1917.1	劝返

附注：资料来源于《新疆风暴七十年》，第 389－393 页。

对俄国逃入新疆各城的难民，杨增新的措施是"劝令各回各家"，对无家可归者可"分驻城外"，注意不使其聚集城内。1917 年 11 月后，大部分难民被遣送回俄，也有部分"归化入籍"。① 此外，在俄难民逃新期间，新疆部分民众有收赎俄哈难民妇女的情况，如库车一带民众收买俄难民妇女就有十五六人，这些妇女部分怀孕生子，新疆省方对此的处理方式为"若系中民之子……遗腹生产后勿论是男是女仍还中民"②。这样，新疆边城的俄国人口数量在民初有了一次显著的增加。

1917 年，俄国国内爆发革命风暴，新旧两党的纷争蔓延至新疆边境地区，对塔城、伊犁等边境城市再次造成冲击，如塔城俄领事件、阿连阔夫要求假道伊犁事件等。

大量逃难入新的俄国难民给新疆边城带来人口压力，城市社会秩序也受到干扰。一些俄国旧党残余势力在新疆边城肆无忌惮、横行霸道，"竟在塔城厢关附近拦路抢劫，被害者尽为良民，计半日之久，抢害华民五起"，致使"塔城华民异常惊惶，几成公愤"，"塔城一隅成为风鹤频传地区"。③ 至 1920 年 3 月，俄旧党败兵及难民逃入塔城近 2 万人，部分逃入城内俄国贸易圈内暂避，"洋街驻有军籍之俄人"众多，新省专门在俄贸易圈内选派了通俄、汉双语的洋商，以调查管理这些俄国难民和败兵，并给予粮草救济。对于大量涌入俄新边境的俄方难民、败兵，新省方面考虑到边城"既无地

---

① 张大军：《新疆风暴七十年》（全十二册），台湾兰溪出版社 1980 年版，第 466 页。
② 张大军：《新疆风暴七十年》（全十二册），台湾兰溪出版社 1980 年版，第 377 页。
③ 张大军：《新疆风暴七十年》（全十二册），台湾兰溪出版社 1980 年版，第 422－426 页。

安置，又无粮养活"①，不得不采取严行阻止策略。

1918年春，俄国革命的战火蔓延至伊犁边外，俄新旧两党"以伊犁为壑，视伊犁为战场"②，至当年8月，逃入的败兵及难民已达5万人之多。新疆省方原允其在霍尔果斯边界三四道卡及伊犁河沿一带暂住，无奈难民人数太多，很多难民私自逃往宁远县各圩子暨城关外居住，导致城内粮价大涨，地方治安亦受影响。1920年，俄旧党军官阿连阔夫率其部下分批由伊犁抵达迪化，扬言要劫洋行、占省城，致迪化人心惶惶、如临大敌。杨增新不得已将其押赴古城（奇台）。与此同时，南疆各边城也不同程度受到俄国革命的波及。

除俄国败兵对新省各城治安造成极大隐患之外，逃回新疆塔城的中方烟客也成为社会极不稳定因素之一。烟客一方面痛恨昔日在俄境内遭受旧党虐待，另一方面被迫逃回国后衣食无着落，便"在乡下抢劫或在城市三五成群肆言无忌"③。

面对此种情况，杨增新政府采取中立不干预、封锁边界的措施，对解除武装的俄国败兵提供粮食，发给票照任其在各处佣工；对俄败兵中的中国兵士，则编为10人排营予以约束；对逃来的俄国军官送省城各机关录用；严惩对边城流民的抢劫、散布谣言等行为。上述措施客观上使新疆免于陷入战乱，确保了社会的稳定。然而，俄国革命终究将共产主义的思潮传入了中国的边陲之地，平等、民主、独立等各种思想在新疆各城酝酿发酵。1918年，杨增新呈报北京政府的电文中称俄会党头目联合伊犁回族在伊犁成立"回民开智会"，与当地哥老会联系，散发传单，欲杀官杀商，实行平等；南疆边城出现悬挂德国、土耳其两国国旗的现象，杨增新警示北京政府，在"俄国地方大乱，中国地方亦大乱"的情况下，"若新回、缠与俄国回、缠联为一气，当可得志于西北，脱离中国束缚"④。1918年相继有和阗维吾尔族暴徒袭击街市、库车维吾尔族起事焚烧城门等事件发生。可以说，俄国革命不仅使新疆各城面对了又一次来自境外的人口压力，更使各种近代思潮开始冲击并瓦解了表面稳定的新疆城乡社会结构。

从俄国革命对新疆城市经济发展的影响来看，一方面，政治环境影响新俄正常商贸活动的开展。1918年12月，北京外交部收到俄使署文件，称伊

---

① 张大军：《新疆风暴七十年》（全十二册），台湾兰溪出版社1980年版，第2408页。
② 张大军：《新疆风暴七十年》（全十二册），台湾兰溪出版社1980年版，第544页。
③ 张大军：《新疆风暴七十年》（全十二册），台湾兰溪出版社1980年版，第428页。
④ 张大军：《新疆风暴七十年》（全十二册），台湾兰溪出版社1980年版，第481页。

犁惠远城泰丰宏华行向俄国"过激党"售卖砖茶，俄方认为华商的行为是"救济敌人，殊于作战有碍"①。对此提出异议，新疆省方做出了客观的回应，强调正常的商业贸易不应以政治背景为先，虽在外交上据理而胜，但新疆各城与俄方的贸易实际上开始受到俄方政局波动的干扰。其后，又有伊犁商务委员变动事件和英国抗议伊犁华商售卖粮、羊与俄"过激党"事件等。另一方面，新俄边境的俄属城市陷入混乱，影响了双方城际贸易的正常发展。1918年初，俄属宰桑县驻军以商人抬高市价为由，将市场60余家商家焚掠，其中经商的中方商人亦遭到劫掠，城际贸易大受影响，自此衰落直至停滞许久。

三、金树仁主新时期城市的萧条

1928年，杨增新被刺身亡，金树仁开始主政新疆。金树仁欲沿袭杨增新的执政风格，但因其能力欠缺，无法平衡新疆社会自杨增新统治时期便已存在的各种矛盾，致使全疆城市陷入政治腐败、动乱丛生的局面之中。面对乱局，金树仁无力整顿，却一心图谋私利，更是给新疆的发展带来了诸多深重的灾难。

1. 城市发展停滞不前

1928年国民政府宣布进入"训政时期"，公布县组织法等以促进地方自治的开展，金树仁以新疆地域辽阔难以有效通达政令、沿边各埠外交棘手等理由，请求国民政府同意新疆变通办理新县政，得到允许，因而基本保留了新疆城市的旧有行政建置及管理体制，仅根据部分地区的边防重要性及人口增长等实际需求调整了行政区划设置。

除行政建置和管理体制沿袭旧制外，这一时期新疆城市在人口、经济、城市建设等各方面几乎都处在停滞不前的状态。

人口方面，新疆省于1928年、1930年、1932年、1933年分别呈报了人口数据，1928年全疆人口数为255万，1930年256万，1932—1933年为436万。1932年新疆基本平息了各地民乱，人口稳定下来，但不至于两年间猛增近200万人口，估计此阶段新疆人口在250万～300万之间。这一数字与清末新疆近200万人口的数字相比，有一定的增长，结合考虑民乱中人口的损失情况，可知自清末至20世纪30年代，新疆全疆人口处在缓慢增长中，理论上城市人口也应当呈现缓慢增长态势。

---

① 张大军：《新疆风暴七十年》（全十二册），台湾兰溪出版社1980年版，第478页。

经济方面,滥发纸币、增重税收、全面开放通商口岸,影响城市经济的正常运转。1928年金树仁接管新疆时,新疆政治腐败情况已十分严重,大小官员肆意收购金银,想方设法运出新疆,辗转运至内地。金银大量外流,新省却无正常途径增加收入,又加省内纷乱,军费支出大增,只得继续大量印发纸币,甚至新印纸币墨迹未干便投入市场,致各城物价飞涨,城市金融秩序混乱,民生凋敝。这一时期,新省政府还试图以名目繁多的税收增加收入,其中涉及城市商业贸易的税收种类包括关税、消费税、印花税、烟酒税、屯货栈手续费、斗税、汽车税等,仅消费税、斗税就合计为8%,税额可谓高昂,对于城市商业经济的发展多有阻碍。1928年,苏联开始第一个五年计划,大量需求生产原料和开拓产品销售市场,再次对近邻新疆提出了通商的要求。1931年金树仁与苏联签订商约,除原有塔城、霍尔果斯、阿尔克达木外,开放土尔尕提卡、乌什、吉木乃为通商口岸,新省各城向苏联全面开放。商约还允许苏方商人在新疆各城自由贸易,仅迪化城内便有苏联开设的7处贸易机关,苏联商人可在新疆各重要城市开设工厂、商店,大肆廉价收购新疆土货并在通商口岸城市倾销俄货。当时苏联香烟在本国境内卖4元,在中苏边境仅售0.25元,运入迪化再降至0.05元,不仅抵制了中国内地货物进入新疆,又因其工业产品价廉质优,导致新疆各城"商人弃市,工人失业"[①]。

交通通信方面,原有大小草地驮运路线受阻不能通行,新疆与内地的交通联系几乎完全中断,政府官员也只能从塔城出境,绕道苏联土西铁路经海参崴转至内地的天津、上海。至于新疆省内城际间的交通,从民国十九年(1930)南京《中央日报》刊载新疆省政府呈报文称"窃以议政首重建设,建设莫先于交通,而交通中轻便易举者,尤莫若修筑汽车路"这一内容来看,金树仁至少是提倡加强新疆公路建设的,他已认识到新疆若"不先从便利交通着手,各种建设,势必无法进行",而仅仅如前任杨增新将略加修葺的官方大道充公路通行汽车实际上是得不偿失的,"非彻底筑路,决难补救前非",遂委派专员查看道路、制定修筑省内各重要城市间的公路计划。[②] 1931年,新疆省内实现了迪化至塔城、迪化至奇台两条公路线的通车,并计划迪化至伊犁、迪化至阿尔泰、迪化至哈密诸条公路线年内通车。然而哈密事变的爆发将金树仁的交通建设计划全盘打乱,不仅新修逐条公路的计划

---

① 张大军:《新疆风暴七十年》(全十二册),台湾兰溪出版社1980年版,第3034页。
② 新疆维吾尔自治区交通史志编纂委员会编:《新疆公路交通史》(第一册),人民交通出版社1992年版,第16页。

搁置,甚至省内已有的城际道路亦遭到阻塞。金树仁未执政新疆前,星星峡至哈密及以西各城的交通主要依靠驿道,驿道旁每隔数里设有公井若干,井边有住户数家,过往商民可由公井补充水源或借宿民宅。金树仁到任后,恐驿道之公井、民宅为叛乱者提供便利,于是将井填塞,附近居民迁徙,导致省内驿道交通大为不便,极大地影响了新疆与内地城际商贸活动的开展。

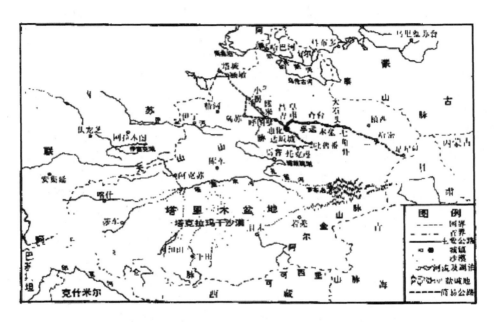

图2　1926—1933年新疆修建城际公路情况

附注:资料来源于《新疆公路交通史》(第一册),第20页。

新疆建省以后,没有城市建筑专业机构,只能依靠个体技术工人从事房屋修建工作。1930年,新疆省务会议通过设立省会东关商场建筑工程处,配备工程人员数名,计划于1931年春由政府负责修建市场、公园、平民医院、法政学院、中山公园等各项工程。①但由于时局突变,此次由政府主导的迪化城市基础设施建设工程未能完成。可以说,除这一未完成的省会建设计划外,金树仁政府在城市建设方面几乎未有建树,即便是省会迪化,也保持着从前的状态:城市中"除掉几个残缺不堪的庙宇而外,再也看不见有较大的建筑物";商店建筑"还保留着几世纪以前的商店的形态",房屋矮

---

① 吴绍璘编著:《新疆概观》,仁声印书局1933年版,第290页。

小黑暗，柜台高大笨重，店员进出需要从柜台下面爬行；官衙建筑亦传统不变，"一高二低的照壁，画上一些龙虎的画壁，配合起木栅栏的门，两侧高悬虎头牌黑红棒。大堂二堂以至于办公厅，都是黑沉沉的"；市内交通极不便利，"九曲黄河一般巷子街衢，对面不能通行两个车辆。全迪化大街都是土路，春秋雨雪交集的时候，变成了污泥之海，淹死骆驼的事实，只要一回忆，都是历历在目，正所谓'无风三尺土，有雨一街泥'"；公共卫生方面，"在全市无论在任何的角落里，几百年间所堆下来的人工垃圾山，高与檐齐……每户市民大半都不修厕所，大街小巷就是市民的公共厕所"。① 省会迪化尚且如此，其他城市更不必谈城市的建设发展了。

2. 哈密事变对全疆重要城市造成破坏

1930年，因长期遭受回王压制剥削及金树仁推行改土归流措施不当，引发当地民众的不满，以"小铺事件"为导火索，哈密爆发民乱。暴乱民众最初只是集结于哈密附近山中，之后，在首领和加尼牙孜的指挥下开始攻击哈密回城，马仲英等外部势力随即入疆加入叛乱，民乱遂成蔓延之势遍及天山南北。新疆省方军队因轻敌、军纪不整，在与乱军作战中节节败退，未能有效地制止叛乱，使乱军多次对省城迪化造成威胁。直到1932年初，盛世才在吐鲁番获得胜利，东北抗日义勇军千余人、吉林自卫军2000余人借道苏联至迪化，省城迪化之困才得以纾解。"四一二"政变爆发，国民政府先后派黄慕松、罗文干入新宣慰，省府与马仲英和谈，双方时停时战。1934年初，省军将马仲英逼退至南疆，终将马部击灭，马仲英逃往苏联。哈密变乱的余波至此基本平息。

哈密变乱波及全疆，哈密、吐鲁番、迪化等新疆重要城市皆遭受了沉重打击：

其一，城市遭到毁坏。起义爆发之初，和加尼牙孜屡次进攻哈密回城，不成，便邀马仲英入新，马仲英"亲率部猛攻哈密"，集中力量攻击老城，"掘地道通城壕，用火药炸城垣"，"又于黑夜用云梯攻城，守军以油燃炬火御之"，② 经过此番攻城，哈密城池遭到破坏的程度可想而知。马仲英攻孚远城时，"以排枪齐发，机枪扫射，迫击炮、手榴弹，亦纷纷掷入城上……城上女墙，多被荡平"，并以地雷将东门轰开。③ 吐鲁番城分新旧二城，旧城即汉城，战乱期间汉城被焚毁。迪化西门外至西大桥，居民主要为维吾尔

---

① 王乃中：《迪化市的改造和新市区的发展》，载《新新疆月刊》1943年第2期，第35页。
② 曾问吾：《中国经营西域史》，商务印书馆1936年版，第545页。
③ 陈赓雅：《西北视察记》，甘肃人民出版社2002年版，第243–244页。

人，商业繁荣，马世明围城时，金树仁恐维吾尔人响应叛乱，下令纵火焚烧，"于是长里许之商业精华街，须臾之间，化为一片焦土"①。阿山区的哈萨克族进攻承化寺时，阿山行政长魏镇国接到金树仁的指示退守吉木乃，"临行并将衙署商店尽付一炬"，"阿山街市，放火焚烧，凡晋商各大商号，均化为灰烬，留者仅二道桥至缠商街几家小铺，苏联商厂货物尚无损失。布尔津、哈巴河两县街市焚毁无遗……阿山全境除吉木乃外，无房屋可言"②。绥来南北二城被纵火焚烧。

其二，城市人口大量减少。此次变乱中，再次出现汉人被杀现象。1931年，金树仁招白俄兵2000余，组成"归化军"，于12月进剿马世明（马仲英部）所在的鄯善鲁克沁，"屠杀数万人，人民逃入山中，饥寒而死者，不知其数"，省府熊发亦在七角井等处"大施屠杀"，进一步激化了回汉之间的矛盾。铁木尔、爱米尔帕下及乌思满等纠集数千人"扰乱城乡，搜劫财物，遇汉人之居室洗劫一空，寸草不留"，由于"南疆各属向不驻兵，每县只有警察二三十名……因此坐视祸起，无力镇压。凡汉人均遭惨杀，财产一律洗劫""和阗汉人尚未多杀，惟财产全劫，形同乞丐"；疏附城内汉人"惨死者不知其数，财物洗劫一空"；莎车"城中千余汉人，除妇女被掳外，残余者只百余人，又攻陷英吉沙尔，汉人存者三四人，蒲犁县亦陷，汉人只留一人""吐鄯一带男女老幼，无一幸免"③；吐鲁番城内人口"缠回居十之六七，回回约十之三四，汉人则已不见踪迹矣"④；绥来"汉人遇害者二百余，回民亦颇多死伤"⑤；马世明进攻迪化及金树仁焚烧迪化西大街使"西大桥死于炮火之下者男女老少达二千余人"⑥；阿山行政长魏镇国退守吉木乃时，城内汉人"为逃命计亦尽弃所有追随于后，哈萨克闻风追踪而至。将逃难数百汉人，悉行杀害，有归化军之眷属亦多遭哈、回惨杀。……自是阿山失，全境无一汉人"⑦。即便是逃过死劫的汉人，也要被"强迫做'乃马子'，遇见布回人，必须念可兰经一节，如不能念或念不全，立有杀身之祸"⑧。乱后，省城慈善会仅掩埋迪化城周尸体便达数千具，难民更不计

---

① 曾问吾：《中国经营西域史》，商务印书馆1936年版，第548页。
② 曾问吾：《中国经营西域史》，商务印书馆1936年版，第553页。
③ 曾问吾：《中国经营西域史》，商务印书馆1936年版，第558-560页。
④ 冯有真：《新疆视察记》，世界书局1934年版，第160页。
⑤ 冯有真：《新疆视察记》，世界书局1934年版，第184页。
⑥ 曾问吾：《中国经营西域史》，商务印书馆1936年版，第548页。
⑦ 曾问吾：《中国经营西域史》，商务印书馆1936年版，第553页。
⑧ 曾问吾：《中国经营西域史》，商务印书馆1936年版，第560页。

其数。

战乱期间，除各城汉人遭到屠杀，人口大量减少之外，新疆维吾尔族民众亦被侵略军劫掠、强制征兵。喀什、莎车、库车等地的新疆学生20多人取道印度于1935年11月到北京，称马仲英逃往苏联后，其驻和阗的旧部仍不服省方统治，和阗、南疆西至皮山、东至且末尚有东干2万人，掠夺粮食牲畜，强征男子入伍，并将本地回人"以蓖麻油擦其面部充作东干人"①。

其三，城市秩序陷入混乱。城市间的正常联系被中断，"迪化与库车以西各城交通完全断绝，所有文电取道伊犁走冰岭至阿克苏分赴各城。由迪化至喀什每一消息需时二十余日"，消息的闭塞使各城谣言四起，人心惶惶，民众正常的生活秩序被打乱。吐鲁番失陷使迪化城陷入惊恐，"谣言甚炽，人心浮动，入晚断绝行人，粮食腾贵，而不易购。迪化街头巷尾贴有告示：'禁止谣言，违者枪毙！'"②。马世明部到达迪化城外芨芨槽后，迪化城内更为混乱，"市面突呈紧张，逃出外者有之，逃入城内者亦有之。南关汉人、新回、汉回恐发生种族仇杀之祸，白俄畏回人复仇，无不极形恐慌。苏俄领馆眷属，送往塔城，准备还国。城门已毕，商团亦荷枪守城，如临大敌"。回汉矛盾的激化，迫使"各处汉人汇集省垣避难，与同治间汉人群集南山、镇西避难之情形大略相似"③。迪化城内人口激增，食粮极度缺乏，"饿毙者日有所闻"，虽有慈善人士组织救济会，但力量薄弱，无补大局。民国中央政府外交部特派吴霭辰"抚慰"，中国国民党新疆省党部特派员宫碧澄、白毓秀等人组织慈善会，向各界捐得20余万，掩埋尸体数千具。迪化城内四处设粥厂，"难民就食者日千余人"④。但此时金树仁的部下却伺机屯粮高价出售，民怨沸腾。战乱使城市居民人人以自保为要，"在一些公共场所和人口密集的辕门前、城隍庙门等地，甚至饭馆、澡堂都贴着'莫谈国事'的警谕"，盛世才在吐鲁番打败和加尼牙孜，"迪化得捷报人心稍定，越数日，城门始开"⑤。迪化城的安定没有维持多久，1932年2月20日，马世明开始进攻迪化城。同年，东北抗日军千余人、吉林自卫军2000余人借道苏联至迪化，迪化城之围才得以纾解。但乱局中的新疆民众并不知晓内地局势，当时进入新疆的东北抗日义勇军描述"迪化城的大多数人还不知道我们是东北抗日军，也不知道日本帝国主义侵占了我们东北领土，特别是一些兄弟民

---

① 曾问吾：《中国经营西域史》，商务印书馆1936年版，第568页。
② 曾问吾：《中国经营西域史》，商务印书馆1936年版，第548页。
③ 曾问吾：《中国经营西域史》，商务印书馆1936年版，第548–549页。
④ 曾问吾：《中国经营西域史》，商务印书馆1936年版，第550页。
⑤ 曾问吾：《中国经营西域史》，商务印书馆1936年版，第548页。

族人民把我们称作'红胡子',对我们有隔阂、有戒备"①,城内的紧张气氛仍难以在短期内消退。内地学者杨钟健随"中法科学考察团"入疆,途经黄芦岗,市镇居民听闻有汽车入城,仓皇逃避;车队到达哈密,封闭的城门一旦打开,城外的人便蜂拥而入,城中沿街兵士众多,街道上可见被打而暴亡的平民尸体,民众已近风声鹤唳。②

第二节 新疆城市近代发展的上升期与停滞期

一、盛世才主新前期新疆城市进入近代发展的黄金时期

1933年,盛世才走上执政舞台,统治新疆达11年。盛世才治新前期实行亲苏反帝的政策,颁布"八大宣言""六大政策"及"九项任务",强调政治肃清、经济建设及民族平等、宗教自由等,并仿照苏联拟定五年计划,力图推进新疆社会、经济、文化的发展。

新政府成立后,调整行政建制,全疆划分为9个行政区,共57县,4个设治局。每个行政区设行政长公署,就近处理各县行政事务。主要县分设有保安分局以维护治安。民国三十二年(1943)时,新疆行政建置调整为10个行政区,77个县及设治局若干。盛世才主政的10年间,县治增加20个,伊犁地区、阿尔泰地区、和阗地区出现城市建设高潮。

专业化的城市建设组织也在这一时期出现。1937年,由苏联援新的工程技术人员、东北军中的工程技术人员和有建筑经验的归国华侨组成了新疆建筑专业队伍。1938年,新疆成立"工程委员会",由东北军王齐勋担任委员长,指挥修建了国际电台、新疆商业银行大楼、督办公署东西大楼、新疆学院红楼、天山大厦、欧亚机场跑道等重要工程。③ 1939年,新疆工程委员会改为督办公署工程处,下属迪化市政委员会,下设建筑公司。为扩大建筑队伍,开办了专业工程教育班,学制3年,毕业学生赴天山南北,成为新疆建筑业的骨干力量,对全疆城市建设起了不小的作用。

迪化设市成为盛世才主政新疆期间城市发展的重要突破。1934年5月,

---

① 中国人民政治协商会议乌鲁木齐市委员会文史资料研究委员会编:《乌鲁木齐文史资料》(第5辑),新疆青年出版社1988年版,第114页。
② 杨钟健:《西北的剖面》,甘肃人民出版社2003年版,第117–118页。
③ 中共新疆维吾尔自治区委员会党史研究室编:《抗战中的新疆》,新疆人民出版社1995年版,第261页。

盛世才成立迪化市政府，虽未得到南京政府批准，但迪化的城市发展自此进步迅速。在城市交通方面，迪化部分街道旧有的土路被修筑为卵石马路，"九道湾的街巷"逐渐取直，街道始有路灯照明；在城市卫生方面，将"几百年堆积下来的人工垃圾山全部运出市外"①，要求城市居民修建自用厕所，号召市民在庭院种植树木；在住宅建设方面，改变原来房屋低矮、采光不足的建筑方式，由政府设立建筑组织，帮助市民建造民用住宅和商店等。

1937年，迪化成立市政委员会，逐步展开迪化旧市区的改造和新市区的规划建设。旧市区的改造主要是取直、拓宽各主要大街，规定"一等马路展到二十五公尺，二等马路展宽到二十公尺，三等马路展宽十五公尺"②，按此要求，迪化南门至二道桥、东大街至新南梢门、南门至北门等段街道陆续修整拓宽。其次是开辟两个重要的广场，一个是督署前大广场，另一个是南门外广场。为建设新广场及防空设施，旧城进行了疏建拆迁工作，由下面两表可知迪化旧市区改造中诸多街道建筑都有所变动。

表5　1943年迪化旧市区改造中房屋部分拆除情况

街名	房主数（人）	房间数（间）	住户人数（人）	拆除房屋种类				拆除房间数合计（间）
				楼房（座）		平房（间）	马棚（座）	
				一层	二层			
府西街	19	36	—	—	—	101.5	1	102.5
新西街	71	59	284	3	—	216.5	5	224.5
满城街	52	58	276	4	6	140	—	150
藩正街	24	19	129	—	—	81.5	—	81.5
北门街	10	5	—	—	—	60	—	60
南梁街	19	11	108	—	—	104	—	104
南大街	52	41	142	17	3	125.5	—	145.5
西箭道	25	29	52	—	—	115.5	—	115.5
县正街	21	21	52	—	—	54	—	54
总计	293	279	1043	24	9	998.5	6	1037.5

附注：资料来源于王乃中《迪化市的改造和新市区的发展》，载《新新疆月刊》，1943年第2期，第43页。

---

① 王乃中：《迪化市的改造和新市区的发展》，载《新新疆月刊》1943年第2期，第35-36页。
② 王乃中：《迪化市的改造和新市区的发展》，载《新新疆月刊》1943年第2期，第36页。

表6 1943年迪化旧市区改造中房屋全部拆除情况

街名	房主数（个）	房间数（间）	住户人数（个）	拆除房屋种类		平房（间）	拆除房间数合计（间）
				楼房			
				一层	二层		
中衡街	18	21	81	16	—	71.5	87.5
抚正街	66	74	390	5.5	17	370	392.5
大兴巷	23	22	269	27	—	164	191
留仕巷	8	11	83	—	—	88	88
荷池街	46	70	303	13	2	276.5	291.5
荷池东街	6	5	43	—	—	50	50
东大街	11	11	33	9.5	6	79.5	95
襄前街	26	40	162	—	—	220	220
土庙街	17	21	73	—	—	78	78
东头道巷	3	6	29	—	—	61	61
南正街	17	14	131	12	6	95	113
通铺街	25	26	113	—	—	123.5	123.5
通铺街	24	24	缺	—	—	86	86
总计	290	345	1710	83	31	1763	1877

附注：资料来源于王乃中《迪化市的改造和新市区的发展》，载《新新疆月刊》1943年第2期，第44页。

新市区选址在乌鲁木齐河西岸。1941年，时任新疆财政厅代厅长兼迪化市政委员会委员长的毛泽民组织编制《迪化市区计划图》，对新市区的道路网络及住宅建设用地进行了规划设计。这是近代新疆的第一个城市规划，是迪化向现代化城市迈出的第一步。当时的迪化市政建设规划主要设计为：在原有西大桥外，增设中桥和三桥，以利市区和河西新市区的交通，同时修筑了几条主要的干道，如黄河路、钱塘江路、西北路、皇城街等，并划出不少房号，按"干"字形排列，确定每个房号的价格，出售给市民群众。①

---

① 中共新疆维吾尔自治区委员会党史研究室编：《抗战中的新疆》，新疆人民出版社1995年版，第98页。

除省会迪化外，新疆其他一些城市也陆续展开市政建设。哈密成立市政委员会，整修旧街道，将马路拓宽至16公尺，在北沙蒿建设新市区，市区内街道宽达40公尺，旧市区的居民已开始迁往新市区。① 塔城于1943年拓宽新城路面，修建新式中央马路，栽种树木，涂刷石灰墙壁，修建第一、第二公园，在老城内亦新建新式建筑。② 库尔勒成立市政建设委员会，拓宽街道，修建新式房屋。③

盛世才主新期间，全疆城市建设之所以能够顺利开展，得益于苏联方面提供的资金、技术等方面的支持。1935年，新疆省政府授权新疆裕新土产公司出面与苏联"苏新贸易公司"签订协议，规定双方各向对方提供2200万卢布的货物，其中，苏联向新疆提供建设公路、电站、制革、轧花、榨油设备及军火、农用机械、日用品等，新疆裕新土产公司在5年内以牲畜和畜产品核价抵偿贷款。④ 1936年，双方再次签订追加协议。根据"新苏密约"，新疆向苏方聘请了财政顾问及包括农牧、金融、医药卫生、交通水利等各类建设的专家或技术人员。利用苏联的资金、技术、人员和设备，新疆省政府进行了一些城市基础设施工程建设，如建设省银行、督办公署大楼，用苏联进口水暖设备、上下水道设备改造城市水暖，用苏联澡堂设备开办公共澡堂，充实医院卫生设备等。在交通建设方面，苏联也对新疆提供了支援和帮助，如向新疆出售卡车400余辆，作为省内各城间旅客、货物运输工具；帮助设计新疆伊犁至塔城间公路、桥梁修筑计划等。

二、国民政府接管新疆后的城市发展

民国三十三年至三十八年（1944—1949），国民党直接统治新疆5年。总体来看，这一时期国民政府面对庞大的军费开支、巨额的财政赤字，城市建设难以得到投入，生产下降，物价飞涨，社会动荡不安，城镇日趋凋敝。值得一提的是，伴随国民政府推行地方自治及实施新县政，新疆城市随之出现新的变化。

民国二十九年（1940），国民政府实施《县各级组织纲要》，规定县为地方自治单位，其下有区、乡（镇）、保、甲各级自治组织，新县政遂在全国各省陆续推行。由于新疆地处偏远，新县政的实施滞后于内地各省两三年

---

① 韩清涛：《今日新疆》，中央日报总社1943年（增订版），第29页。
② 韩清涛：《今日新疆》，中央日报总社1943年（增订版），第26页。
③ 韩清涛：《今日新疆》，中央日报总社1943年（增订版），第38页。
④ 孟宪章：《中苏贸易史资料》，中国对外经济贸易出版社1991年版，第441页。

时间，加之财政经费窘迫等原因，实施新县政时，不得不"斟酌实际情形，次第推行"①。

新县政中对新疆城市发展影响最大的是保甲制度成为城市管理的基层组织和管理原则。1942 年 7 月，新疆省制定通过《新疆省编查乡（镇）保甲户口实施办法》（以下简称《办法》），规定在县组织之下设乡（镇），乡（镇）之内编制保甲。乡（镇）以十保为原则，可在六保至十五保内调整；保以十甲为原则，可在六甲至十五甲内调整；甲以十户为原则，可在六户至十五户内调整。对于涉及城市（县城）的自治组织划分，《办法》指出，"省会及区警察局所在地城市内之乡（镇）保甲编制，照前条之规定办理之（即上述一般划分方法。笔者注）"；"凡城市或村落连同附近五里以内地域住户，足编六保以上者，划编为镇……不足编为六甲者，应扩大其区域，划编为乡"；有关城市市区的保甲划分，《办法》中指出，应"以不割裂原有自然单位为原则"，"每一保应以一村（街）或数村（街）全部之住户编定，不得分割某村（街）之一部，编入他村（街）之保"。② 根据以上原则，划分出的乡（镇）往往既包含城市人口又包含乡村人口，以此为基础实施的行政管理突破了城乡界限；而对城市内部的保甲管理则注意了对原有自然单位的保留，以街道划分的管理板块界限明晰、管理便利。在保甲自治管理中，同时实施"联保连坐"，作为对城乡居民管理的重要手段。1944 年 1 月，迪化恢复市政府建制，金绍先成为首任市长，城市市区划分为 5 个区，区下设镇保甲组织。此外，对城乡居民户口的管理开始逐步严格起来，为随时掌握居民户口情况，新疆省还颁布了《新疆省户口异动登记办法》。

各市县虽设置市政委员会，制订市政建设计划，但因财政极度困难，计划只是一纸空文。市政方面几乎处于停顿状态，迪化自来水厂虽钻了探井，取了水样，派人到苏联阿拉木图化验水质，最后因缺乏建设资金半途而废。在迪化市区营运的 3 辆公共汽车，亦因经营亏损难以为继而停运。

在城市文化、生活方面，1946 年，迪化成立新疆省党部新生活运动委员会，在全省推行新生活运动，相继展开集团结婚、规矩运动、守时运动、节约运动等，大力改善城乡生活风气。1947 年，三民主义青年团新疆支团入疆宣传三民主义，青年团在新疆各城开展文艺娱乐表演，为民众提供体育器械及医药、照相、电影仪器，向民众分发《天山画报》《新疆文化》《新

---

① 周芳冈：《本省编查乡（镇）保甲的重要性与实施》，载《新新疆月刊》1943 年第 1 期，第 39 页。

② 《新疆省编查乡（镇）保甲户口实施办法》，载《新新疆月刊》1943 年第 1 期，第 49 - 50 页。

中国》《春秋》等杂志刊物，丰富了新疆城乡民众生活。

在国际共产主义影响下，伊犁、塔城、阿山（今阿勒泰）于 1944 年 8 月爆发三区革命。革命沉重打击了国民党在新疆的统治，牵制了国民党在新疆的军事力量，有力地支援了西北解放战争，为全国人民解放战争做出了贡献。虽然新疆城市建设在革命期间暂时停滞，但随着革命对反动势力的肃清，新疆获得解放，城市迎来了和平的发展环境和新的发展机遇，新疆城市从近代化迈入了现代化发展阶段。

小　　结

自民国元年（1912）至 1949 年 9 月，历届军阀在新疆实行独裁统治，社会经济十分落后，城镇数量虽比清代增加很多，但规模、设施发展缓慢。

辛亥革命爆发后，新疆地方政府积极表示归顺中央政府，主政者杨增新却以"避世愚民"的执政策略，试图使新疆远离国内动荡不安的政治局势。凭借杨增新老道的政治统治手腕，新疆虽然与内地割裂了联系，成为"孤悬塞外"之地，客观上却获得了较为平稳的发展环境。通过调整行政建置、开展市政建设及恢复农业、发展城市工商业等措施，并积极应对外蒙独立及俄国国内革命引发的新疆边城危局，这一时期全疆城市出现了缓慢但整体上升的发展态势，城市数量逐步增多，城市人口增加，城市经济得以繁荣。

金树仁主政新疆时间较短，时值全疆政治腐败、财政紧张，金树仁不仅无法收拾这一残局，更无力开展城市建设，待哈密变乱爆发，全疆城市发展再次遭到重创。

"四一二"政变将金树仁政权推翻，盛世才走上了统治新疆的政治舞台。执政前期，盛世才向苏联和中国共产党伸出橄榄枝，凭借后者的帮助，展开了新疆的全面建设，城市交通、通信、照明等基础设施发展迅速，城市经济在进出口贸易方面呈现繁荣局面，城市文教事业蓬勃开展。盛世才执政后期，背弃"亲苏亲共"政策，倒向国民党，新疆城市追随内地步调，实施"新县政"，部分城市着手市政建设，城市面貌改观颇大。

国民党入主新疆至新疆全面解放期间，国内时局动荡，新疆城市建设进入停滞时期，城市建设几乎无可称道之处。至 1949 年新疆和平解放前夕，全疆只有 1 个设市城市、78 座县城。城市生产停滞，市场萧条，市政不力，房屋低矮破旧，道路泥泞难行。

中编　空间·城市

第三章　近代新疆城市外部空间分布形态

第一节　城市数量：伴随县治逐渐增加的治城

清代新疆主要城市，天山北路有"伊犁九城"（即拱宸、宁远、绥定、惠宁、熙春、惠远、广仁、瞻德、塔勒奇）及塔城、精河、库尔喀喇乌苏、绥来等城，迪化至哈密之间有昌吉、阜康、镇西、奇台、吐鲁番、鄯善等城；天山南路有"南八城"（即喀什噶尔、英吉沙尔、叶尔羌、和阗、乌什、阿克苏、库车、喀喇沙尔）。对于天山南路之城，文献又有详载称"查回部设立阿奇木，共三十一城。计其大小，酌为三等：叶尔羌、喀什噶尔、阿克苏、和阗为四大城；乌什、英吉沙尔、库车、辟展为四中城；沙雅尔、赛哩木、拜、库尔勒、玉古尔、牌租阿巴特、塔什巴里克、哈喇哈什、克勒底雅、玉陇哈什、齐尔拉、塔克、阿斯腾阿喇图什、阿喇古、玉斯腾阿喇图什、英额奇盘、巴尔楚克、沙尔呼勒、鲁克察克、托克三、喀喇和卓、洋赫、克勒品为二十三小城"[①]，意即南疆各城有大、中、小城之分。但需注意的是，上述文献中所载的"二十三小城"中很多小城实际上仅是一些人口较为集中的村落或回庄而已。此外，清代在新疆还建有一些称为"满城"或"汉城"的驻防城，如会宁、巩宁、广安、孚远及包括伊犁九城中的惠远、惠宁两城在内的6座专驻八旗官兵的满城和绥靖城、永宁城、徕宁城等八旗、绿营共驻城池或绿营专驻城池。

19世纪中后期，新疆爆发同治农民起义，继而引发阿古柏入侵新疆、俄国侵占伊犁等事件，待清军收复全疆时，天山南北各城已是一片萧条、颓

---

① 《清实录》（高宗纯皇帝实录，卷六四二，乾隆二十六年八月戊寅），中华书局1987年影印本，第184页。

废之态。修建城池成为新疆建省的首要任务之一，然而由于资金的缺乏及全疆百废待兴的局面，这时的城市建设工作只能逐步开展，新建城市数量十分有限，甚至不得不废弃部分已经破败不堪的城市（见第一章"清末新疆城市近代化的开端"第一节"毁坏与建设：清末新疆城市景象"相关部分的论述）。建省之后及民国时期，全疆行政建置多次调整，对城市数量的增减变动影响较大。

一、清末建省前后州县制初设时期的城市数量

按1910年《城镇乡地方自治章程》所规定，新疆府、厅、州、县治城厢所在为城。《新疆通志·城乡建设志》亦以行政建置"县"作为城的标志，称"自东晋咸和二年（327），前凉政权设立高昌郡至今，新疆建县已有1000多年历史，有县必有城"①。因此，本书在计算清末民国时期新疆城市数量时，以当时新疆府厅州县治城数量为基础。鉴于实际上也存在"县治无城有市"（如皮山县治固玛八栅）及"非县治亦有城"（如伊犁惠远城）的情况，近代新疆城市具体数量与县治数量有一定差异，但相差不大。新疆自清末建省后，行政建置的多次调整是这一时期新疆城市数量变动的主要影响因素之一。

光绪八年（1882）新疆开始筹备建省，逐步以州县制取代过去以军府制、伯克制、札萨克制与郡县制相结合的行政管理体制。这一变革对新疆城市发展影响最大的是南疆原伯克制度下的辖区变革为喀什噶尔、阿克苏两道，喀什噶尔、阿克苏两城分别成为原"西四城"（即喀什噶尔、英吉沙尔、叶尔羌、和阗）与"东四城"（即阿克苏、喀喇沙尔、库车、乌什）的中心城市，相较于过去"南八城"以喀什噶尔为中心城市而言，阿克苏道的设置使阿克苏城的地位有所提升。两道辖县新设置的有拜城、宁远、叶城、于阗、疏附等县，其县治之城地位因成为行政驻地而有所提高。

光绪二十八年（1902），新疆巡抚饶应祺进行了新疆建省后的第二次行政建置改革，增设了鄯善、皮山、洛浦、若羌、轮台、温宿、伽师、孚远、沙雅9个县。此次改革后新疆形成了镇迪道、阿克苏道、喀什噶尔道、伊塔道4个道，辖6个府、8个直隶厅、2个分防厅、2个直隶州、1个州、21个县、2个分县的行政区划（见表7）。

---

① 新疆维吾尔自治区地方志编纂委员会编：《新疆通志》（卷五二，城乡建设志），新疆人民出版社1995年版，第17页。

表7　1882—1902年新疆四道制及各道治所设置情况

道	府厅州	治所	辖县	设县时间	治所
镇迪道	迪化府	迪化城	迪化县	1886年	迪化城
			绥来县	1778年	绥来城
			昌吉县	1773年	宁边城
			阜康县	1776年	阜康城
			孚远县	1902年	孚远城
			奇台县	1776年	靖远城（1889年迁至古城）
	吐鲁番直隶厅	广安城	鄯善县	1902年	辟展
	镇西直隶厅	巴里坤城	—	—	—
	哈密直隶厅	哈密汉城	—	—	—
	库尔喀喇乌苏直隶厅	庆绥城	—	—	—
伊塔道	伊犁府	绥定城	绥定县	1888年	绥定城
			宁远县	1888年	宁远城
			霍尔果斯分防厅	—	拱宸城
	精河直隶厅	安阜城	—	—	—
	塔城直隶厅	绥靖城	—	—	—
阿克苏道	温宿府	阿克苏回城	温宿县	1902年	阿克苏回城西
			拜城县	1882年	拜城
	乌什直隶厅	永宁城	—	—	—
	库车直隶州	库车回城	沙雅县	1902年	沙雅尔城
	焉耆府	喀喇沙尔回城	新平县	1898年	喀喇洪*
			若羌县	1902年	卡克里克*
			轮台县	1902年	布古尔回城*

续表7

道	府厅州	治所	辖县	设县时间	治所
喀什噶尔道	疏勒府	恢武城	疏附县	1882年	喀什噶尔
			伽师县	1902年	牌素巴特*
	英吉沙尔直隶厅	英吉沙城	—	—	—
	莎车府	叶尔羌汉城	叶城县	1882年	哈哈里克
			皮山县	1902年	*
			巴楚州	—	玛喇巴什
			蒲犁分防厅	—	塔什库尔干*
	和阗直隶州	和阗城	于阗县	1882年	克里雅城
			洛浦县	1902年	*

附注1. 资料来源于《新疆图志》卷一，建置一至建置四；《新疆地名与建置沿革》，新疆人民出版社2005年版。

2. 表中治所名称标记"*"者为未建城郭。

除去"同治"和未建城郭的情况，1902年时新疆共有治城约30个，其中有22个县城治所、8个直隶厅（县级）治所、2个直隶州治所、4个府治所（其中迪化府、伊犁府为府县同治）。① 加上这一时期伊犁将军直辖城市惠远城，此时新疆共有31个城市，即迪化城、广安城、巴里坤城、哈密城、庆绥城、安阜城、绥靖城、永宁城、库车、喀喇沙尔、恢武城、英吉沙城、叶尔羌、和阗城、绥来城、宁边城、阜康城、孚远城、靖远城、辟展、绥定城、宁远城、拱宸城、阿克苏、拜城、沙雅尔城、喀什噶尔、玛喇巴什、克里雅城、哈哈里克、惠远城。

二、民国时期（1912—1949）行政建置调整对城市数量的影响

民国以后，新疆省仍沿袭道的建置。民国五年（1916）将原来的伊塔

---

① 黄达远认为1902年的新疆政区变革形成了"县级城市30个，府级城市6个，伊犁将军直辖城市1个，共计37个城市"（参见《清代新疆政区变革与城市发展——纪念新疆建省125周年》，载《民族社会学研究通讯》，第51期，第24页）。本书认为，《新疆图志》将清末新疆部分行政治所所在地未建城郭的情况记为"无城"，再加上部分治所实际上仅为定期举行"巴札"的回庄，没有城郭加之定居人口极少，因此，本书对清末新疆这些治所所在暂不归入城市之列。

道改设为伊犁、塔城2道；民国八年（1919），原属蒙古科布多的阿勒泰地区划归新疆省，设阿山道；民国九年（1920），增设焉耆、和阗2道。这时，新疆原有的4道制改为迪化、伊犁、塔城、焉耆、阿克苏、喀什噶尔、和阗、阿山8道。1924年，新疆省遵内务部令撤道，将8道改为8个行政区，辖50县。民国二十三年（1934），增设哈密行政区。民国三十一年（1942）增设莎车行政区。至此，新疆全省共设10个行政区，民国三十二年（1943），行政区名称改为专区。到1949年中华人民共和国成立时，新疆设有78个县、1个市。

表8　1912—1949年新疆行政区划变革情况

时间	设县	所属行政专区	备注
1913.4	疏勒县	喀什专区	原为疏勒府，裁府改县，治喀什噶尔汉城
1913.4	巴楚县	喀什专区	原为巴楚州，废州改县，治巴尔楚克
1913.4	蒲犁县	喀什专区	原为蒲犁厅，废厅改县，治色勒库尔
1913.4	英吉沙县	喀什专区	原为英吉沙尔直隶厅，废厅改县，治英吉沙尔
1913.4	阿克苏县	阿克苏专区	原为温宿府，裁府改县，治阿克苏
1913.4	乌什县	阿克苏专区	原为乌什直隶厅，废厅改县，治乌什
1913.4	库车县	阿克苏专区	原为库车直隶州，废州改县，治库车
1913.4	镇西县	哈密专区	原为镇西直隶厅，废厅改县，治巴里坤
1913.4	哈密县	哈密专区	原为哈密直隶厅，废厅改县，治哈密城
1913.4	乌苏县	塔城专区	原为库尔喀喇乌苏直隶厅，废厅改县，治庆绥城
1913.4	塔城县	塔城专区	原为塔尔巴哈台直隶厅，废厅改县，治绥靖城
1913.4	吐鲁番县	迪化专区	原为吐鲁番直隶厅，废厅改县，治吐鲁番城
1913.4	莎车县	莎车专区	原为莎车府，裁府改县，治莎车汉城
1913.4	和阗县	和阗专区	原为和阗直隶州，废州改县，治额里齐城
1913.4	焉耆县	焉耆专区	原为焉耆府，裁府改县，治喀喇沙尔
1913.4	精河县	伊犁专区	原为精河直隶厅，废厅改县，治安阜城

续表 8

时间	设县	所属行政专区	备注
1914.5	霍尔果斯县	伊犁专区	原为霍尔果斯分防厅,治拱宸城,1947年改霍城县
1914.5	且末县	焉耆专区	治车尔城
1915.5	沙湾县	塔城专区	治老沙湾
1918.2	呼图壁县☆	迪化专区	原为昌吉县属分县,治呼图壁,1947年改景化县
1918.8	额敏县	塔城专区	治额敏镇
1919.5	墨玉县	和阗专区	治喀拉喀什
1919.7	布尔津县	阿山专区	1919年6月设为阿山道布尔津设治局,治布尔津
1920.1	博乐县○	伊犁专区	由精河县析置,治大营盘
1921.11	布伦托海县	阿山专区	1919年6月设为阿山道布伦托海设治局,1944年改福海县
1921.11	承化县	阿山专区	治承化寺
1921.11	泽普县	莎车专区	治波斯坎
1922.6	麦盖提县	莎车专区	治麦提盖庄
1924	布尔根县*○	—	由阿山道新土尔扈特、新和硕特两蒙旗地方析置,1949年裁并青河县
1928	乾德县☆	迪化专区	原为迪化县属分县,治乾德城
1929	叶尔羌县*○	—	由莎车县析置,治莎车县回城,1944年裁并入莎车县
1929	策勒县☆	和阗专区	原为于阗县属分县,治策勒
1930.2	木垒河县☆	迪化专区	原为奇台县属分县,治木垒河
1930	吉木乃县☆	阿山专区	原为阿尔泰特别行政区分县,治吉木乃城
1930	哈巴河县☆	阿山专区	原为布尔津县属分县,治哈巴河
1930	柯坪县☆	阿克苏专区	原为为阿克苏县属分县,治柯坪庄
1930	托克苏县☆	阿克苏专区	原为库车县属分县,治托克苏八栅,1941年改新和县

续表 8

时间	设县	所属行政专区	备 注
1930	阿瓦提县☆	阿克苏专区	原为阿克苏县属分县,治阿瓦提
1932.3	巩留县○	伊犁专区	由伊宁县析置,治托古斯塔柳
1939	巩哈县○	伊犁专区	由伊宁县析置,治尼勒克
1939	河南县○	伊犁专区	由伊宁县析置,治察布查尔,1944 年改宁西县
1941	温泉县○	伊犁专区	由绥定县析置,治温泉
1942	昭苏县○	伊犁专区	由伊宁县析置,治昭苏
1943	阿图什县○	喀什专区	由疏附县析置,治阿图什
1943	岳普湖县○	喀什专区	由疏勒、英吉沙、伽师等县析置,治岳普湖
1944	乌恰县☆	喀什专区	原为疏附县属分县乌鲁恰克提,升县改乌恰,治黑孜围
1944	阿合奇县○	阿克苏专区	由乌什县析置,治阿合奇
1944	和靖县○	焉耆专区	由焉耆县析置,治和静
1944	和硕县○	焉耆专区	由焉耆县析置,治乌什塔拉
1944	库尔勒县☆	焉耆专区	原为焉耆县属分县,治库尔勒
1944	裕民县○	塔城专区	由额敏县析置,治察罕托海
1944	和丰县☆	塔城专区	原为沙湾县属分县,治和什托洛盖
1944	托克逊县☆	迪化专区	原为吐鲁番县署分县,治托克逊
1944	伊吾县○	哈密专区	由哈密县析置,治伊吾城(阿都鲁克)
1944	富蕴县○	阿山专区	由布伦托海县析置,治可可托海
1944	青河县○	阿山专区	由布伦托海县析置,治青河
1944	特克斯县○	伊犁专区	由巩留县析置,治特克斯
1945	巩乃斯县○	伊犁专区	由巩留县析置,治那里格,1946 年 6 月改新源县
1945	民丰县○	和阗专区	由于阗县析置,治尼雅城
1945	尧鲁都斯县*	—	治巴音,1949 年 12 月撤销,并入和靖县

附注 1. 资料来源于郑宝恒著《民国时期政区沿革》,湖北教育出版社 2000 年版,第 120 - 133 页,580 - 591 页。

2. 县名带有"*"者,为 1949 年前撤并县;县名带有"☆"者,为县佐升县;县名带有"○"者,为析出县。

3. "所属行政专区"列按 1949 年前新疆所设 10 个行政专区归属。

由以上设县情况来看，民国年间（1912—1949）新疆共新设、改设县60个，除去布尔根县、叶尔羌县、尧鲁都斯县撤并外，加上清末（1884—1911）新疆四道制下辖县21个，至1949年时，全疆共设县78个，大部分县治所在建设有城池。

从民国设县年份来看，新设、改设县年份集中于以下几个时段：1913年、1920年前后、1930年前后、1944年前后。

1912年元月中华民国政府成立，规定省仍为一级行政区，废府存县，将州、厅并入县级行政区，统称县，地方行政体系更加简洁、明晰。1913年，新疆遵行民国政府行政改革政令，在全疆建立新的行政区划，将清末4道制下的4府、8直隶厅、2直隶州、1州、2分防厅分别改县，共改县17个①。

1916—1920年是新疆道制调整的重要时期，通过1916年伊、塔分治，1919年增设阿山道，1920年增设焉耆、和阗两道，4道制变为8道制。道的增加，使新疆区划更为细致，设县调整（主要是增设）提上日程，因而在1920年前后，新疆再次进入设县的集中时段，1918—1924年共新设县10个，其中隶属阿山道的县有4个，伊犁、塔城道共设县2个，焉耆、和阗道共设县3个。

1930年前后新疆所设县大部分为分县升县。民国初年，鉴于一些县的区域过大，不利于治理，民国三年（1914）8月，公布《县佐官制》，于部分县境内设置县佐，作为县知事的佐理，驻于县内，但不与县知事同城，县佐管辖的区域即分县，为所属县的一部分，并不构成单独的一级行政区划。新疆在民国初年时所设县份较少，县域面积覆盖广阔，为便于管理，曾在昌吉、奇台、于阗、阿克苏、疏附、焉耆、沙湾、吐鲁番等县设置县佐。民国十九年（1930），内陆各省将大部分分县升级为县，新疆上述县份在民国初年设置的分县此时亦升级为县，涉及地区主要集中在阿山区和阿克苏区。

1940年前后是新疆设县的另一个高峰时期，特别是1944年，设县数达12个之多，设县数量集中程度为近代新疆少有。行政区划调整如此密集，其原因主要在于这一时期盛世才开始倒向国民党，新疆的行政管理逐渐与内地一致化。1944年国民党接管新疆后，这一趋势更为显著，表现在行政区划设置上，便是出现设县高峰。这一时期新疆所设县几乎都是由原有各县析出，反映了县辖区面积的减少及县级管辖的进一步细化。1939—1945年设置的20个县中，有11个县分布在北疆的伊犁专区、塔城专区、阿山专区和

---

① 原迪化府、伊犁府两府府县同治，未计算为新设县或改县之列。

迪化专区，其中又以伊犁专区设县数目最多，达6县；有8个县分布在南疆的喀什专区、阿克苏专区、焉耆专区与和阗专区，其中以喀什专区和焉耆专区设县较多，分别为3个。

总体来看，民国新疆设县60个，其中有17个县为1913—1914年府、州、厅改县外，其后所设县中，有16个县分布在南疆各行政专区，23个县分布在北疆各行政专区，北疆设县数量较之南疆多44%。若分别从南北疆两块区域内部来看，可以看出北疆的伊犁、阿山专区设县数相对较多，南疆设县则相对集中在喀什、阿克苏、焉耆专区，表现出民国时期天山南北两大板块内区域发展的差异性，突显了北疆阿尔泰地区、伊犁河谷地区城市伴随设县的迅速发展。

表9　1912—1949年新疆设县所属行政专区统计

行政专区	设县	数量
伊犁专区	博乐县、巩留县、巩哈县、河南县、温泉县、昭苏县、特克斯县、巩乃斯县	8
阿山专区	布尔津县、布伦托海县、承化县、吉木乃县、哈巴河县、富蕴县、青河县	7
塔城专区	沙湾县、额敏县、裕民县、和丰县	4
迪化专区	呼图壁县、乾德县、木垒河县、托克逊县	4
阿克苏专区	柯坪县、托克苏县、阿瓦提县、阿合奇县	4
焉耆专区	且末县、和靖县、和硕县、库尔勒县	4
喀什专区	阿图什县、岳普湖县、乌恰县	3
和阗专区	墨玉县、民丰县、策勒县	3
莎车专区	泽普县、麦盖提县	2
哈密专区	伊吾县	1

伴随行政区划改革调整及设县的开展，全疆城市建设亦在逐步推进。如新平县在置县时治所所在喀喇洪"只有官廨而无城郭"，后县治迁到茂林园，也只有县衙而无城池，直到民国三年（1914），茂林园南边修建县城，地名罗布诺尔，新平县治所迁往城内后县名改为尉犁县。

第二节 近代新疆城市人口规模

确定城市规模的指标为城市人口数量或城市面积，研究中多采用前一类指标，因为"人口总数既可反映城市实体的变化，也能在某种程度上反映着城市发挥作用的能力"①。何一民在《中国城市史纲》一书将民国时期城市规模划分为六等：100 万以上人口的特大城市、50～100 万人口的大城市、25～50 万人口的大中城市、15～25 万人口的中等城市、10～15 万人口的中小城市，10 万人口以下的小城市。②值得注意的是，这一划分标准对于民国时期内地城市的人口实际而言较为适用，若以此标准衡量民国时期新疆城市规模，1919 年新疆城市级别最高的是省会城市迪化及莎车，其城市规模为"中小城市"，跻身于"小城市"的也仅有奇台、伊宁、温宿、和阗、宁远、绥来六城。

表 10　1919 年新疆各城市的城市等级划分情况

城市等级	人口	新疆省内城市	全国城市数量
特大城市	100 万以上	无	2
大城市	50～100 万	无	7
大中城市	25～50 万	无	11
中等城市	10～25 万	无	30
中小城市	5～10 万	迪化、莎车	90
小城市	2.5～5 万	奇台、伊宁、温宿、和阗、宁远、绥来	192

附注：资料来源于《中国城市史纲》，第 337 页。该书对 1919 年中国城市等级划分的人口标准文字表述和列表表述中不完全一致。

根据何一民先生对民国时期全国城市规模的划分标准和结果，新疆省内的城市数量和城市规模都远远低于内陆其他省份，能够跻身于全国城市等级表格中的城市少之又少。将近代新疆城市纳入全国城市发展的大图景中分析，虽然可以从宏观上获得城市发展的对比结果，却无法了解新疆省内各城

---

① 何一民：《中国城市史纲》，四川大学出版社 1994 年版，第 337 页。
② 何一民：《中国城市史纲》，四川大学出版社 1994 年版，第 337 页。

中编 空间·城市

的具体规模及各城间的等级差异。因此，下文从近代新疆城市人口数量入手，试图结合新疆地区殊异于内地的自然地理环境和特殊的历史发展经历及社会经济发展状态，分析新疆省内城市规模及各城间的规模差异。

一、清末新疆各城人口数量及城市相对等级划分

清代前中期，新疆人口基本维持在150万人左右的水平。19世纪中后期由于同治战乱、阿古柏入侵新疆等事件的影响，全疆人口损失严重。新疆建省后，通过发展屯田、鼓励内地移民入疆等措施，人口逐步回升。光绪十三年（1887）时，新疆镇迪道、阿克苏道、喀什噶尔道三道人口有1238583人[①]。至宣统元年（1909），全疆人口数量已达200万左右。《中国经营西域史》一书详细记录了全疆各地人口数字，下表主要列举当时府—县两级行政区划的人口情况。

表11　1909年新疆部分府—县级城市人口情况

行政区划	人口数				城厢人口占总人口比例（%）	治所
	城厢[②]	乡村	市镇	合计		
迪化县	23097	15897	97	39091	59.1	迪化城
昌吉县	2542	7258	—	9800	25.9	宁边城
绥来县	3438	4751	523	8712	39.5	绥来城
阜康县	767	3594	273	4634	16.6	阜康城
孚远县	1043	6698	494	8235	12.7	孚远城
奇台县	6996	6314	1280	14590	48.0	古城
吐鲁番直隶厅	2863	38841	—	41704	6.9	广安城
鄯善县	571	26200	3324	30095	1.9	辟展
镇西直隶厅	3991	4067	—	8058	49.5	巴里坤城
库尔喀喇乌苏直隶厅	1192	2613	—	3805	31.3	庆绥城
哈密直隶厅	1499	1544	1535	4578	32.7	哈密汉城
绥定县	4649	4649	2108	11406	40.8	绥定城
宁远县	5023	17914	—	22937	21.9	宁远城

---

① 成崇德：《清代西部开发》，山西古籍出版社2002年版，第152页。
② 《明史·食货志一》："在城曰坊，近城曰厢。"其后城厢泛指城门内外一带区域。

续表 11

行政区划	人口数				城厢人口占总人口比例（%）	治所
	城厢	乡村	市镇	合计		
精河直隶厅	946	662	677	2285	41.4	安阜城
塔城直隶厅	4580	912	162	5654	81.0	绥靖城
温宿府	4442	46895	3865	55202	8.0	阿克苏
温宿县	12403	37822	1060	51285	24.2	阿克苏
拜城县	3180	44459	—	47639	6.7	拜城
焉耆府	4252	16677	3095	24024	17.7	喀喇沙尔回城
新平县	194	4517	194	4905	4	喀喇洪
若羌县	281	3900	—	4181	6.7	卡克里克
轮台县	1176	14578	595	16349	7.2	布古尔
库车直隶州	8472	97891	3072	109435	7.7	库车回城
沙雅县	1994	141492	956	144442	1.4	沙雅尔城
乌什直隶厅	6306	43754	594	50654	12.4	永宁城
疏勒府	2228	167732	—	169960	1.3	恢武城
疏附县	22487	151252	—	173739	12.9	喀什噶尔
伽师县	469	164032	—	164501	0.3	牌素巴特
莎车府	22550	170409	2420	195379	11.5	叶尔羌汉城
巴楚州	2750	50369	8449	61568	4.5	玛喇巴什
蒲犁分防厅	159	9041	—	9200	1.7	塔什库尔干
叶城县	8512	114688	5364	128564	6.6	哈哈里克
皮山县	981	41230	1983	44194	2.2	无城
和阗直隶州	9140	19639	—	28779	31.8	和阗城
于阗县	5981	91998	—	97979	6.1	克里雅城
洛浦县	967	71796	—	72763	1.3	无城
英吉沙尔直隶厅	10300	106671	—	116971	8.8	英吉沙城
合计	192421	1752756	42120	1987297	—	

附注 1. 数据来源于《新疆图志》卷四三，民政四；卷四四，民政五。

2. 塔城直隶厅人口数据疑有偏差。按《塔城直隶厅乡土志》"人类"篇所载光绪三十四年（1908）该厅人口情况，计有旧土尔扈特部落人口 8330 人、旧哈萨克部落 26671 人、回民 170 人、缠民 1437 人，俄国人及俄属安集延人 3840 人，共 40000 人。

1909 年时，新疆省各府、厅、州、县治所所在地共有 37 个，排除府县同治及"无城"和治所非城的情况，共有治城城市 30 个。加上伊犁将军直辖城市惠远城，此时新疆的城市共 31 个。

从人口数量来看，各行政区内治城城厢人口数最多未超过 25000 人，各行政区人口数最多接近 20 万人。从这一客观实际出发，衡量历史时期的地区城市发展规模，在进行全国性的宏观比较之外，更应注意区域内部城市间的相对规模差异。

对 1909 年新疆城市人口数量进行分析，可知城厢人口在 1000 人以下的城市有阜康城、辟展、安阜城，其所属行政区划分别为阜康县、鄯善县、精河直隶厅；1001～5000 人的城市有宁边城、绥来城、孚远城、广安城、巴里坤城、庆绥城、哈密城、绥定城、绥靖城、拜城、喀喇沙尔城、沙雅尔城、恢武城、玛喇巴什，所属行政区划分别为昌吉县、绥来县、孚远县、吐鲁番直隶厅、镇西直隶厅、库尔喀喇乌苏直隶厅、哈密直隶厅、绥定县、塔城直隶厅、拜城县、焉耆府、轮台县、沙雅县、疏勒府、巴楚州；5001～10000 人的城市有古城、宁远城、库车城、永宁城、哈哈里克、和阗城、克里雅城，所属行政区划分别为奇台县、宁远县、库车直隶州、乌什直隶厅、叶城县、和阗直隶州、于阗县；10001～50000 人的城市有迪化城、喀什噶尔、叶尔羌、阿克苏城、英吉沙城，分别隶属于迪化县与迪化府、疏附县、莎车府、温宿府与温宿县、英吉沙尔直隶厅。此外，1882 年新建的惠远城在 1912 年之前一直作为伊犁将军的直辖城，该城满营人口在建省时约有 4000 人①，此后，伴随全疆裁撤兵员的趋势，惠远城城内人口应当有一定的减少，但具体数据不详，估算在 1909 年时，惠远城人口数应当在 5000 人以内。②

将以上 4 个人口划分区段作为比较新疆城市人口规模相对等级，可将清末 1909 年时新疆城市按城厢人口数量由高至低依次划分为 1～4 级，如表 12：

---

① （清）袁大化、王树枬等：《新疆图志》（卷四四，民政五），东方学会 1923 年版，第 15 页。
② 据伊宁市政协文史研究委员会编写的《伊犁府志注释》载，清末"惠远城关"人口为 1664 人。转引自吴轶群：《清代伊犁城市体系变迁探析》，载《地域研究与开发》2009 年第 4 期，第 32 页。

表12　1909年新疆城市相对等级划分

等级	城厢人口区间	城市名	数量	所属行政区划
1	1～5万人	迪化城、喀什噶尔、叶尔羌、英吉沙城、阿克苏城	5	英吉沙尔直隶厅
2	0.5～1万人	古城、宁远城、库车城、永宁城、哈哈里克、和阗城、克里雅城	7	奇台县、宁远县、库车直隶州、乌什直隶厅、叶城县、和阗直隶州、于阗县
3	0.1～0.5万人	宁边城、绥来城、孚远城、广安城、巴里坤城、庆绥城、哈密城、绥定城、绥靖城、拜城、喀喇沙尔城、沙雅尔城、恢武城、玛喇巴什、惠远城	15	昌吉县、绥来县、孚远县、吐鲁番直隶厅、镇西直隶厅、库尔喀喇乌苏直隶厅、哈密直隶厅、绥定县、塔城直隶厅、拜城县、焉耆府、沙雅县、疏勒府、巴楚州
4	0.1万人以下	阜康城、辟展、安阜城	3	阜康县、鄯善县、精河直隶厅

附注：因缺拱宸城人口数据，故未对该城进行人口等级划分。

由此可见，清末全疆30个城市中，近一半的城市城厢人口数在1001～5000人之间，约四分之一的城市城厢人口在5001～10000之间，即全疆有四分之三的城市人口集中于1001～10000人之间，城市主要为2级和3级城市。人口在1000人以下及10000人以上的城市仅占全疆城市总数的26%（如图3）。

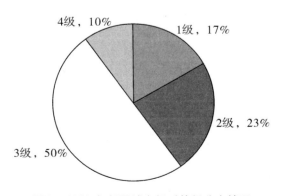

图3　1909年新疆城市相对等级分布情况

城厢人口占所属行政区划人口比例在一定程度上可以反映城市化发展水平，新疆各行政区该人口比例数字在10%以下的有吐鲁番直隶厅、鄯善县、塔城直隶厅、温宿府、拜城县、轮台县、库车直隶州、沙雅县、疏勒府、巴楚州、叶城县、于阗县、英吉沙尔直隶厅，10%～20%有阜康县、孚远县、焉耆府、乌什直隶厅、疏附县、莎车府，20%～30%的有昌吉县、宁远县、温宿县，30%～40%的有绥来县、库尔喀喇乌苏直隶厅、哈密直隶厅、和阗直隶州，40%～50%的有奇台县、镇西直隶厅、绥定县、精河直隶厅，50%以上的有迪化县。综合而言，北疆镇迪道城市化平均水平为29.5%，伊塔道为27%，南疆阿克苏道约为9.6%，喀什噶尔道约为7.4%。说明清末时新疆北疆地区人口在城市的集中度要高于南疆地区。

二、民国时期（1912—1949）新疆城市人口规模

民国以后，新疆人口呈现逐步增长态势，省内总人口从1912年的约210万增至1949年的约433万，增长106%。

表13　1911—1928年新疆全省人口情况

统计时间	调查单位	人口数	资料来源
1902	—	2069901	《新疆图志》民政志
1911	—	2102300	《补过斋文牍》壬集下，第11页
1912	北京政府内务部	2097763	《中国经营西域史》，第571页
1916	北京政府内务部	2278727	《新修支那省别全志》新疆省，第153页
1919—1920	邮政局	2519579	《中国经营西域史》，第571页
1926	邮政局	2680883	《新疆志略》，第79页估算数字
1928	南京国民政府内务部	2551741	《新疆十年》（油印本），第140页
1930	南京国民政府内务部	2567587	《新疆风暴七十年》卷五，第2831-2840页
1935	南京国民政府内务部	2577749	《内政统计季刊》，第2号
1942	新疆警务处	3730051	《新疆十年》（油印本），第140页
1943	新疆警务处	3929879	《新疆十年》（油印本），第140页
1944	新疆警务处	4011330	《新疆十年》（油印本），第140页
1945—1946	新疆省警察局	4019705	《西北地理》
1947	新疆省警察局	4047452	《户政导报》第4期
1949	—	4333400	

附注：资料来源于周崇经主编《中国人口》（新疆分册），中国财政经济出版社1990年版，第56页。

从以上数据来看，1902—1935 年新疆人口增长比较缓慢，33 年间人口仅增加 50 万，笔者尚未发现文献记载中有城市人口剧增事件（俄国难民入新对新疆边境地区影响较大，但长期定居在城市的人数极少），且这一时期的新疆并不鼓励内地人口自由入疆，因此，这 50 万的人口增长数字大多为新疆人口自然增长数字。1935—1942 年间，新疆人口数字增长较快，达到 373 万，约增加 120 万。此阶段是盛世才执政新疆时期，全疆经历金树仁时的战乱之后，进入稳定发展时期，农工商业皆恢复到较好状态，人口增长率提高。当然，入疆的内地人口也是该阶段新疆人口迅速增加的影响因素之一。盛世才执政新疆后，新疆省政府鼓励内地农民进疆屯垦，据史料不完全记载，内地人口大规模入疆事件有：盛世才执政后至 1943 年内地入疆的垦民共 38 批 4666 人，难民 988 人，移垦垦民 10110 人①，共计约 1.6 万人；抗战开始后，入疆的中国共产党党员百余人②，"新兵营"400 余人③；等等。此外，还有一些内地商人、政界人士、文艺界人士入疆，总人数不会上万。可以说，虽然 1935—1942 年新疆人口数量增长较快，但主要还是由和平稳定的社会环境下人口的自然增长所至，一定程度上会使城市人口相应增加。1943 年至新中国成立前夕，新疆总人口又进入较为稳定的缓慢增长时期。

关于民国时期新疆城市人口发展情况，笔者尚未见到有关统计数据中将城市人口与农村人口区分记录，不过可以试做一逻辑估算，即在人口未见突变情况下，城厢人口是伴随地区人口的增减趋势相应变化的。以此为基础，可推算出民国时期新疆各县城城厢人口数字。当然，以现有的 1909 年新疆各行政区划治所城厢人口数字为计算基准的话，仅能得到当时所设县（亦有府、厅、州行政区划）的推算结果。

那么，对于 1909 年以后民国时期新疆新设县的城厢人口如何推算呢？1909 年新疆人口统计数据表明当时全省各行政区除治所非城外，城厢人口占各行政区划总人口的平均百分比为 19.8%。城市人口所占区域总人口的比重一般被看作城市化发展水平的标准之一，但从清末新疆城市的具体发展情况来看，这一数字显然不能说明数字本身所代表的城市化水平。葛剑雄先生认为，这种城市人口集中的现象代表了新疆地区建立在有限的人口和原始的农牧业基础之上的"原始的城市化"。近代以后，随着人口的增加和农牧

---

① 张大军：《新疆风暴七十年》（全十二册），台湾兰溪出版社 1980 年版，第 5363 页。
② 陈慧生、陈超：《民国新疆史》，新疆人民出版社 1999 年版，第 323 页。
③ 新疆社会科学院历史研究所：《新疆简史》（第三册），新疆人民出版社 1987 年版，第 257 页。

业规模的扩大，新疆城市化下降到了一般水平①。再考虑到民国时期新设县份（除1913年前后府、厅、州改县外）多为分县升县或析出县，县之原型在规模、经济、人口等方面均难与原属县相比，由此，试取10%作为"一般城市化水平"数值②，估算民国时期新疆新设各县的城厢人口。

表14 1902—1944年新疆部分县人口变化情况

序号	县份	1909年		1928年		1944年	
		县域人口	城厢人口	县域人口	城厢人口	县域人口	城厢人口
1	迪化	39091	23097	45238	26729	32053	18939
2	昌吉	9800	2542	11488	2980	17957	4658
3	镇西	8058	3991	10599	5250	16961	8401
4	阜康	4634	767	5608	928	13097	2167
5	精河	2285	946	3785	1567	11310	4682
6	乌苏	3805	1192	9350	2929	24899	7800
7	奇台	14590	6996	26036	12484	35356	16953
8	伊宁	22937	5023	127314	27881	149069	32645
9	塔城	5654	4580	14753	11951	48327	39148
10	绥来	8712	3438	21493	8482	35839	14144
11	绥定	11406	4649	20593	8394	44611	18184
12	孚远	8235	1043	11985	1518	20773	2631
13	沙湾	—	—	7248	725	20327	2033
14	哈巴河	—	—	6300	630	13530	1353
15	吉木乃	—	—	2894	289	10675	1068
16	福海	—	—	21036	2104	8296	830
17	木垒河	—	—	8885	889	10804	1080
18	乾德	—	—	5725	573	12565	1257

---

① 葛剑雄：《从历史地理看西北城市化之路》，载《毛泽东邓小平理论研究》2005年第4期，第67-73页。

② 1949年，我国城市化水平为7.3%，鉴于新疆"原始城市化"的发展基础，取10%作为近代新疆城市化水平估计数值。

续表 14

序号	县份	1909 年		1928 年		1944 年	
		县域人口	城厢人口	县域人口	城厢人口	县域人口	城厢人口
19	承化	—	—	15207	1521	24672	2467
20	霍尔果斯	—	—	3359	336	27777	2778
21	额敏	—	—	32989	3299	50554	5055
22	呼图壁	—	—	14969	1497	24201	2420
23	博乐	—	—	1960	196	16651	1665
24	布尔津河	—	—	9362	936	15276	1528
25	托克逊	—	—	11675	1168	22899	2290
26	疏附	173739	22487	225658	29207	241674	31280
27	疏勒	169960	2228	108727	1425	171815	2251
28	莎车	165379	22550	96010	13091	290810	39652
29	鄯善	30095	571	30076	571	45363	861
30	沙雅	144442	1994	42172	582	60632	837
31	伽师	164501	469	113264	323	163943	468
32	库车	109435	8472	119559	9256	108862	8428
33	洛浦	84498	967	73891	846	113059	1294
34	轮台	16349	1176	18517	1332	24898	1791
35	巴楚	61568	2750	54094	2416	86605	3868
36	拜城	47639	3180	52368	3496	71986	4806
37	皮山	44194	981	56995	1265	90553	2010
38	吐鲁番	41704	2863	72496	4977	51671	3547
39	温宿	51285	12403	86953	21029	83569	20211
40	蒲犁	9200	159	9073	157	13926	241
41	和阗	28779	9140	101228	32149	117943	37458
42	于阗	97979	5981	87666	5351	78007	4761
43	乌什	50654	6306	66128	8232	74032	9216
44	英吉沙	116971	10300	93503	8234	170025	14973
45	叶城	128564	8512	134434	8901	180581	11956
46	焉耆	24024	4252	26767	4737	25495	4512

续表 14

序号	县份	1909 年		1928 年		1944 年	
		县域人口	城厢人口	县域人口	城厢人口	县域人口	城厢人口
47	哈密	4578	1499	17579	5756	36069	11810
48	若羌	4181	281	3933	264	缺	缺
49	库尔勒	—	—	18682	1868	23690	2369
50	阿瓦提	—	—	9043	904	35503	3550
51	柯坪	—	—	10751	1075	17102	1710
52	墨玉	—	—	69774	6977	143802	14380
53	阿克苏	—	—	102921	10292	91936	9194
54	泽普	—	—	17328	1733	37190	3719
55	尉犁	—	—	7140	714	5811	581
56	且末	—	—	6175	618	12136	1214
57	新和	—	—	12853	1285	44860	4486
58	麦盖提	—	—	20161	2016	50243	5024
59	策勒	—	—	24363	2436	61300	6130
60	青河	—	—	—	—	5146	515
61	乌恰	—	—	—	—	15924	1592
62	阿图什	—	—	—	—	46786	4679
63	岳普湖	—	—	—	—	46704	4670
64	巩留	—	—	—	—	32432	3243
65	巩哈	—	—	—	—	43176	4318
66	特克斯	—	—	—	—	46049	4605
67	昭苏	—	—	—	—	28746	2875
68	温泉	—	—	—	—	10473	1047
69	阿合奇	—	—	—	—	11482	1148
70	裕民	—	—	—	—	14159	1416
71	和靖	—	—	—	—	9842	984
72	伊吾	—	—	—	—	4817	482

附注 1. 1928 年、1944 年人口资料来源于《中国人口》（新疆分册），中国财政经济出版社 1990 年版，第 59－60 页、第 62－63 页。

2. 表中1928年、1944年各县"城厢人口"为推算数字,其中:

(1) 序号1~12、26~48各县1928年城厢人口数计算公式为:1909年城厢人口×[1+(1928年县域人口-1909年县域人口)/1909年县域人口]。

1944年城厢人口数计算公式为:1928年城厢人口×[1+(1944年县域人口-1928年县域人口)/1928年县域人口]。

(2) 序号13~25、49~72各县1928、1944年城厢人口数计算公式为:当年县域人口×10%。

从1928年的新疆人口统计数据来看,大部分县的人口数较之1909年呈现增长态势,可比较数据的35个县(即1909年时已设县,或在当时为府、厅、州等)中,人口增加的县有24个,人口减少的县有11个,北疆各县人口数都呈增长趋势。各县中,人口增长最为迅猛的是伊宁县,增幅达450%;南疆的和阗与疏附次之,人口增加数字均在5万人以上;其他人口增加数字在1万人以上的县还有奇台、绥来、库车、皮山、吐鲁番、温宿、乌什、哈密等县,以南疆的县居多;人口增加数字在5000~10000人之间的县有迪化、乌苏、塔城、绥定、叶城等县,以北疆的县居多。此外,南疆23县中近一半的县人口减少,其中沙雅县人口剧减10万余人,疏勒、莎车、伽师三县人口减少数字在5万人以上,洛浦、于阗、英吉沙三县人口减少数字在1~3万之间,人口减少千人以下的县有鄯善、巴楚、蒲犁、若羌四县。按上文逻辑估算,以上各县人口数量的变化也引起了各县治所城厢人口的变动,从而引起各城人口规模相对等级的变动,具体情况见表15:

表15 1909、1928、1944年新疆部分县县域人口数据统计

人口数字	1909年		1928年		1944年	
	县名	数量	县名	数量	县名	数量
10万以上	库车直隶州、沙雅县、疏勒府、疏附县、伽师县、莎车府、叶城县、英吉沙尔直隶厅	8	伊宁、疏附、疏勒、伽师、库车、和阗、叶城、阿克苏	8	莎车、伊宁、疏附、疏勒、伽师、库车、洛浦、和阗、英吉沙、叶城、墨玉	11
5~10万	温宿府、温宿县、乌什直隶厅、巴楚州、于阗县、洛浦县	6	莎车、洛浦、巴楚、拜城、皮山、吐鲁番、温宿、于阗、乌什、英吉沙、墨玉	11	额敏、沙雅、巴楚、拜城、皮山、吐鲁番、温宿、于阗、乌什、阿克苏、麦盖提、策勒	12

续表15

人口数字	1909年		1928年		1944年	
	县名	数量	县名	数量	县名	数量
1～5万	奇台县、鄯善县、绥定县、宁远县、拜城县、焉耆府、轮台县、皮山县、和阗直隶州	9	迪化、昌吉、镇西、塔城、奇台、绥来、绥定、孚远、福海、承化、额敏、呼图壁、托克逊、鄯善、沙雅、轮台、焉耆、哈密、库尔勒、柯坪、泽普、新和、麦盖提、策勒	24	迪化、昌吉、镇西、阜康、精河、乌苏、奇台、塔城、绥来、绥定、孚远、沙湾、哈巴河、吉木乃、木垒河、乾德、承化、霍尔果斯、呼图壁、博乐、布尔津河、托克逊、鄯善、轮台、蒲犁、焉耆、哈密、库尔勒、阿瓦提、柯坪、泽普、且末、新和、乌恰、阿图什、岳普湖、巩留、巩哈、特克斯、昭苏、温泉、阿合奇、裕民	43
0.5～1万	昌吉县、绥来县、孚远县、镇西直隶厅、塔城直隶厅、蒲犁分防厅	6	阜康、乌苏、沙湾、哈巴河、木垒河、乾德、布尔津河、蒲犁、阿瓦提、尉犁、且末	11	福海、尉犁、青河、和靖	4
0.1～0.5万	阜康县、库尔喀喇乌苏直隶厅、哈密直隶厅、精河直隶厅、新平县、若羌县	6	精河、吉木乃、霍尔果斯、博乐、若羌	5	伊吾	1

以人口区间将1944年新疆各县划分等级，结合1943年新疆各县行政分级情况对比来看，各县人口规模与行政级别大致是可以相互对应的，说明在一般情况下，两者是相辅相成的（见表16）。

表16 1944年新疆各县人口规模与行政等级关系

1944年		1943年	
人口区间	县名	等级区间	县名
10万以上	莎车*、伊宁*、疏附*、疏勒*、伽师*、库车*、洛浦、和阗*、英吉沙、叶城、墨玉	一等县	奇台、莎车、伊宁、叶城、阿克苏、库车、焉耆、疏附、疏勒、和阗、于阗
5～10万	额敏*、沙雅*、巴楚*、拜城、皮山、吐鲁番*、温宿*、于阗、乌什*、阿克苏、麦盖提、策勒	二等县	绥来、吐鲁番、鄯善、昌吉、呼图壁、绥定、承化、富蕴、塔城、额敏、乌苏、哈密、镇西、温宿、乌什、沙雅、阿瓦提、新和、尉犁、伽师、英吉沙、巴楚、墨玉
5万以下	迪化、昌吉、镇西、阜康*、精河*、乌苏、奇台、塔城、绥来、绥定、孚远*、沙湾*、哈巴河*、吉木乃*、木垒河*、乾德、承化、霍尔果斯、呼图壁、博乐*、布尔津河*、托克逊*、鄯善、轮台*、蒲犁*、焉耆、哈密、库尔勒*、阿瓦提、柯坪、泽普*、且末*、新和*、乌恰*、阿图什*、岳普湖*、巩留*、巩哈*、特克斯*、昭苏*、温泉*、阿合奇*、裕民*、福海*、尉犁*、青河*、和靖*、伊吾*	三等县	乾德、孚远、阜康、托克逊、精河、博乐、霍城、巩留、特克斯、巩哈、河南、温泉、昭苏、布尔津河、福海、哈巴河、青河、吉木乃、泽普、叶尔羌、沙湾、伊吾、拜城、柯坪、轮台、若羌、且末、麦盖提、库尔勒、和靖、乌恰、阿图什、蒲犁、策勒、皮山、洛浦、木垒河、新源、尉犁、和丰、裕民、阿合奇、和硕、岳普湖

附注 1. 1943年设县等级情况来源于汪永泽：《新疆风物》，文信书局1943年版，第50页。
2. 县名标注"*"的为人口规模与相应行政等级规模一致的县。

再分析各县城厢人口情况,若按1～5万、0.5～1万、0.1～0.5万、0.1万以下四个人口区间来划分近代新疆城市人口规模等级的话（依次为1、2、3、4级）,能够较明晰地看出近代新疆城市人口规模等级的数量差异及其变化情况（见表17）。

表17　1909年、1928年、1944年新疆部分县城城市等级情况统计

城市等级	人口数字	1909年		1928年		1944年	
		县城名	数量	县城名	数量	县城名	数量
1	1～5万	迪化、喀什噶尔（疏勒）、叶尔羌、英吉沙、阿克苏	5	迪化、奇台、伊宁、塔城、疏附、温宿、和阗、阿克苏、莎车	9	迪化、奇台、伊宁、塔城、绥来、绥定、疏附、莎车、温宿、和阗、英吉沙、叶城、哈密、墨玉	14
2	0.5～1万	古城、宁远（伊宁）、库车、永宁（乌什）、哈哈里克（叶城）、和阗、克里雅（于阗）	7	镇西、绥来、绥定、库车、于阗、乌什、英吉沙、叶城、哈密、墨玉	10	镇西、乌苏、额敏、库车、乌什、阿克苏、麦盖提、策勒	8
3	0.1～0.5万	宁边（昌吉）、绥来、孚远、广安（吐鲁番）、巴里坤（镇西）、庆绥（乌苏）、哈密、绥定、绥靖（塔城）、拜城、喀喇沙尔（焉耆）、沙雅尔、恢武（疏勒）、玛喇巴什（巴楚）、惠远	15	昌吉、精河、乌苏、孚远、福海、承化、额敏、呼图壁、托克逊、轮台、巴楚、拜城、皮山、吐鲁番、焉耆、库尔勒、柯坪、泽普、新和、策勒、麦盖提、疏勒	22	昌吉、阜康、精河、孚远、沙湾、哈巴河、吉木乃、木垒河、乾德、承化、霍尔果斯、呼图壁、博乐、布尔津河、托克逊、疏勒、洛浦、轮台、巴楚、拜城、皮山、吐鲁番、于阗、焉耆、库尔勒、阿瓦提、柯坪、泽普、且末、新和、乌恰、阿图什、岳普湖、巩留、巩哈、特克斯、昭苏、温泉、阿合奇、裕民	40

续表 17

城市等级	人口数字	1909年 县城名	数量	1928年 县城名	数量	1944年 县城名	数量
4	0.1万以下	阜康、辟展（鄯善）、安阜（精河）	3	阜康、沙湾、哈巴河、吉木乃、木垒河、乾德、霍尔果斯、博乐、布尔津河、鄯善、沙雅、伽师、洛浦、蒲犁、若羌、阿瓦提、尉犁、且末	18	福海、鄯善、沙雅、伽师、蒲犁、尉犁、青河、和靖、伊吾	9

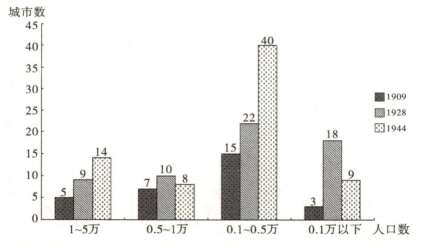

图 4　1909 年、1928 年、1944 年新疆部分县治城市等级数量对比图

1909 年，新疆 30 个城市之中，城厢人口介于 0.1～0.5 万之间的城市数量最多，为 15 个，占城市总数比例达 50%，其余城市依次集中在 2、1、4 级，表明清末时，新疆的城市大多为人口在 5000 以内的小城市，人口上万的城市极少，反映了此时新疆城市还处于小规模起步发展阶段。1928 年，新疆 59 个城市中，依然是 3 级城市最多，为 22 个，占城市总数比例的 37%，其余城市依次集中在 4、2、1 级。1944 年，新疆 71 个城市中，3 级城市数量仍居最多，达 40 个，占城市总数的 56%，其余城市依次集中在 1、

4、2级。

从4个等级城市的数量变化来看，较之1909年新疆城市人口规模的等级分布，1928年新疆城市人口规模等级变化最大的是0.1万人以下的4级城市迅速增加，增幅达600%，这些新增的4级城市几乎都为1909年后新设县治，表明这些新设县治城市人口发展基础较低。1944年较之1928年城市人口规模等级变化显著的是3级城市数量由22个增加至40个，增幅达到180%，而4级城市数量则由18个减少至9个，说明1928年前增加的4级城市经过一段时间的发展，人口增加，逐渐上升为3级城市，其他新增的3级城市也多为新设县治，说明这些新设县治的城市发展人口基础比1928年前新设县治的城市人口基础普遍有所提升。除3、4级城市数量增减变化显著之外，人口1～5万的1级城市呈逐步增长状态，35年间增幅为280%，反映了近代新疆大城市数量的持续增加，但1级城市数量占总城市数量的比例却未能有明显提高，从1909年的17%到1944年的20%，仅增长了3%。人口0.5～1万之间的2级城市数量变化并不明显，维持在7～10个城市之间。

第三节 城市空间分布形态

一、建省之前新疆城市空间分布状态

城市是区域文明的中心，新疆地区的城市，大多具有深厚的历史积淀，文字可考的历史可追溯至汉代，时有西域三十六国之说，其中城郭国建有城池，虽经历千余年的变化迁徙，这些城池或淹没于流沙，或因种种原因被毁坏废弃，然"今之每一城市，要仍不出当初一国一地之遗址也"①，如巴里坤城为蒲类国王治所在，吐鲁番为车师前王庭所在，鄯善为狐胡国所在，若羌为鄯善国所在，焉耆为焉耆国所在，阿克苏为姑墨国所在，等等。

历史上新疆城市位置及空间扩展未发生较大变化的主要原因在于自然地理条件的影响和制约。新疆地域辽阔，自然地理条件复杂，总体上呈"三山夹两盆"的态势，由北至南依次横亘着阿尔泰山、准噶尔盆地、天山、塔里木盆地、昆仑山。习惯上以天山为界将新疆分为南疆、北疆两大区域，天山山脉东部渐趋平缓地带又往往被称为东疆。在这三大地形板块内，适合

---

① 汪永泽：《新疆风物》，文信书局1943年版，第51页。

农牧业发展及作为人口聚居点的面积狭小,在自然地理环境未发生大的变迁及人口自然增长缓慢的情况下,历史上新疆地区的城池据最早汉文史料记载在西汉时期形成后,直到清代前期,没有发生大的变动。

清代乾隆中期统一新疆后,鉴于新疆面积辽阔,便以"山川形便"为原则,将此地区分为三路进行管理,即天山南北两路和安西北路,分别建设了一些城池、屯堡,由此在新疆境内形成了三个板块内的城市群,即天山南路以喀什噶尔为中心包括喀什噶尔、英吉沙尔、和阗、阿克苏、乌什、库车、喀喇沙尔在内的"南八城"城市群,天山北路"伊犁九城"及塔城、库尔喀喇乌苏城市群,安西北路以乌鲁木齐为中心包括精河、绥来、阜康、巩宁、迪化、昌吉、镇西等城市在内的城市带。三个板块内的城市分别实行不同的行政制度,天山北路为伊犁将军直辖的军府制,天山南路为伯克制,安西北路既有乌鲁木齐都统所辖的军府制,又有州县制。在自然山川阻隔、行政体制多元的主客观条件下,加之城市本身数量少、城际交通不便等因素的影响,清代新疆这三大区域的城市彼此分隔,各自为政。

二、建省之后新疆城市以自然地理条件基础形成的空间分布状态

清末新疆建省后,城市发展依然在上述三大板块的自然地理条件限制下发展。民国时人将新疆城市分布形态概括为"两条半城市"状态,即"一条在天山北麓下,一条在天山南麓下,半条在昆仑山北麓下"①。也有学者认为近代新疆北疆城市呈现"工"字分布形态,南疆城市呈环状分布形态。②

根据清末民国时期新疆城市的发展状况,本书认为近代新疆城市在不同区域内逐渐形成以下城市分布形态:

其一,北疆准噶尔盆地北、西、南三缘的小"c"形城市分布形态。北疆即阿尔泰山以南、天山以北的新疆北部区域,两大山脉之间为准噶尔盆地。准噶尔盆地呈不规则的三角形,面积13万平方千米,其腹地的库尔班通古特沙漠面积占盆地总面积的近37%,乌鲁木齐河、玛纳斯河、乌伦古河等内陆河流尾闾深入沙漠形成灌木及草本植物覆盖的草原或沙丘地形。盆地的北、西、南三个方向的边缘,绿洲星罗棋布。由于绿洲能够提供灌溉和饮水条件,逐渐发展出一些农牧业区和人类居住群落,成为北疆塔里木盆地周缘绿洲城市形成的基础。

---

① 汪永泽:《新疆风物》,文信书局1943年版,第51页。
② 阚耀平:《近代新疆城镇形态与布局模式》,载《干旱区地理》2001年第24期,第321页。

清末时，准噶尔盆地外缘设置的县治还比较稀疏，除乾隆年间设立的昌吉县（1773年设）、阜康县（1776年设）、奇台县（1776年设）、绥来县（玛纳斯县）（1778年设）4县，建省后仅新设迪化县（1886年设）、库尔喀喇乌苏直隶厅（乌苏县）（1886年设）、塔城直隶厅（塔城县）（1888年设）、精河直隶厅（精河县）（1888年设）、孚远县（吉木萨尔县）（1902年设）等行政区划，除塔城外，其余各县（厅）治城均分布在天山北麓、准噶尔盆地南缘，呈自西向东直线等距分布形态。

民国以后，随着阿尔泰地区划归新省及伊、塔分治，准噶尔盆地北、西、南三缘县治逐渐增多。1915—1921年，先后增设沙湾（1915年设）、额敏（1918年设）、呼图壁（1918年设）、布尔津（1919年设）、福海（1921年设）5县。其中，沙湾、呼图壁位于之前形成的天山北麓、塔里木南缘城市线，额敏位于塔城附近，布尔津、福海位于阿勒泰地区，这5县的设置初步形成了准噶尔盆地周缘小"c"字形城市分布格局的框架。1930年，该格局中又添设了哈巴河、吉木乃、木垒3县，其中哈巴河、吉木乃位于阿勒泰西南部，木垒位于小"c"字形城市带的东南尾端。1941年，增设精河县，位于天山北麓、准噶尔盆地南缘自西向东直线等距分布城市带的最西端。1944年，增设青河、富蕴、裕民3县，其中青河、富蕴位于小"c"字形的东北端，裕民位于塔城以南。至此，天山北路、准噶尔盆地北、西、南三缘小"c"字形城市分布带完全形成，按"c"字的书写顺序，此城市

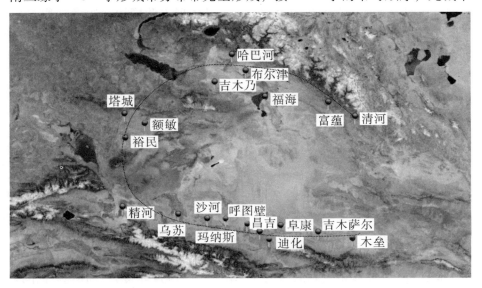

图5　近代新疆北疆准噶尔盆地北、西、南三缘"c"形城市分布示意图

带上的城市依次为：青河—富蕴—福海—布尔津—哈巴河—吉木乃—额敏—塔城—裕民—博乐—温泉—精河—乌苏—沙湾—玛纳斯—呼图壁—昌吉—迪化—阜康—吉木萨尔—奇台—木垒。

其二，北疆伊犁河区域的"△"形城市群。北疆城市集中分布的另一区域在天山山脉西端伊犁河区域。伊犁河是天山北麓主要河流之一，为亚洲中部内陆河流，上游在新疆境内，特克斯河、巩乃斯河、喀什河为伊犁河的主源，河流全长1500千米，流域面积约57万平方千米，新疆境内流程422千米。新疆境内的伊犁河流域呈现向西开口的三角形，北可抵御来自西伯利亚的干冷气流，东可抗拒来自哈密、吐鲁番等盆地的干热，南可阻止塔里木沙漠风沙的侵袭，又加上河流本身得益于降水和冰川，汛期洪峰、洪量较为平稳，历史上未曾出现大范围的严重洪水灾害，流域内动植物资源丰富，古时塞人、月氏人、乌孙人、突厥人等先后生活于伊犁河流域，农业得到发展，人口聚落逐渐生成。

1759年清朝统一新疆后，伊犁以北有野心勃勃的沙俄，以西为逐水草而徙的哈萨克游牧部落，以南可通达维吾尔族聚居的南疆地区，以东沿天山北麓可通陕甘，为掌控新疆天山南北、防御西北外敌入侵的战略高地，于是清政府将新疆最高军政首脑驻于此地，并将伊犁地区作为统治新疆的中心加以经营。乾隆年间，清朝在伊犁地区修建了9座城池，形成"伊犁九城"的城市分布形态。1840年后，沙俄通过与清政府签订一系列不平等条约，共割占我国150万平方千米的边境领土，其中侵占我国西北边境（原在新疆境内）领土面积达51万平方千米，将其与我国西北边境向东向南纵深推进，伊犁地区成为我国西北边境防御外敌的前沿阵地。同治战乱后，伊犁九城受到破坏严重，在沙俄占领的10年间城市亦未有起色。清军收复伊犁地区后，加强了对该地区的经营建设。此时的伊犁不仅是边防要地，也是新疆面向俄、英等国的重要开埠通商之地，该地区的商业机遇加上晚清政府及其后的民国政府对该地区的重视，使伊犁地区成为近代北疆城市建设的重要地区之一，甚至可谓近代新疆县治（城市）建设的重中之重。

清末新疆建省以后，在伊犁河谷地带设置了宁远（伊宁）县（1888年设）、绥定县（1888年设）、霍尔果斯分防厅（霍城县，1888年设）3县。从位置上来看，这3县集中于原伊犁九城地区，实际上这3县也是在原伊犁九城中的宁远城、绥定城、拱宸城的基础上设置的，惠远城此时仍驻伊犁将军。伊犁九城中的其他5城已衰败。该地区再次设县到了20世纪三四十年代，先后添设了巩留县（1932年设）、巩哈县（1939年设）、河南县（宁西县，1939年设）、昭苏县（1942年设）、特克斯县（1944年设）、新源县

（1945年设）6县，完成了伊犁河谷地带"△"形的近代城市分布形态。依"△"由上尖端逆时针书写方向，分布的城市依次为：霍城—昭苏—特克斯—巩留—新源—宁远（伊宁）。

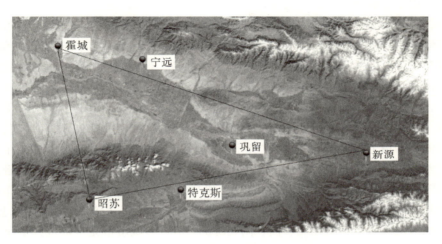

图6　近代新疆伊犁河谷城市分布示意图

其三，南疆塔里木盆地北、西、南三缘的大"C"形城市带。南疆即天山以南、昆仑山脉以北的新疆南部区域，其中部为塔里木盆地。塔里木盆地是中国面积最大的内陆盆地，东西长1500千米，南北宽600千米，面积达53万平方千米，降水量稀少、极为干旱，中心形成面积33.7万平方千米的塔克拉玛干沙漠，成为人类无法生存的区域。在塔里木盆地边缘地带，发源于天山、昆仑山的河流汇集形成大大小小的绿洲，著名的绿洲有库车绿洲、阿克苏绿洲、库尔勒绿洲、喀什绿洲、叶城绿洲、和田绿洲和于田绿洲，这些绿洲成为南疆城市的主要分布地区。其中，塔里木河流经的塔里木盆地北端一线，水资源相对充沛，历史上天山南麓的绿洲居国大多分布在该河流域，但历史上塔里木河河道南北摆动，迁徙无定，对流域内人口聚落的变迁产生了巨大的影响，一些著名城池因环境变迁已消失在历史长河中。

清末新疆建省前后，塔里木盆地周缘设有拜城县（1882年设）、疏附县（1882年设）、叶城县（1882年设）、于阗县（1882年设）、乌什直隶厅（乌什县，1883年设）、英吉沙尔直隶厅（英吉沙县，1883年设）、和阗直隶州（和阗县，1883年设）、莎车府（莎车县，1883年设）、库车直隶州（库车县，1884年设）、疏勒府（疏勒县，1884年设）、吐鲁番直隶厅（吐鲁番县，1886年设）、焉耆府（焉耆县，1898年设）、轮台县（1902年设)、沙雅县（1902年设）、温宿府（阿克苏县，1902年设）、伽师县（1902年设）、皮山县（1902年设）、洛浦县（1902年设）、鄯善县（1902年设）、若羌县（1902年设）、巴楚州（巴楚县，1903年设）21个行政建置。由于南疆面积广阔，塔里木盆地周缘距离极长，这些行政建置治所城中，英吉沙城、伽师县城、巴楚县城、莎车县城集中分布在喀什噶尔城（疏附、疏勒）一带，其余15个治城（其中部分治所所在尚未建设城池）散布于漫长的塔里木盆地北、西、南三缘地带，彼此之间相距甚远，仅仅可以说搭建起了南疆"C"形城市带的框架。

民国以后，在此条城市带中先后充实添设了且末县（1914年设）、墨玉县（1919年设）、泽普县（1921年设）、麦盖提县（1922年设）、策勒县（1929年设）、新和县（1930年设）、阿瓦提县（1930年设）、柯坪县（1930年设）、阿图什县（1943年设）、岳普湖县（1943年设）、托克逊县（1944年设）、和硕县（1944年设）、和靖县（和静县，1944年设）、库尔勒县（1944年设）、阿合奇县（1944年设）、民丰县（1945年设）16县。至此，南疆塔里木盆地北、西、南三缘的"C"形城市带完全形成，依字母"C"的书写顺序，该城市带分布的城市依次为：鄯善—吐鲁番—托克逊—和硕—和静—焉耆—库尔勒—轮台—库车—沙雅—新和—拜城—温宿—阿克苏—阿瓦提—乌什—阿合奇—柯坪—巴楚—阿图什—伽师—疏勒—疏附—英吉沙—岳普湖—麦盖提—莎车—泽普—叶城—皮山—墨玉—和阗—洛浦—策勒—于阗—民丰—且末—若羌。

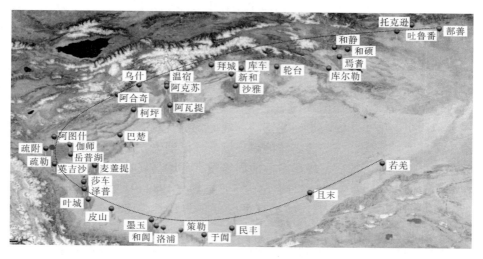

图7　近代新疆南疆塔里木盆地北、西、南三缘"C"形城市分布示意图

其四,东疆天山东端的少量城市稀疏分布状态。东疆指天山东端平缓地带,主要指哈密地区。由于此段天山山脉南、北两侧多为荒漠、戈壁,且远离新疆腹心地带,人口较少,城市稀疏,仅有哈密、巴里坤、伊吾等城。

三、近代新疆城市分布形态的特点

1. 绿洲城市的分散性与有限性

对民国时期新疆城市的具体分布情况,民国人士汪永泽有形象而细致的描述:"凡为高山之地,真沙漠内,戈壁之中,或不边河流之处,皆无城市。城市所在地之条件,必紧邻山麓,靠河流,且易于接受高山雪水所灌溉处,因此城郭连串如珠,多在一条线上。而其中珠贯串连之城市,又疏密有致,密者城郭相望,沟渠纵横,桑田密布,绿树成荫,与内地之城郭,无大差异。疏者往往亘数百里,始有一城市,此种情形,必发生于沙漠之边际偶有河流之处,或即在高寒荒凉之地也。"①

以上所描述的"紧邻山麓,靠河流,且易于接受高山雪水所灌溉处"所指即为绿洲之地。绿洲是干旱半干旱地区特有的地理景观,生长有繁茂的中旱生自然植被,可支持农田生态系统,是干旱区人类各种活动的中心场所。新疆地区的绿洲主要分布于天山北麓山前冲积平原、准噶尔盆地北缘及塔里木盆地周边。绿洲具有分散性特点,往往呈"岛屿"状存在于荒漠之中,很少有连片的分布,如库车绿洲便由上百个大小不等的绿洲组成。这也决定了依赖绿洲而生的城市"很难形成和支撑一个稳定的市场",且"城市之间缺少连接点和辐射的中间层次",使新疆地区的城市在古代及近代"不易形成区域性的城市体系"②。以塔里木盆地南缘绿洲城市来说,自叶城向东一线的城市之间的距离为:叶城—皮山 75 千米,皮山—墨玉 165 千米,墨玉—和阗 26 千米,和阗—洛浦 19 千米,洛浦—策勒 69 千米,策勒—于阗 83 千米,于阗—民丰 134 千米,民丰—且末 315 千米,且末—若羌 362 千米。除墨玉、和阗、洛浦三城距离较近外,其余城市之间的距离平均为 170 千米,可见绿洲城市分布的分散性和稀疏性。

此外,小面积、分散性的特点也决定了并非每一块绿洲都可以发展成为人口聚落密集的城市。城市的形成需要建造城池的足够土地面积,更需要延伸发展的广阔空间,而新疆的许多绿洲,小到仅有百亩甚至数十亩面积,显然不具备城市发展的土地空间条件。同时,绿洲的小型化、分散化还限制了

---

① 汪永泽:《新疆风物》,文信书局 1943 年版,第 64 页。
② 何一民:《清代藏新蒙边疆城市发展滞后原因探析》,载《民族学刊》2012 年第 1 期。

农业发展规模和对人口的承载力，小规模农业、稀少的人口在行政管理上缺乏设治的必备条件。在经济方面，对商品交换需求的不足又难以促成"市"的形成。由此，新疆绿洲城市的数量极为有限。

2. 各区域内部城市非均衡性分布

清末新疆建省前后至1949年，全疆共设置78县（包括府、厅、州改县及分县升县、设治局改县等，不包括设县后裁并县情况）、1市。

建省前后至1911年，新疆设置府、厅、州、县等行政区划，相应治所城市约30个，15个城市分布于北疆，15个分布于南疆，2个分布于东疆，总体来看，南北疆城市分布数字均衡。具体来看，此时北疆的15个城市中，3个属于原伊犁九城之中的城市，集中分布于伊犁河谷；其余城市中，除塔城之外，皆分布于天山北麓、准噶尔盆地南缘一线，城际距离几乎相等，相对密集。南疆的15个城市散布于塔里木盆地周缘的"C"形地带，阿克苏、喀什噶尔地区城市相对集中，塔里木盆地南缘一线仅有叶城县的哈哈里克城、于阗县的克里雅城2个城市。就塔里木盆地北、西、南三缘的长度而言，15个城市的分布显得较为稀松，城市之间彼此间距较大。可以说，清末这一时期新疆城市的分布，一方面表现出南疆、北疆城市分布数量的相对均衡性；另一方面，就南疆、北疆内部来看，城市分布又是不均衡的，北疆城市在天山北麓一线呈集中等距分布形态，南疆城市在塔里木盆地周缘则呈稀松散布形态。

民国以后，1913—1945年，新疆先后添设57个县，其中15个县为民初改府、厅、州为县，其余42个县为1914年后新设（布尔根县、叶尔羌县撤并入他县）。新设县中，位于北疆的有：迪化专区的呼图壁县、乾德县、木垒河县3县，塔城专区的额敏县、裕民县、和丰县3县，伊犁专区的博乐县、巩留县、巩哈县、河南县、温泉县、特克斯县、巩乃斯县7县，阿山专区的布尔津县、布伦托海县、承化县、吉木乃县、哈巴河县、富蕴县、青河县7县，共20县。位于南疆的有：焉耆专区的且末县、和靖县、和硕县、库尔勒县4县，和阗专区的墨玉县、策勒县、和靖县、和硕县、库尔勒县、民丰县6县，莎车专区的泽普县、麦盖提县2县，阿克苏专区的柯坪县、托克苏县、阿瓦提县、阿合奇县4县，喀什专区的阿图什县、岳普湖县、乌恰县3县，哈密专区的伊吾县1县，共20县。从设县数来看，民国时期新疆南北疆治城分布平均，皆为20个，但从南北疆内部来看，仍可发现城市分布区域的不均衡性。北疆设县（治城）中，分布于伊犁地区和阿勒泰地区的各占设县总数的35%，两个地区新设县占到民国时期北疆设县的七成，成为城市密集发展的两大区域。南疆设县最多的是和阗地区，设县数量占总数的30%，反映了这一时期塔里木盆地南缘一线城市建设力度的加强。此外，阿克苏一带、焉耆一带、喀什一带各设3～4县，相对均衡。

通过清末及民国时期的行政区划调整带动的城市建设，至新疆解放前夕，新疆城市分布形态最终形成了北疆准噶尔盆地周缘的小"c"形分布形态、伊犁河谷的"△"形分布形态、南疆塔里木盆地周缘的大"C"形分布形态及东疆哈密地区极为稀疏的城市分布形态。除东疆哈密地区外，以上三大城市带城市分布已经逐步走向密集化。当然，三大城市带的城市密集程度存在差异：北疆天山北麓、塔里木盆地南缘自乌苏—木垒一线阿勒泰塔城一带、伊犁河谷一带、南疆焉耆—喀什一线城市密集度较高；北疆阿勒泰东南地区、乌苏以西地区、南疆塔里木盆地南缘一线、东疆哈密地区城市密集度较低。

小　　结

近代新疆城市在战乱毁坏的基础上，通过建省期间的城市重建和之后全疆行政建置改革与调整得以逐步恢复发展。在城市数量上，从清末建省前后的30余个城市（治城）发展到1949年前的70余个（治城），遍布南北疆地区，形成北疆准噶尔盆地周缘的小"c"形城市带、伊犁河谷的"△"形城市群、南疆塔里木盆地周缘的大"C"形城市带及东路哈密地区的稀疏城市分布形态。随着城市人口的不断增加，全疆城市规模普遍提升，形成省内具有等级差异的城市系统。

总体而言，近代新疆城市分布呈现南北疆数量平衡，但区域分布不均衡的状态；城市规模普遍扩大，但大城市数量占城市总数量的比例较低。

第四章　单体城市形态与内部功能分区

第一节　城市外部轮廓形态

一、清末建省时新疆城市外部轮廓形态

清末新疆建省时，南北疆的城市数量少、规模小。其城池形状依地形条件而有所不同，主要表现为矩形与不规则形两种状态。

1. 矩形城池形态

和阗城：位于喀喇苏河西岸的平原地带。城池几乎为正方形，城周"三里有奇"①，由四面城墙围绕，开有东、南、西、北四门，西城门外有一组建筑群。城内由东西走向和南北走向的两条主要街道将城市划分为4个区域，行政衙门位于靠近城市中心的东北区域，西南隅设有步兵营房②，西北、西南、东南三个区域为维吾尔

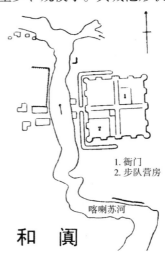

图8　清末和阗城形态

附注：资料来源于《马达汉西域考察日记》，第82页。

---

① （清）袁大化、王树枏等：《新疆图志》（卷一，建置一），东方学会1923年版，第7页。
② 《新疆图志》（卷一，建置一）载，"城内东南隅隔开一门，官兵居之"；《马达汉西域考察日记》称，营房位置在城内西南隅。本书认为马达汉的描述配合其亲自绘制的城池布局图，较为可信。

族的居住区。城内没有大型的公共空间,"没有空旷的场地,到处都是树木和房屋"①。东西走向的大街为城内主要商业街。

阿克苏汉城:位于天山汗腾格里峰与塔里木河之间的平原地带。城墙构成的城市外部轮廓形态方正,城周959丈,城墙高2.25丈,有雉堞752个。城墙开有东朝阳门、西挹爽门、南迎熏门、北承恩门四门,城区面积不到1平方千米。② 城内联通四个城门的两条街道将城市划分为4个区域,行政衙署靠近西城墙,城内还分布有3座规模较大的步兵营盘。北城墙和东城墙外设有大型的维吾尔族集市街,其"规模并不比原有的整个回城小",集市街长达几里,"几乎一直向西北延伸到黄土山脊的边缘。沿着这条街,走一个弧形,可以到阿克苏回城"。③ 清宣统元年(1909),由于城市人口逐渐增多,城内居住拥挤,城区扩展,城市面积扩大近一倍,达到1.9平方千米④。

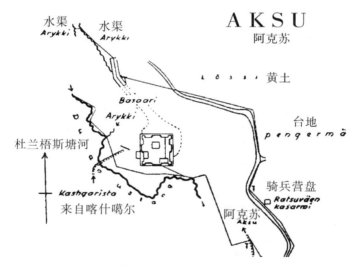

图9 清末阿克苏汉城形态

附注:资料来源于《马达汉西域考察日记》,第150页。

---

① [芬兰]马达汉:《马达汉西域考察日记(1906—1908)》,王家骥译,中国民族摄影艺术出版社2004年版,第82页。
② 阿克苏市史志编纂委员会:《阿克苏市志》,新华出版社1991年版,第131页。
③ [芬兰]马达汉:《马达汉西域考察日记(1906—1908)》,王家骥译,中国民族摄影艺术出版社2004年版,第150页。
④ 阿克苏市史志编纂委员会:《阿克苏市志》,新华出版社1991年版,第131页。

哈密老城、新城：哈密由新城、老城（汉城）及回城三座城组成，其中新城、汉城两城皆呈现矩形城市形态。新城建于1868年，建有城墙，城周约640米，面积约0.26平方千米，北郊、南郊各有商业街市，城内较为空旷。老城始建于清雍正五年（1727），光绪十年（1884），"高筑厚垣，广加三倍"①，城周三里五分，高二丈五尺，开有东向阳门、西挹爽门、南迎

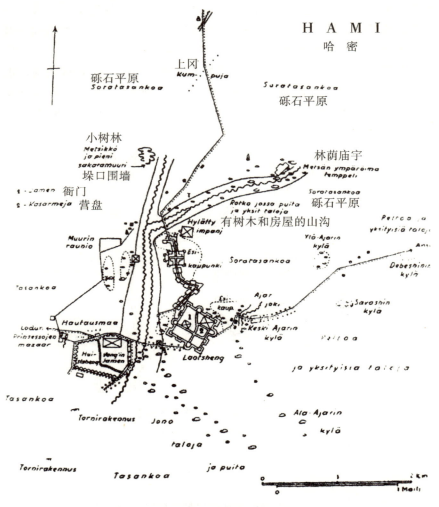

图10 清末哈密城市形态

附注：资料来源于《马达汉西域考察日记》，第327页。

---

① （清）肖雄：《听园西疆杂述诗》（卷二，哈密），清刻本，第24页。

驾门、北拱宸门四门，官兵驻防于东、西、北三门内附近区域，北门外建有长一百六十七丈的围墙，用以储粮。① 在新城的南面，城西门与新城南门通过一条蜿蜒曲折的商业街连接，城市面积约 0.5 平方千米。由于整个汉城方向顺时针偏转约 30 度，四座城门亦不在正方向上，城内两条街道分别连通城东北方向、西南方向的两门及西北方向、东南方向的两门，姑且将这两条街道称为东西街道及南北街道，与东西街道平行的还有一条小街，但此街仅有偏东南的一段与南北街道交汇。三条街道将城市划分为不规则的五块区域，其中行政衙署位于西北区域靠近从西北城门延伸向城内的街道，营盘位于靠近东南城门的位置，东西街道两边还分布有左公祠、札萨克亲王祠、孔庙、定湘王庙等建筑。清政府之前规定商民不得居住在城内，因此在建省后的一段时间，城内民居稀疏，居民住房约在百间左右。东城门外建有练兵场和打靶场，靶道长为 200～250 米，靶道尽头面向城市为一道土墙。

巴里坤汉城：始建于清雍正九年（1731），初为绿营军城，位于天山北坡，西临河道（清末时已干涸），城南地势较高。城市外廓呈矩形，城周八里，高二丈，开有四个城门。② 城内东西走向和南北走向的街道将城区分隔为四个面积均等的矩形区域，城中建有鼓楼，衙门建在南街靠近城市中心的地方，两座兵营分别建在西南城郊和东南城区中心，东南隅有练兵场，西北隅有火药局，四街均有堆房。东西街道以北的大片空地围有篱笆，用以圈养牲畜。东西大街和北大街沿街两旁为居民住宅和商铺。

吐鲁番回城、汉城：吐鲁番位于开阔的平原地区。回城由城墙围成长方形，城周四里，高一丈六尺，开有东朝曦、西宜义、南殷阜、北利成四门。③ 街道自西城墙穿城到达东城墙，略向南倾斜，长约 1 千米，街道两旁密集分布着回族和维吾尔族人开的商铺。汉城在回城以东偏东南方向，与回城相距约 1.5 千米，城周约 2 千米，面积只有回城的一半，城内也只有东西走向的一条商业街，沿街零星分布有几家商铺及鸦片馆，兵营和衙署位于北城门口。

喀喇沙尔：位于水渠西岸的平原地带。城市为正方形，城周一里五分，开有东德绥、西抚徕两门。④ 城内西北角为衙署，城西南角、城南有向城外延伸的维吾尔族街市。城内房屋低矮，四周有树木环绕。城东的水渠引水入

---

① （清）袁大化、王树枏等：《新疆图志》（卷一，建置一），东方学会 1923 年版，第 5 页。
② （清）袁大化、王树枏等：《新疆图志》（卷一，建置一），东方学会 1923 年版，第 5 页。
③ （清）袁大化、王树枏等：《新疆图志》（卷一，建置一），东方学会 1923 年版，第 5 页。
④ （清）袁大化、王树枏等：《新疆图志》（卷一，建置一），东方学会 1923 年版，第 6 页。

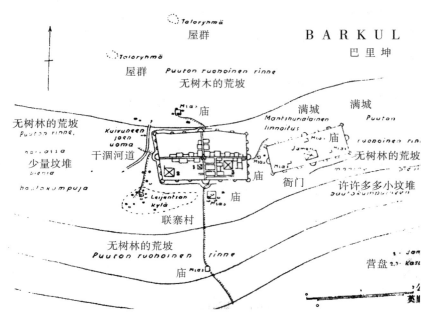

图 11　清末巴里坤城市形态

附注：资料来源于《马达汉西域考察日记》，第 317 页。

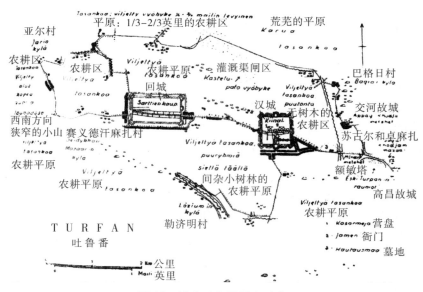

图 12　清末吐鲁番城市形态

附注：资料来源于《马达汉西域考察日记》，第 295 页。

城供居民饮用。

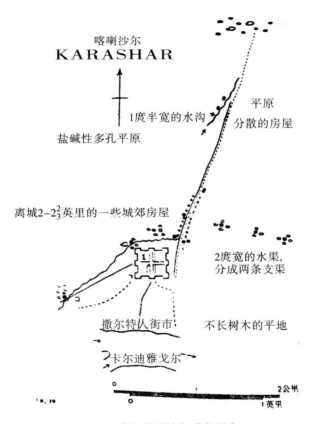

图 13　清末喀喇沙尔城市形态

附注：资料来源于《马达汉西域考察日记》，第 244 页。

2. 不规则形城池形态

哈密回城：回城始建于隋炀帝大业四年（608），清末时期的哈密回城为康熙五十六年（1717）重修的回王城，"周四里六分，高二丈六尺，东北各一门"[①]。回城外廓呈现不规则的多边形，城墙多已坍塌。回王府位于城内东北角，始建于 1706 年，此后经过历代回王的扩建，形成规模庞大的建筑群，同治战乱后，回城遭到破坏。1909 年，新回王沙木胡索特上台后，王府得以重修。回城内王公贵族的房屋雕梁画栋，占地广阔，普通百姓的民

---

① （清）袁大化、王树枏等：《新疆图志》（卷一，建置一），东方学会 1923 年版，第 5 页。

房却大多破旧低矮，居民区十分拥挤，由城墙延伸至城内的道路蜿蜒曲折，通常"都不知不觉地消失在屋群之中"①。城西建有艾提尕尔清真寺，四周都是集市广场。

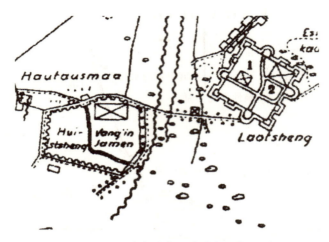

图 14　清末哈密回城城市形态

附注：资料来源于《马达汉西域考察日记》，第 327 页（哈密城市布局部分截图）。

根据文献描述，库车回城、叶尔羌旧回城等城城郭形状应为不规则形。库车回城"东南北三面形圆，西面形方，门三"②。叶尔羌旧城"西北各有门一，南门二，西域图志称有六门，土岗环其东南，城居山间，规模宏敞"③，虽未说明城市外廓形态，但"六门""南门二"已表明该城城郭应为不规则形。《新疆图志》载孚远、鄯善、阿克苏回城、沙雅、喀喇沙尔回城、恢武城等城"门三"④，估计这些城的外廓形态也为不规则形。

此外，新疆还有部分县城未建城郭，《新疆图志》明确说明若羌县、伽师县、皮山县、洛浦县四县县治所在"无城"；《新疆地名与建置沿革》称新平（后改称尉犁）县治喀喇洪"只有官廨而无城郭"⑤。这些城市的外廓形态很难界定。

---

①［芬兰］马达汉：《马达汉西域考察日记（1906—1908）》，王家骥译，中国民族摄影艺术出版社 2004 年版，第 327 页。
②（清）袁大化、王树枏等：《新疆图志》（卷一，建置一），东方学会 1923 年版，第 4 页。
③（清）袁大化、王树枏等：《新疆图志》（卷一，建置一），东方学会 1923 年版，第 7 页。
④（清）袁大化、王树枏等：《新疆图志》（卷一，建置一），东方学会 1923 年版，第 5—7 页。
⑤于维诚：《新疆地名与建制沿革》，新疆人民出版社 2005 年版，第 50 页。

3. 清末新疆城市外部轮廓形态特点

清末新疆城市的空间形态特点表现在以下几个方面：

其一，城市多选择建在山前河岸边的平原地带，城市由城墙围绕，呈现矩形或不规则多边形形态。影响城市外廓形态的因素一方面是地形地势因素。地势平坦且开阔地带的城市多为矩形。若可建城的区域狭窄，则城市多依地势而形成不规则形态。另一方面，城市不同的形成途径也影响了其外廓形状。回城大多由历史上形成的居民聚居点自然发展而成，先有居民而后修建城池的方式使回城呈现不规则形态；部分汉城、满城原为清政府从军事防御或民政管理的角度出发，择地而建的城池，往往先有城池后有居民，甚至有的城池仅驻军队和行政机构，没有居民居住，也无商业集市，城池呈现出规划而成的矩形。

其二，清末新疆城市面积规模较小。清代新疆城市发展处在起步阶段，且很多城市在修建之时只是供驻军、官员所用，城市功能单一，未形成对周边人口的吸引力，生活居住在城市的人口较少，至清末，城市人口、城市本身也没有明显的发展，因此清末时新疆城市的面积大多仍保持建成时的小规模状态（见表18）。

表18　清末新疆建省前后部分城市城周数据

地区	城市	建成时间	新疆建省前后城周数据		备注
			建省前	建省后	
乌鲁木齐	迪化城	1763年	四里五分	十一里五分	1886年迪化城与新满城合而为一
	新满城	1880年	—		
	巩宁城	1772年	九里三分	—	未记变化
昌吉	宁边城	1762年	三里五分	三里五分	1886、1892年两次重修，"城垣规模如旧"
绥来	绥宁城	1777年	四里	—	1884年合并为一城，城周不详
	康吉城	1777年	四里		
	靖远城		三里余		
阜康	阜康城	1763年	三里五分	—	未记变化
孚远	恺安城/孚远城	1772年	三里二分	七百六十七丈	恺安城于1894年重修，改名孚远城
	满城	不详	—	八百零三丈	

续表 18

地区	城市	建成时间	新疆建省前后城周数据		备注
			建省前	建省后	
奇台	靖宁城	1776 年	二里七分	—	未记变化
	孚远城（老满城/古城）	1775 年	四里	—	1895 年"展古城西南南墙与满城接"
	满城	1885 年	—	八百零三丈 一千四百五十八丈	
呼图壁	景化城	1764 年	三里五分	—	未记变化
吐鲁番	广安城	1779 年	四里	—	未记变化
鄯善	辟展	不详	三里	—	未记变化
哈密	汉城	1727 年	三里五分	—	未记变化
	回城	1717 年	四里六分	—	未记变化
	新城	1869 年	一里	—	未记变化
镇西	巴里坤城	1727 年	三里五分	—	未记变化
	会宁城	1772 年	六里三分	—	未记变化
乌苏	庆绥城	1763 年	三里一分	—	未记变化
伊犁	拱宸城	1777 年	三里七分	—	未记变化
	惠远新城	1882 年	五里	—	未记变化
	绥定城	1762 年	四里三分	—	未记变化
	宁远城	1762 年	四里七分	—	未记变化
	广仁城	1780 年	三里六分	—	未记变化
	瞻德城	1780 年	三里六分	—	未记变化
	熙春城	1780 年	二里二分	—	未记变化
塔城	绥靖旧城	不详	二里七分	—	未记变化
	绥靖新城	1888 年	—	三里	未记变化
精河	安阜城	1783 年	二里二分	—	未记变化
阿克苏	回城	不详	一百四十丈	九百五十九丈	1883 年重修
拜城	拜城旧城	不详	一里三分	—	清末两城合并
	赛里木城	不详	一里九分	—	

续表18

地区	城市	建成时间	新疆建省前后城周数据		备注
			建省前	建省后	
乌什	永宁城	1766年	二里六分	—	未记变化
库车	回城	不详	四里六分	—	未记变化
焉耆	喀喇沙尔回城	不详	一里五分	—	未记变化
喀什噶尔	旧回城	不详	三里	—	徕宁城在清中期废
	恢武城	1828年	八里六分	—	未记变化
疏附	回城	不详	缺	十二里七分	1898年重修拓展
英吉沙尔	英吉沙尔	不详	二里	三里	1888年"展筑城垣"
莎车	叶尔羌旧回城	不详	十一里	—	未记变化
	叶尔羌新回城	1898年	—	八百九十四丈四尺	未记变化
叶城	哈哈里克	不详	十一里九分	—	未记变化
巴楚	巴尔楚克	不详	三里二分	—	未记变化
和阗	额里齐	不详	三里有奇	—	未记变化

附注：资料来源于《新疆图志》卷一，建置一，第4—7页。

其三，城市内部道路较少，干道仅有1～2条，基本上是城门之间的市内通道。城内建筑稀少，主要建筑为行政衙署、营盘等，且营盘往往建有围墙，为城内相对独立的区域。城内几乎未形成规模较大的商业区，或零星建有商铺，或在集市日形成临时性的集市街。民居较少。所有建筑几乎都为低矮的土坯建筑。

最后，城市空间体现出清政府民族隔离政策的影响。满城、汉城、回城各有功能侧重，如满城主要驻扎八旗官兵，汉城为行政区和商业区，回城为居民区。部分城区内亦形成民族隔离居住的空间形态，如英吉沙尔城城中隔有一墙，中间设有栅门可通行，"墙之南回民居之，其北官民居之"[1]；和阗额里齐城"城内东南隅隔开一门，官兵居之，余三面回人居之"[2]。

---

[1] （清）袁大化、王树枏等：《新疆图志》（卷一，建置一），东方学会1923年版，第7页。
[2] （清）袁大化、王树枏等：《新疆图志》（卷一，建置一），东方学会1923年版，第7页。

二、建省以后城市空间形态的拓展

1. 城市拓展典型案例

古城：位于开阔平原地带，城市外廓呈现不规则五边形，城内西南角为正方形满营。1889年，奇台县治由靖远城迁至古城。1895年，奇台县城重新修缮，满汉二城连为一体，"城高二丈五尺，周长一千四百五十八丈，方圆达五千米。有垛口一千三百七十有三，还有炮台等设施。合而观之，满汉二城贯通一气；分而言之，满汉二城各有界限"①。城市中心建有钟楼，街道自城墙西门延伸至城内逐渐向东南倾斜，将城市分成南北两个部分，衙署靠近东南城墙中部，较大的营盘位于城南中部，东城门外建有一座小型营盘。城中其他重要建筑还有寺庙、会所、牌坊等。城区居民3004户，约15000人。居民区房屋密集，为汉、回、维各民族杂居形态。城内店铺众多，"吐鲁番的水果，肉铺子，布店，当铺，药房，杂货店，陶瓷店，小吃摊点及其味道难闻的食品，所有这一切构成了一条无穷无尽、杂乱无章的集市长街"②，店铺总数为600余家，其中还有十余家俄商店铺。河流流经城市东北角处，由水渠将河水引入市区。

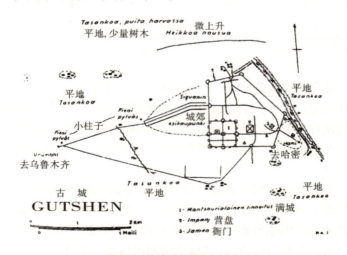

图15 清末古城城市形态

附注：资料来源于《马达汉西域考察日记》，第281页。

---

① 奇台县人民政府：《新疆维吾尔自治区奇台县地名图志》（内部资料）1986年版，第4页。
② ［芬兰］马达汉：《马达汉西域考察日记（1906—1908）》，王家骥译，中国民族摄影艺术出版社2004年版，第282页。

阿克苏城：民国二十九年（1940），阿克苏城形态出现较大变化，主要是城内东部区域驻扎新疆骑兵第二师第五骑兵团，占据整个阿克苏城区面积的一半。城内西部则驻有专员公署、县政府、警察局、监狱等。这样，军营和行政机关几乎占去了阿克苏城区近三分之二的面积。居民区被挤到西郊和北郊区域，民国时期这两块区域出现了维文会、师范学校、报社等组织机构建筑。城内商业建筑除北郊居民区的几家馕房、包子铺和小商贩之外，再无分布。城内最繁华地段为城区南部长约 200 米、东西走向的一条街道，但道路狭窄、路况较差。城市内部所有建筑中仅有 3 处砖房，其余建筑均为土坯房。

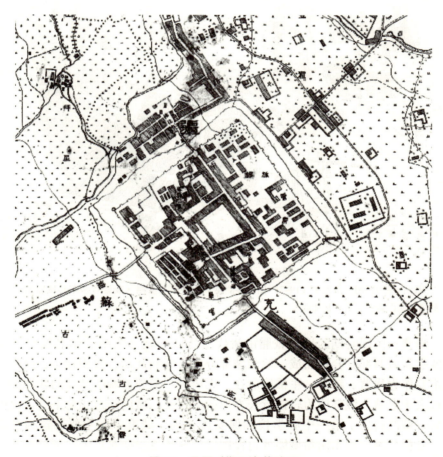

图 16　民国时期阿克苏城厢

附注：图为民国三十六年（1947）国防部测量局测量第八队测《新疆省阿克苏县城厢图》部分截图。测图者：鲁兴茂、全德俊、董发祥。

莎车： 民国时期的莎车城是将清代所建的叶尔羌回城与莎车新城合而为一形成的城市，原汉城部分主要作为行政机关和兵营所在，汉城东门与东南方的回城由街市连接，街市两旁新建了国民党党部和银行等建筑。城内道路曲折，纵横交错，将城区分成若干个形状不一的区域，由西向东依次分布有营房、公园、征收局、县政府、俱乐部、工会、商会、维文会等机构建筑。

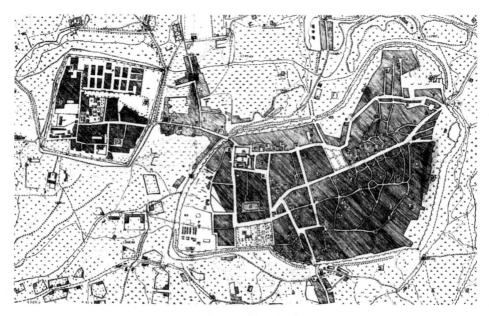

图 17　民国时期莎车城厢

附注：图为民国三十六年（1947）国防部测量局测量第八队测《新疆省莎车县城厢图》部分截图。测图者：王敬、岳绳武。

焉耆： 民国时期的焉耆城厢由清代所建协顺城（喀喇沙尔老城）与喀喇沙尔新城两部分合并而成。原老城部分位于城厢北部，面积较小，民国时期主要作为兵营、粮仓、军械库所在，无居民。紧邻老城南城墙的新城面积远远大于老城，城郭原为较接近长方形的多边形，城内街道相对平直。民国以后，城西新建了第一中心学校和保安体育场，城市中部主要建筑为县政府、专员公署。城东南角城墙外自民国以后开始逐步向东扩展，形成一条文化街，街道两边依次修建了医院、供给站、粮仓等建筑。

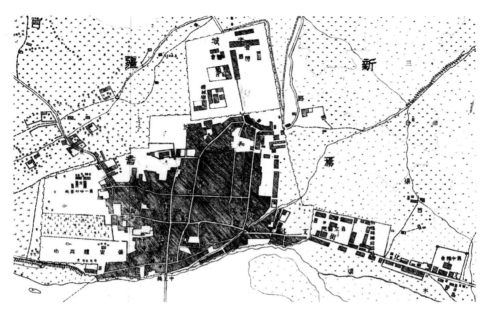

图 18　民国时期焉耆城厢

附注：图为民国三十六年（1947）国防部测量局测量第八队测《新疆焉耆县城厢图》部分截图。测图者：鲁兴茂、全德俊、董发祥。

2. 民国时期新疆城市内部空间拓展原因及方式

新疆建省以后，由于行政建置的调整、城市人口的增长及近代政治、经济、文化、教育、娱乐等各种机构、设施的建设需求，新疆部分城市的规模逐步扩大，主要有以下两个方面的原因：一方面，因军府制及民族隔离政策退出历史舞台，新疆由回城、满城、汉城构成的复式城市形态改变，早先相对独立的双城走向合并与融合。如迪化、古城满汉两城合并；莎车汉回两城原隔数里，建省后，两城之间街市逐渐发展，到民国时，原汉回二城之间的街道两旁建起了银行、国民党党部等建筑。另一方面，因近代城市自身发展的需求，政治、经济、文化、教育、娱乐等机构产生用地需要，城市市区向外延伸拓展，如焉耆市区向东南方向延伸，以建设医院、供应站等建筑。

近代新疆城市拓展大多未有前期规划设计，就城市扩展形态来说，一种是基于旧有城市形态，呈触角状向外延伸，如焉耆市区向东南角的显著延伸；另一种是依靠街市连接前期相对独立的复式城市，如莎车汉、回二城便以建设城市之间的街市而将两城合而为一。以上述两种方式形成的新城城市外廓往往都呈现出不规则的形态，城市各功能分区不能合理设置并实现功能配合，城市内部布局杂乱无章。

三、城市各实体要素的空间布局

1. 城墙及其防御设施

马达汉在20世纪初游历新疆时，曾称"城墙是一座真正的城市之外部标记"①。城墙是城市抗御外敌入侵的防御性建筑设施，墙体、女墙、雉堞、城楼、角楼、城门、瓮城及城墙外的护城河构成了中国古代城市城墙的主要结构。

新疆大多数城市建有城墙，但在19世纪后半期农民起义及阿古柏入侵期间受损严重，清军收复新疆后曾在善后工作中按轻重缓急择要对部分城市进行了修缮或重建，其余城市的修缮工作因各种原因被延后甚至忽略。因此，近代新疆各城的城墙便出现几种情况：① 形制完善，功能齐备；② 简易或遭到破坏；③ 未建城墙。

较完整的城墙形制结构：

伊犁惠远城城墙：1884年，惠远新城筹建。新城城墙总长6千米，墙高7米，墙基厚5米，墙身厚4米。城墙上可行驶8匹马拉的中型口径大炮。城墙四角建有两层古典楼阁式角楼，内设炮台。墙开四拱门。建有城楼。城墙外挖有宽50米、深10米的护城壕沟。②

迪化城城墙：城墙带雉堞胸墙，用未烧结土坯垒成。城墙上还建有城楼、角楼、门楼，城楼用未烧结的土砖建造，宽为2.5～3庹③、深1～1.5庹；角楼内设火炮；门楼使用烧结的砖块砌成，非常结实。城墙上的大门为镶嵌厚实铁框的木门。城墙外面没有防御区，壕沟已经塌陷。④

吐鲁番汉城城墙：马达汉称吐鲁番汉城的城墙是他在新疆所见到的维护得最好的城墙，当时汉城城防的年维修费有8000两。汉城城墙高3.5米，用未经烧结的土坯垒砌。城墙上端平面宽5庹，两边有1庹高的带垛口的胸墙。城墙西、南、东三个方向各建有向外突出的半圆形城门门楼；四角建有外凸的角楼，每个角楼开有4个射击孔；在角楼与城门门楼之间还有一些较

---

① ［芬兰］马达汉：《马达汉西域考察日记（1906—1908）》，王家骥译，中国民族摄影艺术出版社2004年版，第67页。

② 伊犁哈萨克自治州委员会文史资料委员会：《伊犁文史资料》（第7辑），伊犁日报出版社1994年版，第103页。

③ 庹，即成人两臂左右平伸时两手之间的距离，160～170厘米。

④ ［芬兰］马达汉：《马达汉西域考察日记（1906—1908）》，王家骥译，中国民族摄影艺术出版社2004年版，第259页。

小的、外凸的、带有射击孔的敌楼。城门的大门用硬木制作，外加铁皮加固。城门内的瓮城宽 19 米，砖砌而成。城墙外挖有宽 3 庹的护城河。①

英吉沙尔城墙：左宗棠收复新疆后利用该城旧的城防工事对城墙进行了修缮。城墙高 2.5 庹，还有一面与城墙等高的半圆形围墙将东、西、南 3 个方向的城门外部包围，城墙上间隔建有垛口，北面城墙中部及 4 个角楼建有外凸的敌楼，敌楼高度未超过城墙。城楼及东南方向的敌楼为砖砌，西北方向的敌楼胸墙及整个城墙和胸墙为土坯垒成。城门为木制铁皮、铁钉加固而成。城墙内建有瓮城，城墙外挖有宽 5 庹、深 3 庹的壕沟，壕沟外侧围有低矮的土墙。②

简易或受损的城墙形制结构：

近代新疆规模较小的城市或军事防御地位不高的城市的城墙一般形制简单，《马达汉西域考察日记》中所记的 20 世纪初南疆和阗、焉耆、托克逊等城城墙就属于此种状态。和阗城墙，以土坯垒砌，城墙上有垛口和射击孔，开有四面城门，城外建有护城壕沟，但城墙未建角楼、城楼、敌楼，缺少瓮城，整个城墙防御设施维护较差。喀喇沙尔（焉耆）城墙亦用未烧结的土坯垒成，建有角楼、城楼及四面城门，但西门已封闭，且只有一扇城门镶有铁框，未建壕沟、瓮城。托克逊土坯垒砌的城墙甚至已经几乎全部坍塌。

此外，新疆部分城市没有城墙，《新疆图志》载皮山、洛浦等县县治"无城"，即未建城郭，这些城市主要依靠商业街市吸引居民聚集。

新疆城市的城墙除发挥军事防御功能之外，还是城市管理的重要部分。清代时，城市是地方行政机构及军方驻地，仅允许少量平民居于城中，少数民族是不能随意进城并留居城内的，老百姓的集市只能在城墙外围开设，城墙（城门）成为隔离军政与民商、官员与百姓、满汉与回维的壁垒。近代以后，城墙在火枪、大炮的攻击下变得不堪一击。在战争结束冷兵器时代后，城墙的军事防御功能大大弱化。同时，清末逐渐废弃民族隔离政策，复式城市的隔离状态趋向合并，城内营盘的城墙也被推倒，各民族突破城墙的藩篱，进入城中谋生计、讨生活。民国以后，城市出现扩张趋势，市区开始突破城墙的界限向外膨胀延伸。可以说，近代新疆城市城墙的防御与管理的

---

① ［芬兰］马达汉：《马达汉西域考察日记（1906—1908）》，王家骥译，中国民族摄影艺术出版社 2004 年版，第 295 页。

② ［芬兰］马达汉：《马达汉西域考察日记（1906—1908）》，王家骥译，中国民族摄影艺术出版社 2004 年版，第 295 页。

实际功能已经减弱甚至消失,但城墙作为空间隔离的象征意义仍然鲜明:一方面,城墙的存在标志着城市所在;另一方面,各民族仍习惯于以城墙为隔居住生活。如迪化南关城墙的城门在 20 世纪 30 年代依然存在,虽然南门外的南郊区域已经发展繁荣起来,但因城门所隔,仍然是一片相对孤立的"南郊"地区,汉维民众依然以城墙为隔,分别聚集在城墙内外。直到 30 年代末,城墙南门被推平,这种城区地理、社会空间分隔的局面才得以结束。

2. 道路设施

新疆建省后,囿于财政困难等原因,城市道路基本沿袭前代状况,未有改善。在 20 世纪 30 年代之前,新疆城市的道路通行条件极差。瑞典探险家斯文赫定(Swen Hodin)记录了他在 1928 年乘坐租赁马车进入迪化城的情景,称当时苏联领事馆南边的街道甚至有可以溺死马匹的"无底泥塘"①。金树仁执政新疆后,针对民众私自在城市道路两旁建房搭棚,影响道路通行现象,下令进行整饬,规定"以后再有建房的,要报政府先行查验,留出用地",以便"改善地方市政"。②但至 1933 年时,迪化仍是"全城市政不举,警务久驰,故沟渠不通,污浊异常。加以冬令大雪盈尺厚,春暖遂成泥泞,将军署前,深没马腹。过时上巳,始能安步。及乎夏日,则又苦尘飞扑面,几难涉足"③。

盛世才主政新疆后,城市市区道路改造建设逐步得到政府重视。1934 年 1 月 1 日迪化市政府成立,修筑马路为实施市政的重要措施之一,"自南关至都署前门,马路已于本年'四一二'纪念日前修建完竣,该项工程系利用监犯、工兵、店员、合作,运用沙土石子、黏土等材料而成者,阔度一丈二尺,两侧置暗沟,路面为弧形,每隔二丈,置明沟,垫以石子,以为放水设备。该路长约五里,全路工程仅十五日完成,建设费计省票一千二百万两(合洋一万二千元)"④。20 世纪 40 年代,新疆部分城市在新县制建设中,对城市道路普遍进行了取直、拓宽工程,部分城市有了柏油马路。

总体来看,新疆城市道路状况在近代改观甚微,至 1949 年时,迪化

---

① 张大军:《新疆风暴七十年》(全十二册),台湾兰溪出版社 1980 年版,第 2686 页。
② 民国十八年 3 月新疆省政府通令各行政长、民政厅、省城公安局的代电。转引自新疆维吾尔自治区交通史志编纂委员会:《新疆公路交通史》(第一册),人民交通出版社 1992 年版,第 25 页。
③ 《新疆》,太平洋书店 1933 年版,第 137 页。
④ 徐弋吾:《新疆印象记》,西京和记印书馆印行 1934 年版,第 190 页。

"大街上尘土飞扬,污泥塞道,小巷里更是垃圾堆得高过房顶"①,省会城市尚且如此,其他城市道路状况可以想见。

新疆有一些城市为近水源或依水源而建,如乌鲁木齐河穿迪化城而过,库车河穿库车城而过,桥梁在这些城市必不可少。南疆城市库车,清光绪年间曾在城内赤哈河上修建了一座长30米的木桥。随着城际公路的建设和汽车的通行,1940年,县长林路基主持新建了单跨木衍架梁桥。这座桥梁不仅方便了库车城内居民的日常通行,也保证了迪喀公路的畅通。

由于道路情况不良,近代新疆城市公共交通极为不便。城内交通工具有马、驴等,不仅官员、富商出门骑马、坐轿,普通民众亦喜以马、驴等代步,适逢集市,街道上往往拥挤不堪。民国初年,城市出现轿车(由单套或双套马、骡挽拉,为铁轮车,车上装有篷帷),迪化城内除官府用车外,还有从事私营运输的轿车50余辆,成为当时市区的主要公共交通工具。20世纪30年代中后期,欧式的皮包车逐渐代替轿车,作为行政机关的交通工具。伊犁、迪化城内市民出行则乘坐"六根棍"(即由六根木棍组成车排的四轮马车)来往城区。1939年,迪化市开设两条公共交通运输线,一条从建新门(北门)至新疆学院,沿途设4站;另一条从东门至大西门,沿途设3站。道路由石子铺筑,交通工具为5辆苏制老式客车,由于车辆陈旧,汽油紧缺,仅行驶了一年便由"六根棍"代替。1946年10月,迪化建成市公共汽车站,公共交通线路有北门至三屯碑线、建国路至大西门线两条。1947年夏,开通天池游览专线。除市民出行的交通工具外,近代新疆城市还有货运交通工具,如粮车、炭车及水车在街道行驶。

3. 照明、取暖、用水、防洪及消防设施

照明:省城迪化长期延续着"报时听炮声,照明靠油灯"的城市生活。杨增新上台后,曾响应洋务运动,虽在新疆实业厅门外挂上了"新疆电灯公司"的牌子,却只是一面空牌而已。1920年,杨增新雇用两名俄国电工,利用清末炼油未成的闲置俄制小锅炉在督军衙门里发电供其私人享用。1927年,迪化开办藩正街"永丰电灯公司",新疆城市第一次真正有了电灯照明。1934年,天津杨柳青商人杨元富在迪化创办了德元电业公司,电业公司除发电满足盛世才督办公署的照明用电外,还给迪化大十字一带安装了路灯。1937年,迪化南梁建成官商合股的"新疆迪化新光电灯公司",为迪化市区供电,2/3的电费由迪化商户负担。1942年后,新光电灯公司日趋衰

---

① 中国人民政治协商会议乌鲁木齐市委员会文史资料研究委员会:《乌鲁木齐文史资料》(第9辑),新疆青年出版社1985年版,第136页。

落,至新疆解放前,迪化城市是虽有电灯却只能点油灯,虽有电话却无法接通的局面。

取暖:北疆城市居民用火盆取暖,做饭烧火则用连炕土炉,需煤量较大,迪化城附近八道湾、芦草沟、头屯河、硫磺沟、西山与南山一带,有丰富的煤矿矿藏,迪化、昌吉、阜康、呼图壁等地的民众,在上述地方开办私人煤窑和炭窑,开采煤炭以马车、牛车等拉运至各城,满足冬季取暖和生活需要。

用水:新疆自然条件复杂,各城用水设施多样,城市旧有用水设施有以下几种情形:其一,近河之城修水渠引水入城,如"迪化街道两旁都有渠道,引乌鲁木齐河水流入市区"①。城内建有水井,又以水车为市民拉运用水。水车为单套或双套铁轮马车,车架上装有盛水的大木桶,可容水20余担。每日迪化城内有30多辆水车将乌鲁木齐河水拉运至大街小巷。哈密"环城皆有大渠"②。莎车"有水坑导城南哈喇乌苏之水达于城北,是资饮用,今犹然也"③。喀什噶尔用毛驴车向城市运水,将河水灌装入水桶,每日运至城内沿街出售。其二,于城内修建蓄水设施,存雨水、雪水、地下水以供饮用,如疏附城地势较高的东北隅建有"耿公井",井水使用无适当管理,"男妇吸取饮水,争先恐后,新染旧服,环而聚浣,污浊垢秽,几难近观"④。英吉沙尔、和阗等城内建有蓄水池,但这些蓄水池保护措施简陋,水质较差。其三,修建地下储水设施,如吐鲁番、鄯善等地区的坎儿井。

近代新疆城市在建设发展中注意城市用水设施的修建。1933年,东北抗日义勇军进驻惠远城,鉴于惠远城人畜饮水存在困难,组织伊犁水利委员会,扩建湟渠,增加流量,并延伸至惠远城,解决了城内居民的饮水问题。20世纪40年代初,迪化市政建设也重视城市用水问题,在西门外泉水发源处修建饮水池,完善了用水设施的引水、储水和排水系统。值得一提的是,这一时期,迪化市政建设已经开始重视污水排放设施的建设,在城区东西大街两边修建了排水渠。

防洪:河流流经城市给城市带来了洪水隐患,因此,部分城市还修筑了堤坝等防洪设施,如库车城便在库车河两岸修筑由牲口税广场至体育场之间长达2100多公尺的堤坝。⑤

---

① 汪昭声:《到新疆去》,青年印刷所1944年版,第83页。
② 谢晓钟:《新疆游记》,甘肃人民出版社2002年版,第78页。
③ (清)袁大化、王树枏等:《新疆图志》(卷四,建置四),东方学会1923年版,第8页。
④ 谢晓钟:《新疆游记》,甘肃人民出版社2003年版,第194-195页。
⑤ 韩清涛:《今日新疆》,中央日报总社1943年(增订版),第42页。

消防：1884年新疆建省后，随着汉商陆续入疆，内地供奉火神的习俗传到边城，新疆城市各大汉族商号的柜房中都供奉有火神的赤面画像或文字牌位。后来，迪化的汉商集资在今南门人民剧场后院故址修建了一座具有相当规模的火神庙，定期酬神过会，汉商商店购置"太平水桶"以防引发火灾。哥老会王高升纵火后，迪化于1911年成立由迪化总商会举办的民间专业消防组织"清平水会"，即"水龙局"。1917年，"清平水会"正式开展城市消防，先后扑灭了几百起重大火灾，保护了市民的生命财产安全。① 宁远城内设有消防站塔。②

第二节 城市不同功能区的空间分布

一、行政区

在回、汉、满城分隔时期，新疆各府、厅、州、县的行政中心部分设在汉城，部分设于回城。前者如吐鲁番，哈密事变之前，行政权力操于汉人手中，军政机关及汉人均在汉城内；迪化新城建成后，行政区也在汉城区域。后者如喀什噶尔，行政机构设在回城，俄国与英国领事馆亦在回城。

清末时，新疆大多数城市规模小、人口少，驻城行政机构结构单一。惠远城"全城房屋，半为衙署"③；和阗县城内，衙门位于靠近城中心的东北角；喀喇沙尔城内，衙署位于西北角；乌苏县县署在城北门内东向，照磨署在县署南边，仓厫在照磨署南侧，游击署在城东北隅南向④。虽然清末新疆城市内部行政机构坐落位置不一，但一般而言，行政办事机构多在主要街道边。

民国以后，随着城市规模扩大，行政机构分类化、细致化，在未有城市规划的前提下，四散分布在城市内部的各个区域。如，辟展城内的行政部门分布状况为"县署在城东门隅，典史在县署之西……巡警局一在东大街，

---

① 中国人民政治协商会议乌鲁木齐市委员会文史资料研究委员会：《乌鲁木齐文史资料》（第4辑），新疆青年出版社1982年版，第16页；第6辑，1983年版，第74页。
② ［芬兰］马达汉：《马达汉西域考察日记（1906—1908）》，王家骥译，中国民族摄影艺术出版社2004年版，第177页。
③ 谢晓钟：《新疆游记》，甘肃人民出版社2002年版，第143页。
④ 邓缵先：《续修乌苏县志》，载甘肃省古籍文献整理编译中心编：《西北稀见方志文献》（第七卷），兰州古籍出版社1990年版，第395页。

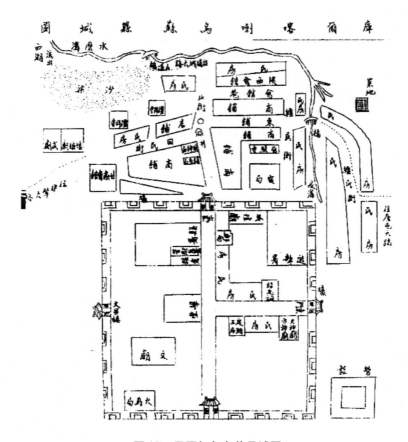

图19 民国初年乌苏县城图
附注：资料来源于《重修乌苏县志》。

一在附郭之东八栅"①。哈密汉城入西门左为哈密直隶通判署，入西门右为税务分局，电报局在厅署左侧，军装局在行台左侧。② 阿克苏汉城内县政府靠近城中心，在和平街西端附近；专员公署在城西偏北区域；公安局在城东偏南区域。③ 和阗汉城内在原县衙门位置建专员公署（城内东北区域），东

---

① 中国社会科学院中国边疆史地研究中心编：《新疆乡土志稿·鄯善县乡土志》，全国图书馆文献微缩复制中心1990年版，第252页。
② 中国社会科学院中国边疆史地研究中心编：《新疆乡土志稿·哈密直隶厅乡土志》，全国图书馆文献微缩复制中心1990年版，第269页。
③ 据民国三十六年（1947）《阿克苏县城厢图》绘制内容。

侧为国民党党部，西侧为县政府，皆临主要街道；警察局则在回城东南城边。① 莎车县专员公署位于汉城中心，国民党党部建在汉城与回城之间的街市边，县政府在回城南部。② 省城迪化的行政机构庞杂，主要分布在城北部区域，但位置的散乱状况也极为典型：以和平广场为中心，以南中正路与明德路交汇处为省政府，与省政府隔街西面东六道巷西端为督查署，水利局隔顺南街位于省政府东面，再向东为外交公署与宪兵队；和平广场以西为邮政局，以东为国民党省部、高等法院及专员公署；以北为西北行辕，西北行辕以东民权路东端为县政府。此外，城西北建新门附近有交通署，东北大东门附近有公路局。③

图20　20世纪40年代迪化城行政机构分布情况
附注：图为民国三十六年（1947）国防部测量局测量第八队测《新疆焉耆县城厢图》部分截图。测图者：吴翰镕、吴敬忠、王之贵、曾参鲁。

---

① 据民国三十六年（1947）《和阗县城厢图》绘制内容。
② 据民国三十六年（1947）《莎车县城厢图》绘制内容。
③ 据民国三十六年（1947）《迪化城地图》绘制内容。

就各行政机构建筑布局而言,《新疆乡土志稿·洛浦县乡土志》详细记述了县署行台及典史行台的结构：县署行台于"光绪三十年署县事陶甄就官店改修,坐北向南,大门一合进门甬道左右衙役书办门房通事住房共五间,阶檐左右库房班房各一间,上面大堂中做暖阁,进门二堂一间,西边客厅各一间,二堂后进格门天井两边公事签押房各一间,上面内室三间,由二堂通左边公房三间,二堂通右厨房马棚接连三间,左右后均有围墙";典史行台于"光绪二十九年设县就旧房改修,坐北向南,大门一合进门左右厢房各三间,上面大堂一间,左右住房各一间,厨房杂屋三间"①。

20世纪初游历新疆的马达汉对新疆汉人官府建筑有较形象的描述,他称新疆汉人官府建筑"都是一样的",以叶尔羌抚台官邸衙门为例,大门外有影壁（马达汉称其为"挡风墙"）,大门内是两进院落。前院对门为木结构的厅堂,是抚台审理案件"升堂"时的场所,厅堂三面墙壁及天花板有彩绘图案,壁柜放置抚台的官印。穿过厅堂是四方的后院,正后方是后院的主建筑,两侧有一些附属建筑物,院子两边的墙上各开一个圆形的门洞,或在边角上开方形门洞,通向其他院落。客厅（厢房）摆有红木高桌,桌子对面是靠墙的四方形床榻,床榻上面墙上的吊柜放置花瓶、镜子或座钟。床榻两边一边靠墙放置红木桌椅,另一边没桌椅,墙上挂有字画。阿克苏镇台的衙门院落层套,从衙门过道可深入五层院落。前院"进行欢迎仪式",第二个院落内有招待客厅,院内还搭建了戏台,第五道院落是镇台的内宅。此外,衙门内还设有靶场。英吉沙尔知府官邸为汉式,门外建有影壁,内部建有大片花园,花园有假山凉亭。②

马达汉也记录了叶尔羌维吾尔族伯克府邸的情况,其住所位于城区,房屋为木质结构,房前种有树木和绿色植被。招待客人的房间有维吾尔族传统建筑必有的屋顶天窗,又加开了朝向院落的窗户,但布满密密麻麻的木格子的窗户无法透进足够的光线。

二、工商业区

1. 手工业区

新疆手工业者大多居住在城外,城内的手工作坊皆与城市居民日常生活

---

① 中国社会科学院中国边疆史地研究中心编:《新疆乡土志稿·洛浦县乡土志》,全国图书馆文献微缩复制中心1990年版,第706页。

② ［芬兰］马达汉:《马达汉西域考察日记（1906—1908）》,王家骥译,中国民族摄影艺术出版社2004年版,第53页。

密切相关,其分布一方面依循城市自然条件资源,磨坊、印染厂及造纸作坊等多建在临河区域,如民初疏附城边河上"大桥二道,水磨林立"①;民国以后则注意将机器工厂建于贯通城市的河流下游城郊地带。另一方面,手工作坊往往按照行业分类,集中在城内某条街巷或街巷的某一段,在南疆传统的穆斯林城市中这一特征十分显著。北疆亦有城市手工业的集中分布特点,以迪化为例,水磨坊(磨面)集中分布在城内及城市周边水源沿线,从三屯碑到大西门的南关段、从大西门到西大桥的西河街段、石家园子段、水磨沟段四段为水磨业集中分布地段;城内一条狭窄的小巷"江南巷"内集中有9家笼箩店、8家木器店,前店后房,自设门市,独立经营,相互竞争;抗战爆发至新中国成立前夕,迪化饮马巷形成加工皮张的集中区域,有50多家手工制革作坊。

2. 工业区

近代新疆迪化、伊犁两城的工业有所起步,城内工业布局成为地方政府城市规划与管理必然要考虑的方面。抗战时期,毛泽民主持新疆财政厅工作,自1940年起,对乌鲁木齐河西一带进行全面勘察后成立迪化市政委员会,将和田街与碾子沟的石滩地区定为新区,将此区细致地规划出4个专区,即仓房沟至西大桥的住宅区,西大桥至明园的商业区,明园北至今医学院的文化区,今医学院北至铁路局的工业区。② 盛世才的岳父邱宗浚参与了工业区的设计。邱宗浚当时是新疆省政府政务委员会成员之一,也是迪化分区规划的负责人之一。他认为,"工业必须与天时地理相配合,因乌鲁木齐河之上游,适当天山低下之处。由吐鲁番吹来之东风,相当强烈,假使将工业区设在该处,则工厂之煤烟,必吹至迪化城,影响都市卫生。工业必需用大量之水,不能不选在河畔。若在上游,则工业用过之水,仍然放在河内,更是有碍卫生"。邱宗浚称,经过他的详加考察,在明园(明园即邱宗浚住所,位于乌鲁木齐河南岸,工业区东端。笔者注)之南建设工业区最为适宜,因为"该地既在乌鲁木齐河下游之旁,且有数小山点缀其间,对于将来之防空,亦大有益处。且地半系戈壁,栽种既不相宜,于农耕无害,而新疆戈壁,其一层碎石之下,即为好土,于建筑工厂绝无妨碍。将来引水开渠,围绕工厂之外,处处可栽种树木,可使工厂绿化"③。邱宗浚对迪化工

---

① 谢晓钟:《新疆游记》,甘肃人民出版社2002年版,第193页。
② 中国人民政治协商会议乌鲁木齐市委员会文史资料研究委员会编:《乌鲁木齐文史资料》(第12辑),新疆青年出版社1986年版,第112页。
③ 李烛尘:《西北历程》,甘肃人民出版社2003年版,第101页。

业区的设计既考虑了城市空间利用,也考虑了工业区对自然生态及民众生活的影响,是文献记录可见的关于近代新疆城市工业区设计的第一次科学规划。

南疆及东路城市近代工厂较少,仅零星分布,如疏附玉满巴依轧花厂位于疏附北门外;莎车织造夷绸厂位于回城内,火柴厂位于汉城西北郊。工厂的稀少使得在城市难以形成工业区。

3. 商业区

近代新疆城市商业区的分布未有定式,就位置来说,有的商业区在回城内,如疏勒府治所为疏勒县,商业"极微薄","英、俄夷商与新疆缠回及关内客回各巨商,则多住疏附县城,盖该城系通商码头"①,疏附城内商务繁盛之处即北大街、西大街、大寺前、布八栅诸处②。吐鲁番回城为"百货聚散之区",华商、俄商聚集③。有的在汉城内,如迪化汉城"缠商列市南郭","南郭之外则俄商所集"④。有的在汉城、回城皆有商业街市。各城商业区或在城关附近,或在城外,如绥定商业"均萃处本城城关,亦有俄商贸易于南关者"⑤;乌苏市镇在城北关⑥;巴楚县"商贾聚集于东门外八栅"⑦;哈密汉城内"无商贾铺面",新城"有行商无坐贾",回城"亦无商贾","贸易俱在城外"⑧,即城外西北隅镇番、得胜二街⑨;鄯善城东关外有八栅⑩;绥来商务在中城与东关⑪;等等。

新疆城市商业区分布的独特之处为:其一,一些商业街市成为连接回、汉城之间通道,如绥靖新旧二城(即汉、回二城)之间东西相距里许,两

---

① 中国社会科学院中国边疆史地研究中心:《新疆乡土志稿·疏勒府乡土志》,全国图书馆文献微缩复制中心1990年版,第601页。
② 谢晓钟:《新疆游记》,甘肃人民出版社2002年版,第196页。
③ 谢晓钟:《新疆游记》,甘肃人民出版社2002年版,第92页。
④ (清)袁大化、王树枏等:《新疆图志》(卷一,建置一),东方学会1923年版,第10页。
⑤ 中国社会科学院中国边疆史地研究中心:《新疆乡土志稿·绥定县乡土志》,全国图书馆文献微缩复制中心1990年版,第356页。
⑥ 中国社会科学院中国边疆史地研究中心:《新疆乡土志稿·库尔喀喇乌苏直隶厅乡土志》,全国图书馆文献微缩复制中心1990年版,第309页。
⑦ 中国社会科学院中国边疆史地研究中心:《新疆乡土志稿·巴楚州乡土志》,全国图书馆文献微缩复制中心1990年版,第637页。
⑧ 中国社会科学院中国边疆史地研究中心:《新疆乡土志稿·哈密直隶厅乡土志》,全国图书馆文献微缩复制中心1990年版,第268-269页。
⑨ 谢晓钟:《新疆游记》,甘肃人民出版社2002年版,第80页。
⑩ 谢晓钟:《新疆游记》,甘肃人民出版社2002年版,第86页。
⑪ 谢晓钟:《新疆游记》,甘肃人民出版社2002年版,第131页。

城之间便由"廛市相连"①;和阗直隶州治所新城外"东关市肆直接回城"②。其二,商业街市成为城市存在的标志,如轮台县"县治无城有市,缠语呼为巴扎"③。其三,一些城市没有商务,亦无商业区,如新平县"地瘠民贫,尚无商务"④。其四,缠商与汉商各有商业经营区域,如和阗汉城"商务只县前街一段可观,多汉商,东关及回城,则皆缠商与英俄藉商"⑤。

就商业区的特色来说,各城商业街市又有维吾尔族传统街市、汉族街市和外国贸易圈三大类型。

"巴扎"是维吾尔族在各城进行商业活动的传统集市,每个星期有一天为集市日,当日集市街的商店全部开门营业,"赶巴扎"的小贩沿街市两边摆临时摊点售卖杂物,集市上还有为商人、小贩们提供午饭的饭店,多为回族人所开。各城集市街的位置不同、规模不等,如阿克苏回城的集市街在汉城的北边和东边发展起来,其"规模不比原有的整个回城小",城北"集市的街道长达好几俄里"⑥;巴楚的城堡边上"逐渐建起了一条一俄里半长的维吾尔人商业街,在这条街的周围集中了一大批商人的房子和客店"⑦;莎车"列市长十里,值八栅,陈百货,男女蜂集,珍怪琦赂卷握之物,不可殚述"⑧;疏附城中商务最繁盛处为北大街、西大街、大寺前及布八栅⑨。由于巴扎一周只有一次,每逢巴扎日,叶尔羌、和田、喀什噶尔等城"无穷无尽、杂乱无章的……狭窄的、拥挤的、摆满货摊的集市街"⑩涌动着人群,而巴扎日外,南疆各城的街市便恢复冷清。

汉族商业街市的分布形态多样化,有的集中于城内某一区域,有的则散

---

① 中国社会科学院中国边疆史地研究中心:《新疆乡土志稿·塔城直隶厅乡土志》,全国图书馆文献微缩复制中心1990年版,第396页。

② 中国社会科学院中国边疆史地研究中心:《新疆乡土志稿·和阗直隶州乡土志》,全国图书馆文献微缩复制中心1990年版,第680页。

③ 中国社会科学院中国边疆史地研究中心:《新疆乡土志稿·轮台县乡土志》,全国图书馆文献微缩复制中心1990年版,第526页。

④ 中国社会科学院中国边疆史地研究中心:《新疆乡土志稿·新平县乡土志》,全国图书馆文献微缩复制中心1990年版,第511页。

⑤ 谢晓钟:《新疆游记》,甘肃人民出版社2002年版,第212页。

⑥ [芬兰]马达汉:《马达汉西域考察日记(1906—1908)》,王家骥译,中国民族摄影艺术出版社2004年版,第139、149页。

⑦ [芬兰]马达汉:《马达汉西域考察日记(1906—1908)》,王家骥译,中国民族摄影艺术出版社2004年版,第109页。

⑧ 谢晓钟:《新疆游记》,甘肃人民出版社2002年版,第212页。

⑨ 谢晓钟:《新疆游记》,甘肃人民出版社2002年版,第194页。

⑩ [芬兰]马达汉:《马达汉西域考察日记(1906—1908)》,王家骥译,中国民族摄影艺术出版社2004年版,第282页。

布于城内各处。前者如昌吉县"所有缠回汉商贸贸易悉聚城南关"①,有"合面街市一道,又东西街市各一道,右城关街市五道",分布有京货铺、当铺、杂货铺、洋货铺、粮店、油坊及手工作坊共计百余家②。后者如迪化城内"南关多缠商,南大街多晋商,藩后街多津商,东大街则众帮杂处"③,其中又以南大街最为繁华,"闻昔时固亦屋脊压顶,佝偻而入者,今则层楼大厦,接踵而起矣。地价遂什百倍于畴昔,且不易得"④;巴里坤城"城中起钟楼,四面穿行分为四大街,均有铺面站房"⑤;惠远新城商务在东大街、北大街及东关⑥。

伴随着近代新疆商业的繁荣,各城商业区亦在原有基础上有所扩展,甚至有全新商业街市或商业区的开辟。如伊犁在20世纪30年代时整修旧市场并在西沙河附近另辟新市场一处;抗战期间,迪化在北门拆迁乱坟岗后新辟北门市场等。

商业区一般是各城最繁华的地带,其建设发展往往也领先于城市其他功能区。20世纪40年代以前,迪化商业街上的店铺基本都是平房独铺,1942年8月,盛世才为了给将抵达迪化视察的宋美龄留下其治理有方的良好印象,下令将迪化大十字南北大街的店铺在平房的基础上加盖成为楼房,但各商家资金不足,难以及时完成盛世才的任务,便将商铺靠近街道的一面垒砌高墙,形似二层楼房,一时以假乱真。不过待各商家备足资金后,这些假二层楼便逐渐被修缮成为真正的二层商铺,成为当时迪化建筑中最时尚的楼房建筑。此外,迪化城内的新疆商业银行大楼及四层楼高的天山大厦也是近代新疆城市最有代表性的重要建筑之一。

三、居民区

由于新疆地域广袤、人口稀少,城市居民相对内地城市居民来说数量极少,再加上近代新疆很多城市是因军事和行政需求而建,城市军事职能和行政职能突出,商业、文化等功能并不完善,难以提供充足的就业机会和完善

---

① 中国社会科学院中国边疆史地研究中心:《新疆乡土志稿·昌吉县乡土志》,全国图书馆文献微缩复制中心1990年版,第87页。
② 中国社会科学院中国边疆史地研究中心:《新疆乡土志稿·昌吉县乡土志》,全国图书馆文献微缩复制中心1990年版,第111页。
③ 谢晓钟:《新疆游记》,甘肃人民出版社2002年版,第105页。
④ 《新疆》,太平洋书店1933年版,第137页。
⑤ 中国社会科学院中国边疆史地研究中心:《新疆乡土志稿·镇西厅乡土志》,全国图书馆文献微缩复制中心1990年版,第188页。
⑥ 谢晓钟:《新疆游记》,甘肃人民出版社2002年版,第143页。

的生活保障，入城居住的普通老百姓很少。即便是迪化这样的省会城市，城市居民中有近60%以上的人口居住在城郊，即今天南门外至二道桥和沙依巴克区至西大桥一带，包括手工业者、出卖劳力的贫民、煤矿雇工等；居住在城内的大部分是满汉权贵和商人、部分满汉手工业者及城垣菜农。其他城市如哈密"城内住户仅二三百家"①；奇台县"城内住户闻只二三十家"②，塔城"新旧两城规模均狭小，人民多居城外"③。甚至有部分城市内仅建有行政机构及官僚宅邸，老百姓并不居住在城内，如库车城中除了县府、专署，未建居民住宅区。当然，也有极少数城市居民人口相对数量较多，分布密集，如南疆哈密回城内除东北区域的回王城外，西北、西南、东南三个区域，房屋十分密集，民国初年时"居民四百余户"④；莎车"回城尤人烟稠密之区"，民国初年时"城中计三千三百余户，汉城及东关共四百八九十户"⑤。

就城市内部居民分布而言，有以下两种情况：一种为居民集中居住于城内某一处。另一种为居民分散于城内各处居住，如巴里坤城内以钟楼为中心，向四面有四条大街，其中除南街两旁为左右营兵房外，"东西北三大街均系民房"⑥；和阗城内维吾尔族居住在西北、西南、东南三个区域；巴里坤汉城居民住宅集中在东西大街和北大街沿街两旁。

此外，近代新疆城市居住情况还有两大特点：

其一，各民族居住的民族区隔形态逐渐向民族混居演变。由于清政府在新疆实施的军府制度及民族隔离政策，新疆形成许多"汉城""回城""满城"并立的城市分布状态，不同的民族分居在不同的城市中，不得随意流动。"满城""汉城"中只能居住满、汉官员、军士及其家眷，维吾尔等少数民族民众不得在满城、汉城中留宿。与此相应，"回城"为穆斯林民众集中生活、居住的区域，亦常常与"汉城"以墙相隔。新疆建省以后，随着民族隔离政策的取消和商业活动的繁荣，城市人口流动渐趋频繁，不仅有内地汉族不断入疆留居各城，外国商人及新疆本地各族居民皆可以较自由地在各城流动居住，新疆省内各城呈现多民族杂居的新景象，谢彬（谢晓钟）

---

① （清）温世霖：《昆仑旅行日记》，天津古籍出版社2005年版，第126页。
② （清）温世霖：《昆仑旅行日记》，天津古籍出版社2005年版，第143页。
③ 韩清涛：《今日新疆》，中央日报总社1943年（增订版），第116页。
④ 谢晓钟：《新疆游记》，甘肃人民出版社2002年版，第76页。
⑤ 谢晓钟：《新疆游记》，甘肃人民出版社2002年版，第214页。
⑥ 中国社会科学院中国边疆史地研究中心：《新疆乡土志稿·镇西厅乡土志》，全国图书馆文献微缩复制中心1990年版，第188页。

在民初入疆时，称"自哈密以来，习闻汉、回、缠三民杂居一语"，鄯善城内"人家栉比，汉回错居"①。然而，前期因民族隔离政策产生的城市内部各民族分隔居住的状况并未就此完全消失，如英吉沙尔直隶厅有旧城，"城中隔一墙，墙之南回民居之，其北官民居之"，光绪十四年（1888）修筑扩展城垣后，"纳郭外回民于城内"，但城中东西长十五丈一尺的隔墙仍然存在，仅"有栅门通之"。②

其二，城内居住区不断拓展扩大。自清末清军收复各城以来，内地入疆人口不断增多，相当一部分人口留居城市从商、从政或从事文化活动。人口的增加给部分城市带来了居住及城市管理压力。20世纪40年代，伴随着国民政府新县制的推行，一些城市展开了旧城区疏建与新城区拓建工作，在新城区规划新的居民住宅区。以省城迪化为例，盛世才主政新疆时，为在其"督办公署"门前开辟广场，政府出资在西公园后门一带修建了500余间住房，将广场占地范围内原有衣铺街和铜铺街的居民、铺户全部迁移，西公园后门以西成为迪化城内又一新居民区。1940年，毛泽民主持将迪化河西和阗街与碾子沟一带（今沙依巴克区）建设为新区，规划出住宅、商业、文化、工业4个分区，其中住宅区规划十分细致：住宅区具体范围为仓房沟至西大桥一段，划分出120个大地号，大地号南北长200米，东西宽120米，按《千字文》课本第一字起编号，如"天子一号""地字一号""元字一号""黄字一号"等地号名；每个大地号内又划分出48个小地号，按数码编号。政府允许机关职工与普通市民在新区选择自己喜欢的地方向政府提交购买地号申请，经批准后，市民可持许可证领到地契，自建房屋或者转让地号。新区住宅区大地号间有十字街道相隔，呈"井"字形，共有4条主道路、11条南北道路、16条东西小街，东西开辟钱塘江路和黑龙江路，南北开辟扬子江路和黄河路，道路宽为40～45米。③这些街道成为新疆解放后沙依巴克区主要街道的基础。

四、城郊的开拓经营

城郊一般为粮食、蔬菜供应区。早在清代时，哈密城郊便有蔬菜、瓜果园区，"附郭蔬园七十余处，皆直隶之河间、献县两处客民种植"④；迪化城

---

① 谢晓钟：《新疆游记》，甘肃人民出版社2002年版，第97、86页。
② （清）袁大化、王树枏等：《新疆图志》（卷一，建置一），东方学会1923年版，第7页。
③ 中国人民政治协商会议乌鲁木齐市委员会文史资料研究委员会：《乌鲁木齐文史资料》（第12辑），新疆青年出版社1986年版，第113页。
④ （清）温世霖：《昆仑旅行日记》，天津古籍出版社2005年版，第125页。

郊三道坝为产米之区，且为省城屯粮之所。1932年马世明占据其地夺粮时，曾引发迪化城内恐慌。新疆建省后，随着内地人口迁入及新疆省内人口的流动增多，迪化、伊犁等城城郊新辟了一些蔬果区，如新疆建省前后，一些津人陆续入疆，部分从事商业，部分从事蔬菜种植业，催生了迪化城郊园圃区的形成，当时东、西菜园子供应城内蔬菜需求。津人根据新疆的气候特点，冬天精心培育菜苗，开春之时移苗至田间，"春初之菜，无不应时入市"①，使城镇居民的物质生活得到了改善。伊犁宁远城的城郊地区也在新疆建省后因南疆迁来的打工者而得到开发，这些打工者亦在城市近郊开辟果园和菜地。

近代新疆一些城市的城郊还建有小型工厂。伊犁城郊，"有好煤数处"，城外约30千米处铁厂沟产煤铁矿，"伊犁城内车马往来，均拖载大块好煤"②；宁远城郊济尔嘎朗河河畔建有炼油厂、酒厂，这些工厂排放的污水使"城郊马路泥泞肮脏"③；迪化北郊、南郊也建有一些工厂，南郊工厂多建成较晚，位于乌鲁木齐河下游，对城市居民生活影响较小；南疆莎车汉城西北郊建有莎车火柴厂；疏附县北门外有维吾尔族商人玉满巴依创办的轧花厂；等等。

此外，部分城市城郊还散布有寺庙、公园等建筑。迪化西郊建有西公园（原名西塞公园）；宁远城郊道路边有山丘叫金顶寺，山丘下有叫古莱汗木巴格的公园，当地居民在这座公园过"托马夏"节。

集市、居民区在城郊的分布情况上文已有论及，此处不再赘述。

五、城中之城：领事圈与贸易圈

俄国最早在新疆设立领事馆在咸丰年间，俄国通过与清政府签订的不平等条约《中俄伊犁塔尔巴哈台通商章程》，取得在塔城、伊犁设立俄国领事馆的权利。俄国驻塔城领事馆于咸丰元年（1851）在塔城东门外设立，其后因塔城火烧贸易圈事件受波及而关闭。咸丰九年（1859），俄国重修驻塔城领事馆，该馆又在同治战乱中被烧毁。1883年，俄国于塔城东北角新建领事馆，领事馆面积广阔，清末时曾驻扎的武装卫队人数最高时达千人以上，领事馆还附设有邮政所、银行、学校等。1920年，俄国驻塔城领事馆

---

① （清）袁大化、王树枏等：《新疆图志》（卷二八，实业一），东方学会1923年版，第4页。
② 李烛尘：《西北历程》，甘肃人民出版社2003年版，第89页。
③ ［芬兰］马达汉：《马达汉西域考察日记（1906—1908）》，王家骥译，中国民族摄影艺术出版社2004年版，第177页。

关闭。1925年，苏联在俄国驻塔城领事馆原址上新开领事馆，占地面积1.77公顷，建筑面积1930平方米。俄国驻伊犁领事馆于咸丰元年（1851）在惠远城西门外设立。同治战乱期间，该领事馆关闭。1882年，清政府收回伊犁后，俄国又在伊犁宁远城北门外重新开设领事馆，该领事馆在1924年由苏联接收。1881年，俄国通过《伊犁改订条约》取得了除在伊犁、塔城外，于喀什噶尔、库伦、吐鲁番各城设立领事的权利，并规定俟商务兴旺后还可考虑在科布多、乌里雅苏台、哈密、迪化、古城五城添设领事。由此，新疆除伊犁、塔城外，其他部分城市开始出现外国领事圈。光绪七年（1881），俄国驻喀什噶尔领事馆设立于回城北关，此处为汉人居住区，位于喀什噶尔河河畔，占据了大片土地，房屋暂借当地民房，总领事科罗克洛夫的住宅是阿古柏占据喀什噶尔时的官邸，领馆内还有办公楼及"为总领馆官员、60人的哥萨克分遣队及其指挥官而建的房子"①，领馆内房屋都是简单的泥土平房。光绪九年（1883），俄商入塔城，清政府准于其在绥靖城外西北隅租地建立领事圈，"距汉城二百八十八丈，东界财神庙，西界龙王宫，南抵汉城壕边，北界刘猛将军祠"②。

俄国公墓附近为"秦尼巴克"花园，即英国领事馆。英国领事馆为四周建有围墙的院落建筑，最中央是英国领事及其家眷的住宅，外圈院落居住士兵、秘书及仆人。领事居所原借用当地民房，房子墙厚两英尺，由土块垒砌，墙面抹泥，墙内为白胶泥，仅开天窗。19世纪末，英国领事馆建筑逐渐开始"欧洲化"，如加开建筑物的窗户，以油纸（oiled paper）糊窗户，加装阳台（阳台在地震中垮塌）等。1906年，领事馆拆除原有平房，在旧址上修建了欧式风格的房子。

外国在新疆建立贸易圈始自1851年。根据《伊犁塔尔巴哈台通商条约》规定，俄国商人可在新疆伊犁博罗霍吉尔卡伦、塔尔巴哈台岛占卡伦的贸易亭进行贸易活动，并可在贸易亭居住。1860年《北京条约》允许俄商除在伊犁、塔城之外，可在喀什噶尔试行贸易，由中国政府拨给"可盖房屋建造堆房圣堂等地，以便俄罗斯国商人居住，并给予设立坟茔之地"。该条约确立了俄商在新疆城市永久居留的权利。此后，俄国相继在伊犁、塔城、喀什噶尔、迪化等城建贸易圈，所处位置基本都在各城的俄国领事馆附

---

① ［芬兰］马达汉：《马达汉西域考察日记（1906—1908）》，王家骥译，中国民族摄影艺术出版社2004年版，第60页。
② 中国社会科学院中国边疆史地研究中心：《新疆乡土志稿·塔城直隶厅乡土志》，全国图书馆文献微缩复制中心1990年版，第397页。

近一带，面积大小不等，在建成后多有扩展之势。塔城的俄国贸易圈为"一条狭长的地段，长约一俄里，宽约半俄里"①，因缺少规划，街道弯曲且房屋破旧凌乱。喀什噶尔俄国贸易圈位于俄国领馆围墙与汉城城墙之间，那里有"几座整齐的房子，其绿色的铁皮房顶表明是欧洲人的建筑（即华俄道胜银行支行。笔者注）"②，此外还有一些俄国洋行。迪化俄国贸易圈建于光绪二十一年（1898），界址北起二道桥至皇城，南至三屯碑，东达义冢，西至西河坝③，占地约240亩，1905年贸易圈面积扩展至300余亩。1917年俄国十月革命后，苏联政府废除了与我国的不平等条约，新疆各城的贸易圈逐渐衰落。

近代俄、英等国在新疆建立的领事馆及其随之形成的领事圈、贸易圈实质上是一种"国中之国""城中之城"，如清末民初时俄国领事馆名义上对领事圈、贸易圈内的俄侨实行"保护"，新疆地方政府对新疆的俄国人却无权管辖。俄国领事通过"治外法权"和"领事裁判权"来管理领事圈与贸易圈内的一切事务，俨然为在中国领土上的"独立王国"，新疆城市中的"独立之城"。

当然，客观上，近代外国领事圈及贸易圈的存在，也促进了新疆部分城市市容的改观。相较于新疆各城华人居住区的"污浊异常"，"省内所有俄国贸易租圈地方，咸多大厦接□（原文字迹不清。笔者注），马路宽平"④，伊犁宁远城的俄国领事馆"坐落在一个古老的大花园里，给人以一种幽美宜人的感觉"，侨民区的外观"较之中国人住的地区，要好得多"，是"整洁的欧洲式房屋"，街道"比中国人地区的街道要清洁得多"。⑤ 外国贸易圈内的建设与管理客观上树立了近代欧洲城市建设的榜样："曲水涓涓，树荫夹道，路途垣平，洋行林立，屋宇修洁，另有一番风致，踯躅道上，心神为怡。"⑥ 俄、英驻喀什领事馆的部分建筑保留至今，其建筑样式对近现代喀什城内建筑产生影响，如1939年后喀什修建的维文会俱乐部、1949年后修

---

① ［俄］尼·维·鲍戈亚夫连斯基：《长城外的中国西部地区》，新疆大学外语系俄语教研室译，商务印书馆1980年版，第252页。
② ［芬兰］马达汉：《马达汉西域考察日记（1906—1908）》，王家骥译，中国民族摄影艺术出版社2004年版，第35-36页。
③ 中国人民政治协商会议乌鲁木齐市委员会文史资料研究委员会：《乌鲁木齐文史资料》（第12辑），新疆青年出版社1986年版，第176页。
④ 吴绍璘：《新疆概观》，仁声印书局1933年版，第268页。
⑤ ［俄］尼·维·鲍戈亚夫连斯基：《长城外的中国西部地区》，新疆大学外语系俄语教研室译，商务印书馆1980年版，第251-252页。
⑥ 《新疆》，太平洋书店1933年版，第137页。

建的五一电影院、邮电大楼、新华书店等建筑，都带有早期喀什俄式建筑的特点。

第三节 近代新疆城市的形态演变
——以迪化城为例

一、迪化城空间形态的雏形

近代新疆城市形态发展变化最快、最具代表性的当属省会迪化城。清乾隆二十年（1755）在乌鲁木齐河右岸台地修筑了土城，城周长一里多，定名为乌鲁木齐。乾隆二十八年（1763）在土城北建迪化城，即汉城（见图21中B城），周长四里五分，城内有官衙、坛庙等建筑，乌鲁木齐同知驻迪化城。乾隆三十七年（1772）于乌鲁木齐河西岸筑巩宁城，即老满城（见图21中E城），城周九里三分。此时，隔河相距10里的迪化城与巩宁城形成"双城"并存的城市分布格局，巩宁城作为八旗驻军之地，汉城则主要作为商城。同治三年（1864），妥明领导库车起义军占领迪化城和巩宁城，两城遭到严重破坏。此外，妥明还为自己建造了一座"皇城"，该"皇城"在其后清军收复新疆时被毁。光绪六年（1880），鉴于满族人口在战乱中损失极大及军府制的废除，迪化城外东北角修建的新满城面积与巩宁城相比，减小了不少（见图21中C城）。

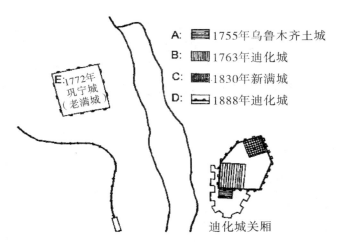

图21 乌鲁木齐土城、迪化城、巩宁城位置

附注：资料来源于《中国近现代城市的发展》，第334页。

可以说，迪化城在新疆建省之前的清代发展时段中，城池历经多次修建，后期修建城池基本上是在早期城池的基础上，或更准确地说，是依早期城池为基地，扩展而成的。如 1763 年迪化城紧邻乌鲁木齐土城而建，1880 年新满城又建在与迪化城几乎相邻的地带，形成几个彼此相近又相对独立的块状城池。这种发展模式为新疆建省以后城市合并发展、规模迅速扩大奠定了基础。1772 年老满城与 1880 年新满城的城池选址除受地形条件影响外，还受到清政府民族隔离政策对城池建设的影响。老满城与迪化城隔河相望、彼此独立，反映了清政府满汉隔离的政策原则。新满城与迪化城的接近则表现了晚清政府民族隔离政策的弱化。

二、建省后迪化城空间的扩展

1884 年新疆建省，迪化成为省会，城市进入迅速发展时期，在城市空间形态上，表现为满城与汉城的合并及城周的扩展。光绪十二年（1886），迪化城与新满城合而为一，连成周长为 11 里 5 分的大城，城门 7 处，除东、西、南、北四门外，增开新东、新西、新南三门，城西南外围有关厢（见图 22）。

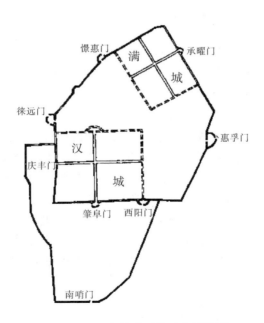

图 22　1886 年扩建后的迪化城简图

附注：资料来源于《中国近现代城市的发展》，第 335 页。

满汉两城合并后，满城区域已不再延续"军城"的功能，而转变为市民居住区，其他主要建筑有城中心的鼓楼、将军衙署等。

汉城区域为商业区及行政区，城内主要街道为南北走向，街道南、北两端并未通至两边城墙，东大街、南大街、南关等处为商业区，"汉、缠商店与俄商洋行，毗栉一串，崇楼华厦，极尽堂皇"①，其中又以南大街最为繁华，"街衢宽平""有京津风"②。马达汉记载当时汉城商业区除汇集了著名的"八大商行"外，还间有80家较小的商店、24家饭店。③ 城区由街道分隔出的几块形状大小不一的区域内分布有众多的官员官邸，每个官邸都建有大型花园。南北大街等主要街道两边建有沟渠，作为简易的城市下水道。城内还有供商民住宿的旅店及出租马车停靠车站。此外，汉城内还建有巡抚衙门、祠堂、寺庙、会馆、学校、印书院等，其后又逐步建立博达书院（1891建于迪化城北门附近）、俄文学馆、电报局等重要建筑。汉城出西门至西大桥，清末民初时为迪化商业精华所在，居民多为维吾尔族。

汉城西南方向以城墙为隔向南延伸出的区域为回族及维吾尔族市场，长400～500米，上有天棚。

回城以南建有俄国领事馆及俄国贸易圈。俄国领事馆于光绪二十一年（1895）由吐鲁番迁到迪化南梁，贸易圈同期在领事馆附近开辟，范围北起二道桥、南到三甬路、东到八户梁、西到河坝，面积约100公顷。贸易圈内设有俄国天行、吉利、茂升、德盛、吉祥等30余家洋行，1906年，华俄道胜银行乌鲁木齐分行于贸易圈内开办。俄贸易圈内一切事务由俄领事管理，实际上就是俄国在迪化城的租界。

领事馆向南，有轧棉厂及水磨坊。

由以上可知，新疆建省前后迪化城的空间发展特点，其一是满汉两城的合并，改变了清代民族隔离政策影响下形成的复式城市形态，两城合并后，迪化城面积规模增大，城市空间整合后使城市功能更加完善，形成近代迪化城城市发展的核心区域；其二，由于民族隔离政策的残余影响，合并后的满汉两个城区功能各有侧重，满城主要是居民区，汉城则为商业区和行政区，维吾尔族、回族等少数民族则主要分布在汉城城西及南城墙外西南部分；其三，城市南郊形成外国领事圈和商业圈，使南大街至外国商业圈一带成为近

---

① 汪永泽：《新疆风物》，文信书局1943年版，第53页。
② 《新疆》，太平洋书店1933年版，第137页。
③ ［芬兰］马达汉：《马达汉西域考察日记（1906—1908）》，王家骥译，中国民族摄影艺术出版社2004年版，第266页。

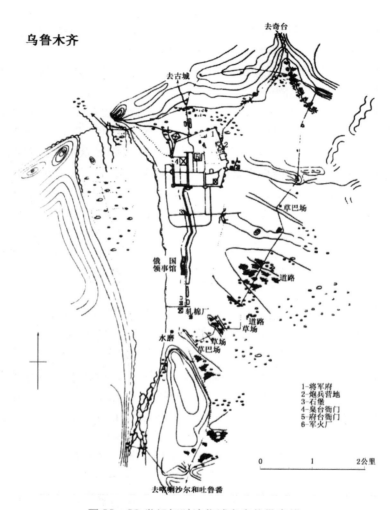

图 23　20 世纪初时迪化城市方位及布局

附注：资料来源于马达汉：《马达汉西域考察日记》，第 125 页。

代迪化城商业最为发达的地区，客观上，俄国对领事圈附近地区的经营为迪化城后期向南扩展奠定了基础。

三、民国以后迪化城市空间的变化

民国以后，迪化城作为省会城市逐渐发展成为全省政治、经济、文化中心，迪化城市的建设受到地方执政者的重视。

杨增新主新期间，迪化城的空间形态变化主要表现为城内一些重要建筑的修建及城市公共空间的开辟。民初修建的镇边楼，为当时迪化城内最好的建筑之一。1925年，邮务大厦落成，规模宏大，当时推为全城首屈一指的建筑。同年，东城根附近建成西式邮务长公署一处。迪化城西关外临河"鉴湖"扩建成为"鉴湖公园"（又称"西湖公园""同乐公园"）。

金树仁执政新疆时，迪化城内建设停滞，新建建筑仅有1930年建在文庙街的新疆省银行。不仅城市建设不足，现有建筑还一度遭到破坏。20世纪30年代马世明围城时，金树仁恐西大街维吾尔族民众响应马世明，危及城内安全，下令将西大街纵火焚烧，"于是此繁盛市场，遂成焦土矣"①。

盛世才主政新疆前期，与苏联及中国共产党建立良好关系，得到后者各方面的支持。在城市建设方面，苏方出资出力，帮助新疆建设工厂；中国共产党派毛泽民等党员入疆协助新疆建设工作，为迪化城市建设做了不少工作，特别是在1941年，在毛泽民等共产党人的参与下，设计出了第一份迪化城市规划图——《迪化市分区计划图》，这是近代新疆城市发展的一个里程碑。

综合而言，民国时期迪化城空间形态的变化主要有以下几个方面：

（1）城市空间形态得到较为科学的规划。盛世才主政时期，其岳父邱宗浚参与制定了当时闻名迪化的市区空间的设计方案，提出工业区设置与风向、水流的关系、绿化的重要性等主张。1941年，迪化市分区规划将迪化城市空间规划进一步科学化、规范化。1945年迪化正式设市后，市区划分为五个区并设区公所，在城市市政管理层面完善了对近代迪化城市空间的管理。

（2）城市开辟公共空间和公众休闲娱乐场所。杨增新时代修建的"鉴湖公园"，曾在民国时期多次举办群众游艺会、体育运动会、博览会等，亦是市民闲暇时休闲活动的重要场所。1937年，迪化城南门"肇阜门"被夷为平地，地方当局将此处开辟为文化广场，民众可在此观看街头戏剧、话剧、抗战漫画及抗战演讲。

（3）城市兴建一批大型的新式建筑。新疆学院红楼、督办公署东西大楼、南门以北的商业银行大楼（初设于西大街，1946年迁至南大街明德路）、邮务长公寓、建在迪化城外西北角的监狱等大型建筑皆在民国时期建成。

（4）城市向外拓展。俄国贸易圈一带在20世纪20年代初纳入迪化城市管辖区域，改名为"洋行街"，迪化城市空间进一步向南郊扩展。

---

① 冯有真：《新疆视察记》，世界书局1934年版，第160页。

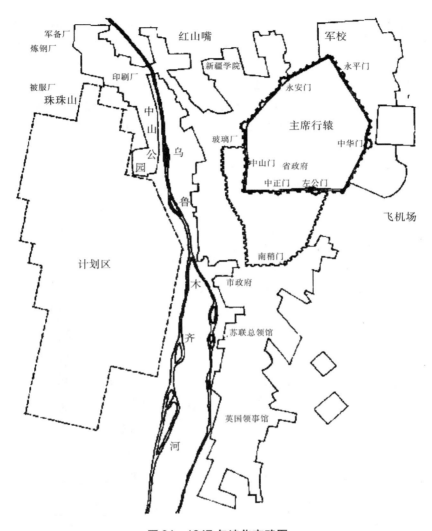

图 24　1947 年迪化市略图

附注：资料来源于《中国近现代城市的发展》，第 339 页。

（5）居民住宅区变迁。首先，城内营盘区域打破围墙界限，成为居民区。其次，迪化南关城墙被拆除，意味着迪化城地理空间、民族空间的隔离状态被打破，迪化城南及原南门以南的区域逐渐成为汉、维等民族杂居地区。第三，南疆维吾尔族及内地各省回族迁入迪化市区的人口不断增加，形成围绕吐鲁番寺、和阗寺、河州寺、兰州寺等清真寺居住的格局。第四，规划新住宅区，20 世纪 40 年代，迪化城西乌鲁木齐河沿岸一带规划出"新区"，住宅区便是当时划分的 4 个专区之一，原督办公署外的旧居民区居民迁至此处。第五，迪化设市后，城内居民区基本上集中分布于五区内各街道两边。

（6）城内商业区的变迁。20 世纪 30 年代，西大街被焚烧后商业萧条，南大街向南门外至"洋行街"成为商业最繁荣的地段。此外，迪化城内还开辟了新的商业市场。抗战期间，地方政府拓建北门通道，将北门（憬惠门）附近的乱坟岗迁走，建成北门新市场。

（7）城郊成为近代工业区。乌鲁木齐河上游西岸建设了印刷厂、炼钢厂等近代工厂，逐渐形成城郊工业区。

图 25　1941 年迪化市分区计划图

附注：资料来源于新疆维吾尔自治区第二测绘院绘制的《沧桑巨变看今朝——乌鲁木齐市城区历史变迁》地图部分截图。

小　结

　　新疆单体城市的城市外廓形态受制于自然地理条件和历史发展途径的不同，在清末建省前后表现为矩形和不规则形两种类型；城市面积规模较小，内部结构单一，设施简陋；空间布局受清代民族隔离政策的影响，呈现出双城并存和民族隔离居住的格局。建省以后，城市进入较稳定的发展阶段，城市空间开始逐步充实并有向外膨胀、延伸拓展的趋势。复式城市合而为一，城郊得到开发和利用，城市地理空间和社会空间整合为整体。城市内部功能结构多样化、完善化，各类机构建筑散布于城区各处，居民住宅区不断扩展。

　　近代新疆城市的第一份科学规划出现在省会迪化。迪化成为全疆发展速度最快、近代化标志最为鲜明的城市。

　　总体而言，从近代新疆单体城市形态来看，城市已经表现出整体上升的发展态势，表现为城市内部行政、商业、文化等机构设置齐备，城市居民增加，城市突破城墙的束缚，开始出现合并、扩张的发展形态。

下编 时空之间·城市

第五章　因商而兴的城市近代化

第一节　城市近代工业举步维艰

一、城市传统手工业发展情况

1. 手工业发展概况

新疆建省时，北路驻军的日用所需几乎都由内地贩运而来，因而"商多工少"，本地尚未出现近代机器工业，仅有手工业生产。相较而言，南路的手工业门类较多，如南路各县的棉纺织业，库车的金属冶铸业及制皂业，和阗的造纸业，阿克苏、喀什的皮革业，喀什、乌什的毛织业等，都很出名，市场所见服饰、棉布、毛毡、铜铁器等日用器物多为当地手工业者所制，部分手工产品还销往内地市场，棉纺织品、皮革制品及毡毯等手工产品远销俄、印等国。

此时新疆的手工业者并未居住在市肆之中，而是散布于城市周边及乡村，大多采用家庭作坊式的生产方式，生产设备简陋，生产技术落后，产品质量不高。以南疆纺织业为例，库罗帕特金形象地描述道："我们参观过的作坊都是一些矮小的房子，这些作坊更像是小贮藏室，每个作坊只有一间屋子。每个作坊里有两台织布机，偶尔有三台的，可是有时却只有一台原始的织布机。每台织布机上有一个人在操作。他们用本地的棉花织成此等的窄面土布。"① 按照传统习惯，每个织布工人一周工作 5 天，可以生产 20 匹布。每逢巴扎，手工业者将织成的布"肩挑背负，行呼于市"，织布者在集市上

---

① [俄] A. H. 库罗帕特金：《喀什噶尔（它的历史、地理概况，军事力量，以及工业和贸易)》，中国社会科学院近代史研究所翻译室译，商务印书馆1982年版，第73-74页。

又将角色转换为小贩。与此相似，还有其他各个门类的手工行业。集市上"鬻货如林，各以类聚"，"犹中古时代之工业情形也"。①

新疆与英俄通商后，英俄日用产品开始逐渐充斥各城市场，由于机器生产量大质优价廉，且英俄商人又根据新疆民众喜好设计生产，民众竞相购用，严重冲击了新疆本省的手工业生产，大批手工业者破产，此后，全疆手工业发展艰难。

20世纪40年代时，南疆手工业发达之区首推和阗，其次为喀什，再次为阿克苏、焉耆、吐鲁番、鄯善等城。和阗主要手工业门类有棉纺织、丝织、制毯、皮革、造纸等。"目前和阗区之织布木机，无论城市或乡村，以及贫富家庭，到处可见"，"手工纺织之技术，尤为全区人民之普遍常识"，时大布产量320万疋，较30年代增加5倍多，主要供给南疆城乡民众需用；丝织品7万余匹；毛织毯和丝织毯月产量上万件，较之30年代增加3倍多，行销新疆省内、内地及印度、苏联；皮箱年产量在万只左右；手工桑皮纸月产量在1.5万盒以上，全省公文印刷以和阗纸为大宗。喀什的手工业产品虽然数量逊于和阗，但由于喀什地处边境，便于吸收境外先进技术，其棉纺织、丝织、织毯、制革等手工业门类"有若干地方较和阗为进步"，如制革业除能制作一般皮箱外，还能制作更为精致的公文皮包及旅行用的轻便皮匣，包匣内还设计有玻璃镜及夹纸插笔之处，"无异于入口商品"；纺织品方面，色彩、花样相较其他地区的产品更为丰富，幅面更宽；木器制作工艺精巧，"堪为南疆之冠"；"铜器、铁器、陶器以及熟皮业、肥皂和手工制成之各种丝织小帽、皮靴鞋等手工成品，其种类之齐备，为南疆其他区所不及"②。此外，南疆其他各城还有制革、造纸、五金、榨油等小型手工业，40年代有所发展。

北疆手工业最发达之区首推伊犁，其次为迪化、塔城、阿山、哈密等城。伊犁手工业产品的品质为全疆之冠，在供给全省需求方面占相当大的比例。主要手工业门类有丝织、啤酒业、手工烟草、皮革业等，其手工业门类之齐全为全省第一，且生产技术先进，产品品质优良，缫丝方法与丝织品品质领先于全疆；啤酒"品质无异国外所制"；皮靴、皮鞋为本省手工业"最上品"，"各界人士均争相购买"，年产量达十余万双；等等。此外，伊犁手工业在民国时已开始"向机械化生产之途上迈进，其前途正未可量也"③。

---

① 曾问吾：《中国经营西域史》，商务印书馆1936年版，第669页。
② 许崇灏：《新疆志略》，正中书局1944年版，第106－108页。
③ 许崇灏：《新疆志略》，正中书局1944年版，第110页。

迪化旧有手工业门类有冶铸、酿酒、木版印刷、造纸等，民国后出现肥皂业、制革业、熟皮加工等新门类，进步较快。

2. 手工业发展对城乡发展的影响

近代新疆大部分城市手工业生产比较单一，且生产量少，城市居民的日用物品主要依靠购买内地及俄、英进口商品，一些传统、基本的生活物品由省内各地手工业生产补给。迪化城内手工作坊遍布。南门外的糖坊、粉坊（淀粉、粉条），西门外的豆腐坊，乌鲁木齐河和水磨沟河一带的水磨坊等，就地生产销售，就近供应市区居民需用。分布在城市周边的手工作坊服务于各城市民。如迪化西山窑生产花盆以应市区居民养花风气兴盛时之需，生产砂锅、炒勺、药罐等供市民日常生活所需。还有一些手工作坊产品遍销新疆各城，如迪化赴西山煤矿路途中有小街子镇建有"家什窑"，专门烧制城乡居民日用盆、罐、缸、碗等器物，产品行销迪化、昌吉、呼图壁、阜康等城市及周边；如南疆和阗等地生产的回布、库车的"胰子"（肥皂）等，为全疆各城市民提供日常需用。

此外，新疆本土手工业产品还有部分出口，这对增加手工业者收入有所助益。"一战"期间，俄国各种纺织品暂时停止输入新疆，莎车、和阗、喀什、阿克苏、库车、吐鲁番等地的棉纺织手工业者所织"尺子布""竟能输往俄境及安集延"[①]。其他长期出口俄国的手工业品还有洛浦、和阗、于阗、皮山等地的毛织物，和阗、疏勒、莎车等地的丝织物等。手工业产品的出口，增加了城乡手工业者的收入，客观上增强了城乡人口的购买能力，在一定程度上又可进一步推动手工业及城乡商业的发展。

二、城市近代工业的萌芽

1. 清末民初时期的城市工业

清末，沙俄迫使乌鲁木齐、伊犁、喀什等城辟为商埠，并在各城内划定"贸易圈"，通过俄商洋行倾销俄货，使新疆原有的城市手工业日趋衰亡。1884年新疆建省后，采取奖励生产、振兴实业的措施，试图发展新疆工业，迪化、伊犁两城近代工业开始萌芽。

1885年，迪化设宝新局（1903年改为宝新公司）开办石油、石蜡、肥皂等近代新式工厂。1886年迪化水磨沟开办机械厂。1895年迪化顺南街开办石油炼油厂。1897年，迪化南梁建立机器局（后迁至迪化东北水磨沟），

---

① 许崇灏：《新疆志略》，正中书局1944年版，第102页。

政府出资由上海购进德产机器,以水力为动力生产子弹、修配枪支、鼓铸银元,几年后因经营不善、机器磨损而逐渐衰落。

1909年,伊犁制革厂成立,原为官商合办,后官股撤资,由维吾尔族大商人玉山巴依经营,经营资本约30万两。该厂机器以一万只羊的价格由德国购进,由德国技师亲自调适安装,工厂采用电力生产,"规模之大,在内地罕见"①,"所出皮件,与俄制无异"②。"一战"爆发后德俄交恶,德国技师和俄国技师相继撤离,工厂曾停顿一段时间,恢复开工后,大宗机器闲置,生产情况不如之前。

2. 杨增新、金树仁统治时期的城市工业

据民国二年(1913)统计,全疆"不用原动力工厂共二十八所,共男工三百五十一人,女工五七人,合计四零八人"。这些工厂规模大多很小,其中工人人数为30～70人的工厂有27家,仅有一家工厂工人人数在500人左右。从工厂种类来看,多为初级原料加工工业,计棉纺织工厂17所,工人182人;成衣工厂7所,工人177人;皮革加工工厂4所,工人49人。从工厂开设时间来看,除1所工厂开设于光绪二十九年(1903)以前外,其余工厂集中开设于光绪三十一年至民国二年(1905—1913)之间,计光绪三十一年(1905)1所、三十二年(1906)4所、三十四年(1908)2所,宣统元年(1909)4所、二年(1910)4所、三年(1911)3所,民国元年(1912)4所、二年(1903)1所。③

杨增新执政新疆后,注意发展省内各城工业。由于迪化、伊犁在清末时工业发展已有一定基础,因此,民国以后新疆城市工业的发展情况以迪化、伊犁发展最为显著。

迪化为省会城市,工业发展所需的政策支持及资金、技术、人员条件相对其他城市更容易获得。杨增新任新省省长时,集官商股份各半,筹建阜民纺织公司。1925年,由天津订购美产纺纱机1部、织布机30部,一半由甘肃运新,一半经西伯利亚铁路运新。1926年,于迪化西大桥畔建筑工厂,1928年开工,月产"十丈长棉布约二千疋,销路尚畅"④,基本能够维持营运。此外,新疆实业厅还在迪化城相继设立皮厂(南门外)、工艺厂(城内)、电灯厂(城内)等,均未有可称道之建树。几年后或因战乱,或因自

---

① 李烛尘《西北历程》,甘肃人民出版社2003年版,第91页。
② 许崇灏:《新疆志略》,正中书局1944年版,第105页。
③ 张大军:《新疆风暴七十年》(全十二册),台湾兰溪出版社1980年版,第2206页。
④ 曾问吾:《中国经营西域史》,商务印书馆1936年版,第671页。

身经营不善而停办。

伊犁与俄国相邻，工业基础相较于新疆其他各城较好，其工业门类有皮革业、丝织业、毡靴制造业、铁器制造业等。总体而言，伊犁工业门类齐备、产品品质优良，在全疆可居首位。

除迪化、伊犁外，新疆其他部分城市工业在近代也有所起色。民国初年，南疆莎车回城有缠商麦富苏提织造夷绸公司，"每岁产货颇多，近销南疆，远贾俄国"；汉城西北郊有维吾尔人集股投资创办的莎车火柴公司，资本5万两，有小型机器2部，雇有德国技师1人，每日生产火柴10箱，获利颇丰。① 疏附县北门外有维吾尔族商人玉满巴依创办的轧花厂，厂内机器4部，雇有俄国技师，4部机器皆为水力，每部机器日轧花1.2万斤。② 乌苏城东南的南山和独山子为新疆最重要的产油区。20世纪初，新疆由苏联购进机器于迪化设厂提取石油，由于缺乏专家，至民国初年省府派人专门向陕西延长石油学习提取技术后才得以顺利生产。据《中国经济年鉴》载，1931年乌苏石油公司年产额为5万斤。吐鲁番地区有12个轧花厂，机器由苏联进口，但产量极少，一年中的大部分时间工厂都处于停工状态。③

3. 盛世才统治时期的城市工业

盛世才取得新疆统治权力后，拉出"亲苏联共"的旗帜，客观上保持了新疆的政治稳定，为工业的发展创造了有利条件。1937年"七七事变"后，100名中国共产党党员被派往新疆，帮助新疆进行经济建设，发展工商业。与此同时，苏联与新疆省政府签订借款协议，由苏方向新疆提供战时经济援助，包括军需用品、农业机械及日用品的援助，并向新疆派出工农业技术人员及经济专家。1937—1942年，盛世才在苏联和中国共产党的帮助下，于新疆开展了两期三年计划，推动了新疆工业的发展。

伴随着盛世才第一、第二期五年计划的实施，新疆工业发展取得了进步。工业机械及动力方面，有镟床、刨床、磨床、绞丝床、碾片机、氧气焊、电焊等机器各数架至数十架不等，各种机器马力总数达到2257匹，主要分布于喀什、乌苏、塔城、伊犁、迪化等城④；21部交流发电机及8部直流发电机，发电量为1725启罗瓦特，用于城市照明及工业需用；每日生产

---

① 谢晓钟：《新疆游记》，甘肃人民出版社2002年版，第212页。
② 谢晓钟：《新疆游记》，甘肃人民出版社2002年版，第197页。
③ ［芬兰］马达汉：《马达汉西域考察日记（1906—1908）》，王家骥译，中国民族摄影艺术出版社2004年版，第297页。
④ 许崇灏：《新疆志略》，正中书局1944年版，第295－296页。

原油110吨，供给全疆需用。

迪化印刷厂引进苏联新式石印机，由苏联技师担任管理者，有男工200余人、女工70余人，"室内之温度及温度之调整，均用机器自动管理之"；造皂厂设备齐全，所用机械，动力用电，蒸煮加热用锅炉，"内地尚少如此完整之规模"，每日能制皂2000条；皮革厂全用手工，有俄人从事工作，每日能制牛皮500张，羊皮200张，出品全供军用①；机器面粉厂日产面粉5000斤。此外，迪化还有兵工厂、汽车修理厂、制袜厂等，商会所办之纺纱厂仅具雏形，半吨小型炼铁炉尚未试验成功，其他工业则未有发展。

伊犁城内有制革厂、面粉厂、电力厂及火柴厂等，早期系民营，后因经营不善等原因转为官办。制革厂创始于民初，建于伊宁市西北角，距离市中心五六千米，"一战"期间因德国和俄国技师相继撤离，该厂曾停顿一段时间，20世纪30年代制革厂部分开工，但大宗机器闲置，日产各种皮件2750张；面粉厂规模较大，使用苏联制造的新式机器，产品大部分运销迪化；火柴厂的建设"均由某回族人照书上之图案抄袭而成，且顺利开动，可见回族人相当之聪明"②。

南疆城市工业主要为棉纺织业，1939年新疆裕新土产公司在和阗筹建缫丝织绸厂18处，缫丝工人7200余人③。40年代时生丝生产由和阗区扩展至喀什、阿克苏、库尔勒、吐鲁番、伊犁等地，1942年产量达310吨，较10年前增加5倍。

此外，全疆还有3处机器锯木工厂、1处机器清花工厂、4处机器榨油厂、7处肥皂制造厂、3处酒精制造厂、3处麦酒果酒制造厂、4处针织厂、1处火柴厂、1处瓷器厂。④

20世纪40年代，新疆还创办了女子实业公司，该公司的发起得益于蒋介石夫人宋美龄的倡议。1942年时，宋美龄访问新疆，得知新疆有盛世才夫人兴办的女子实业学校，同时"以前纱布均仰给英、苏输入，自战争发生后，来源断绝，衣的问题，相当恐慌"⑤，于是建议新疆办女子实业。后在拟定新疆工业三年计划时，新疆省政府便要求与新省女子实业公司合办纺纱厂。

---

① 李烛尘：《西北历程》，甘肃人民出版社2003年版，第70页。
② 李烛尘：《西北历程》，甘肃人民出版社2003年版，第91页。
③ 周泓：《盛世才及国民党统治时期新疆对苏联的贸易关系》，载《西南民族大学学报》（人文社科版）2004年第12期，第253-259页。
④ 许崇灏：《新疆志略》，正中书局1944年版，第297页。
⑤ 李烛尘：《西北历程》，甘肃人民出版社2003年版，第99页。

这一时期，新疆工业发展仍以迪化、伊犁两城为中心，建有新光电灯公司、印刷厂、肥皂厂、汽车修理厂等小型工厂，民用轻工业和重工业未有发展。钢铁、机械、石油、汽车、农机乃至日用百货皆由苏联输入。

1943年国民党入新后，曾在各城兴建冶金厂、硫酸厂、陶瓷厂、玻璃厂、火柴厂等，但由于机械设备不配套、技术力量薄弱等问题，又加上政局不稳，全疆社会经济面临崩溃，这些厂矿难以保持正常的生产运转。

三、新疆城市近代工业发展特点及工业对城市发展的影响

1. 新疆城市近代工业的发展特点

其一，各城工业分布不合理、发展不平衡。新疆近代工业发展较好的地区集中在迪化、伊犁、塔城等北疆城镇，南疆地区的工业仅纺织业尚可。究其原因，迪化在新疆建省后被确立为省治，城市建设得到政府重视，逐渐具备经济、文化等诸方面的中心发展地位，成为各方资本优先投资、创办近代工业的理想场所。伊犁、塔城为新疆较早开埠通商的城市，接近中俄边境，不仅可从俄国直接购进工业生产机器，还能借道俄国由德国或辗转由中国国内京沪地区购入生产设备，开展生产。同时，迪化、伊犁、塔城三城的商品经济相对于新疆其他城市来说较为发达，华商的商业资本相对雄厚，具有转化为工业资本的能力。而同一时期的新疆南部地区交通十分不便，极大地限制了南疆城市经济的发展。该地区的维吾尔族商人多经营小本生意，资本雄厚的商人不多，只有几家棉纺织机器工厂。

其二，城市工业规模小、发展速度慢。新疆各城的近代工业经历了官商合办—商人独资的发展历程。新疆建省后，各省协饷逐渐减少以致最终断绝，向来依赖协饷的新疆陷入财政枯竭的境地，经过战争破坏，各城百废待兴，政府能够投入工业发展的资本极为有限。民国以后，新疆商人独资工厂增多，如北疆的皮革工厂、电灯公司，南疆的棉纺织工厂等，但是由于近代新疆资本雄厚的华商不多，且解决工厂建设需要厂房设计建设、设备购买安装及维护、工人的培训管理、产品的销售等一系列复杂环节，并非易事，又加近代新疆地方政府政策朝令夕改，很多商人不愿意将资金投入工业领域。因此，近代新疆城市工业发展始终处于低水平、慢速度、小规模的发展状态中。

2. 近代工业发展对城市发展的影响

近代工业的发展，催生了城市工业区的出现，作为城市新功能区，改变了城市格局。见第四章"单体城市形态与内部功能分区"第二节"城市不

同功能区的空间分布"有关城市工商业区空间分布的相关论述。

工业发展形成新的城镇基础。近代新疆工业的发展还催生了一些新的人口聚落，如独山子"从前是一个光山"，油矿开采后，此处"高楼连接不断的造成了一个繁华的现代的街市"①，以这个石油工人工作生活区为基础，20世纪50年代以后逐渐形成为独山子城镇。

近代城市工业奠定了现代工业发展的基础。虽然新疆城市近代工业发展滞后，但毕竟有所起步，为新中国成立后新疆城市现代工业的发展奠定了基础，如20世纪40年代建立的硫酸厂、陶瓷厂、玻璃厂、火柴厂等在50年代后逐步改造发展成为机械化工厂。

第二节 因商而兴的近代城市发展

一、空白市场对内地商人的吸引

商业在新疆地区有悠久的发展历史，自汉代张骞通西域以来，绿洲城市搭建起沟通东西的通道，城市商业文化的历史积淀厚重。虽然经过19世纪后半期的战乱，新疆城市商业受到较大影响，但由于基础深厚，恢复较为容易，待城镇秩序渐次安定，商业便呈现蓬勃发展的态势。

左宗棠进军收复新疆时，天津杨柳青一带的流动货郎和200多名农村贫民一路跟随清军，途中向官兵售卖针线等日用杂物和中成药，时人称之为"赶大营"。由于"军中资粮充积，俘获所得，恣为汰奢，不屑较锱铢"，商贩们"征贱居贵"②，积累了一定的资本，并在新疆乌鲁木齐落地为商，迅速起家。受此鼓舞，更多津人入新经商，山西、湖南等省的商人也闻风而至，将内地货物运至新疆出售。

新疆建省后，政府采取多种措施积极招徕内地移民入疆从事商贸活动，疏通道路、修建驿站便是首要之举。同治战乱间，"逆夷豨突狼窜，随处掘水断桥"，致全疆各处交通阻滞。刘锦棠率军修复大小桥梁60余处，又"凿山通道，移设台站"，疏通入疆通道之小南路，省内交通粗举，"行人往返，得所休宿，商旅载途，从归如市"③。省内邮驿亭障的建设，为内地商

---

① 韩清涛：《今日新疆》，中央日报总社1943年（增订版），第83页。
② （清）袁大化、王树枏等：《新疆图志》（卷二九，实业二），东方学会1923年版，第15页。
③ 钟广生：《西疆备乘》（卷三，驿站），1914年私印本，第6—7页。

人入新经商提供了便利,于是"废著鬻财之客联袂接轸,四方之物并至而会"①。

入疆汉商在北疆分布较多,南疆"居民有缠头一百万人,汉人除当兵者外,平素经商居住之户,约有千余人"②,汉族商人相对较少。各城的汉商又根据源自地域及商业势力,形成了燕、晋、湘、鄂、豫、蜀、陕、甘八大帮,各自形成商会联盟,独立经商。以各帮在新疆城市的经营状况而论,燕商势力最大,其内部又分"京联"与"津联",前者为顺天、保定商人,后者为天津杨柳青商人。由于津人在其中居主要地位,燕商又被称为"津商"。津商在新疆从商的时间较早,经营手段灵活,商业活动遍及北疆迪化、叶城、伊犁及南疆于阗、莎车、库尔勒、喀什、和阗等城,"计新商二百四十余家中,平津帮几占十分之六"③,其中,迪化、伊犁、古城三城是津帮聚集的中心。清末民初时,津商形成著名的"八大家",即永裕德、同盛和、公聚成、德恒泰、中立祥、聚兴永、复泉涌、升聚永,各商号主要售卖"京货",包括布匹、绸缎、日用品之类。湘商进入新疆商界的时间晚于津商,但由于左宗棠收复新疆的清军中湘人从征最多,因此湘商与新疆军政界关系密切,商业根基深厚,垄断湘茶之利。湘商不太善于经营,未有大贾。晋商资本雄厚,掌握着新疆的金融大权,主要从事票号(汇兑)和茶庄业务。晋商在迪化的票号蔚丰厚、天成亨、协同庆的分支机构遍及新疆各个重要城镇。陕、甘商人多从事粮食买卖、日用百货、行栈及典当等业务。陕、甘商人中还有部分回族商人,多经营饮食、旅店、屠宰等业。回族商人吃苦耐劳,长途贩运的商旅中常有他们的身影,鲍戈亚夫连斯基描述当时的回族商人"只要有几峰骆驼,有时只有几对牛或马及相应数量的大车,就整年在路途中奔波。今天他载着俄国货走兰州,明天他装上棉花和畜产品去塞米巴拉金斯克、扎尔肯特和维尔内"④。回商自北路塔城出境至俄国七河省斜米,贩卖新疆当地的土货,再将"洋货"运回新疆,一年一次往返;豫商多以贩运、零售药业为生;鄂商则"无恒业,多执贱工"⑤,如弹棉花等。

1931年新疆内乱,往来新绥与天津间的商货,两次被外蒙没收,两次

---

① (清)袁大化、王树枏等:《新疆图志》(卷二九,实业二),东方学会1923年版,第14页。
② 《最近南疆情况》,载《边疆半月刊》1936年第4期,第46页。
③ 曾问吾:《中国经营西域史》,商务印书馆1936年版,第686页。
④ [俄]尼·维·鲍戈亚夫连斯基:《长城外的中国西部地区》,新疆大学外语系俄语教研室译,商务印书馆1980年版,第48页。
⑤ (清)袁大化、王树枏等:《新疆图志》(卷二九,实业二),东方学会1923年版,第16页。

为新疆土匪劫掠，损失总数在 500 万元以上，小草地之路因而断绝，新疆与内地的商业往来完全停顿，损失巨大，金融周转陷入困境，小资本商号多倒闭，幸存的商家亦难以为继。盛世才主新后，重视发展新疆商业，商人资本得以扩充。

20 世纪 40 年代时，迪化 1200 多家商店中，津商经营的占有一半，全疆津商经营的商店至少有 3000 家，人口约有 3 万。津商走京绥大道，经 3～4 个月甚至半年的时间，将京津货物运至新疆，新绥汽车通行后，津商的货运条件有了改善。然而好景不长，抗日战争爆发之后，平津两大购货地被日本占领，再加上汽车运输燃料的昂贵及不易得，津商不得不放弃传统的京绥贸易，转而借道兰州，自备汽车或利用商营汽车，以兰州为中转地，转运昆明、重庆、成都、西安的上海货至新疆售卖。兰州至迪化间货物运输的成本极为高昂，时人称"上海的一块铁到重庆会变成银子，到新疆则要变成金子"①，因此，新疆的汉商往往囤积居奇，将入疆经商当成淘金的捷径，虽辛苦万分却乐此不疲，客观上推动了近代新疆城市商业的发展。

二、维吾尔族从商传统

新疆本地的土著商人为维吾尔族商人，天山南北皆有分布。维吾尔人喜好经商，马达汉称在喀什噶尔"商贾的职业最令人尊敬。当地维吾尔人都不惜代价地挤入商界，他往往为了开个小铺自做生意而债台高筑"②。不论是噶什噶尔还是新疆其他地区的城市，从事商业的维吾尔人数量众多，如奇台县境内有维吾尔人 170 余户，从事商业的有 40 余户③，昌吉县境内有维吾尔人 56 户，行商坐贾及从事工艺者达 40 余户④。

维吾尔族商人的经商手段并不专业，"他们根据商情做各种各样的生意"⑤。大多数维族商人只是在家门口摆摊经营土特产，马达汉如此描述 20 世纪初叶尔羌街道上维族商人的经商情形："街道两旁的小商贩的地摊排成长长的一溜，商贩们都坐在各自的地毯上，后面是他们的小商店，或者更准

---

① 陈纪滢：《新疆鸟瞰》，建中出版社 1943 年版，第 227 页。
② ［芬兰］马达汉：《马达汉西域考察日记（1906—1908）》，王家骥译，中国民族摄影艺术出版社 2004 年版，第 38 页。
③ 中国社会科学院中国边疆史地研究中心：《新疆乡土志稿·奇台县乡土志》，全国图书馆文献缩微复制中心 1990 年版，第 66 页。
④ 中国社会科学院中国边疆史地研究中心：《新疆乡土志稿·昌吉县乡土志》，全国图书馆文献缩微复制中心 1990 年版，第 87 页。
⑤ ［芬兰］马达汉：《马达汉西域考察日记（1906—1908）》，王家骥译，中国民族摄影艺术出版社 2004 年版，第 178 页。

确地说是商品仓库。这些商店从规模和摆设方面来说,都像我们的有棚货摊。这些货摊全部设在街道两旁低矮的泥土房子里。当商店关门的时候,用一排竖直的门板把店门挡上。"①

除坐商外,有部分维吾尔族商人从事长途贩运,经商足迹遍及俄、印等地。《新疆图志》载:"土著缠回好贾趋利甚于汉人,常越境行贾,以土货往,以洋货归,时获赢羡。"② 越境从商的维族商人一般自南路喀什噶尔出境,往来于俄、英两属之间,往往三四年才往返一次。亦有少数维族商人前往陕甘及内陆其他各省从事商贸活动,如于阗地区的维族商人前往四川"贩运川货",并在成都设有行店,供往来歇宿。

拥有雄厚资本的维族商人不多,清末维族商人中较为有名是玉满巴依和玉山巴依,两人都是通过贩运俄货及皮毛、棉花起家。民国时期,玉满巴依在南疆喀什开办轧花厂,玉山巴依则前往伊犁开办制革厂。

三、苏俄商业在新疆城市几成垄断之势

19世纪英、俄等国工业迅速发展起来,急需开拓原料供应地,俄商利用交通优势及通商条约,大量收购新疆农牧业产品,皮毛、棉花等产品"几乎都运到俄国工厂"③。与此同时,俄、英等国也在急切地寻找本国工业产品的倾销市场。俄国政府为扩展其在中亚的势力,鼓励俄商向新疆输出商品,扩大对新疆的贸易,规定俄货进入新疆后,退给出口税。

俄商运新的商品起初采购自俄境内的伊尔比特(又称"秋明")和下诺夫哥罗德(又称"下新城")集市。土西铁路修建后,俄商的商品采购点得以扩展至莫斯科及其他工业城市。俄商进入新疆的贸易路线主要有两条:一是由斜米帕拉汀斯克入伊犁、塔城和迪化,另一条是自塔什干和费尔干纳入喀什噶尔、乌什、阿克苏和吐鲁番。当时,研究中国边疆问题的外国学者指出,"中国统治边陲的能力是轻薄的,因为中国与边疆的贸易,实在是逐渐陷于衰微的泥坑中。兹举例证明:新疆自其边境踏出五十里路程,便可与苏俄自由地贸易。而向中国本部,要经过六千里的路程,才能达到中国的市场。从经济的立场观察,新疆已被苏俄的经济势力所控制……新疆与外国的关系,北部与苏俄接壤,西部经印度与英国发生了关系,东部虽然与中国接

---

① [芬兰] 马达汉:《马达汉西域考察日记(1906—1908)》,王家骥译,中国民族摄影艺术出版社2004年版,第50页。
② (清) 袁大化、王树枏等:《新疆图志》(卷二九,实业二),东方学会1923年版,第16页。
③ [俄] 尼·维·鲍戈亚夫连斯基:《长城外的中国西部地区》,新疆大学外语系俄语教研室译,商务印书馆1980年版,第192-193页。

近，可是它的肥沃之区仍与苏俄比邻，其余与中国连接的，只是那些沙漠的贫瘠地"①。这一论断明确地指出了近代俄国与新疆开展商业便利的交通条件，相对于中国内陆，俄国商业在新疆市场更有全面掌控之势。

1906年，华俄道胜银行与喀什道台签订合同，由该行贷款2万卢布，修筑从图鲁噶尔特山口到喀什的公路，通过这条公路，俄国进一步垄断了自安集延至喀什沿线的客运、货运及邮政，开辟了长驱直入新疆南疆地区的通道。

在攫取贸易特权，加快交通运输建设，鼓励原料掠夺及产品出口等多项措施下，新疆逐渐成为俄国的工业原料掠夺地及工业产品的倾销市场。俄商"贱取于我，归而贵鬻之，垄断以罔市利"②，新疆各城出现"同一货品，而俄货独见畅销""同一商民，而俄人独占优胜"③，俄货充斥市场，"凡我脉络血管，几乎不灌"④。"在迪化、吐鲁番、哈密一带，举凡火柴、砂糖、茶叶一类极小之日用品，亦莫不适用俄货"，除喀什噶尔一带为英商势力范围外，塔城、伊犁、乌苏、迪化、古城、吐鲁番、哈密、阿山等城，均在苏俄商业势力范围之下。⑤

"一战"以前，"俄人以光绪七年条约准其在伊犁等处及天山南北两路各城贸易暂不纳税之文，视新疆为无税口岸，奔走偕来，如水赴壑，进口货值由二十余万骤增至百二三十万"⑥。光绪三十一年（1905），俄国输入新疆的货物价值2367089两，次年增长至3581438两⑦，增幅达50%以上。1913年，由俄国输入新疆的货物总值约840余万卢布，由新疆输出俄国的货物总值约980余万卢布。

自1914年"一战"爆发，新俄之间的贸易有所减少，特别是1917年俄国革命开始，新俄贸易受到的影响较大。1918—1922年，新疆对俄国采取封锁政策，中俄商人虽有暗通贸易之事，但贸易数额大大缩减。在此期间，内地与新疆的贸易及新疆省内的手工业获得了发展的机遇。新疆省内手工业赶制市面急缺的铁器、火柴和布匹，而此前居民所消耗的烟、糖、煤油、蜂蜜等"奢侈品"皆省去不用。俄国退出新疆商业的这段时期，新疆城市贫

---

① 《苏俄对于新疆交通的控制》，载《边疆半月刊》1937年第1期，第48页。
② （清）袁大化、王树枏等：《新疆图志》（卷二八，实业一），东方学会1923年版，第15页。
③ 谢彬：《新疆游记》，新疆人民出版社1990年版，第286页。
④ （清）罗迪楚：《新疆政见》（商），清宣统抄本。
⑤ 曾问吾：《中国经营西域史》，商务印书馆1936年版，第699页。
⑥ （清）袁大化、王树枏等：《新疆图志》（卷五五，交涉三），东方学会1923年版，第16页。
⑦ 孟宪章：《中苏贸易史资料》，中国对外经济贸易出版社1991年版，第345页。

民获得了就业的机会，白银得以流通市面，成就了新疆城市社会经济的繁荣景象。但新俄贸易的停滞也使新疆农村经济作物及游牧部落的畜产品的出口大受影响，农牧民生活陷入贫困的境地。

"一战"结束后，在苏方的要求下，新疆建立与苏联的商贸关系。苏联在伊犁、迪化、喀什、塔城设立领事馆，新疆则于阿拉木图、塔什干、安集延、斜米帕拉汀斯克、斋桑设立领事。苏联在迪化、伊犁、塔城、喀什及阿尔泰设立贸易机关，倾销国内工业产品，新省商人无法与之竞争。苏联商人收购新疆土货，以其工业产品抵价，所付现款仅占货值的四分之一，而抵换的货品多由苏方主持分配，新疆方面能够换得的日用品中畅销货只有很少一部分，大部分为"粗制难售者"。尽管如此，俄货仍充斥各城市场，"群以其价廉，故乐用之"①。

1925年以后，苏联国内工业生产进入迅速发展阶段，急需扩大生产原料和商品倾销市场，"遂以卷土重来之势"再次占据新疆商贸的主要市场，而内地与新疆的商贸则一落千丈。1926—1927年间由苏联输入新疆的货物超过战前数字。苏联自1929年开始实行五年计划，向新疆输入的货物数额大为增加。1930年4月，苏联完成了土西铁路的修建，其瑷库华、阿尔泰、安德伊潜三站可分别换乘汽车至新疆塔城与喀什噶尔。苏联利用土西铁路，运输大量货物至新，安全迅速且费用低廉。同期内地通过驼运或汽车运输货物入疆，不仅耗时颇多，且运费、税额高昂。可以说，土西铁路的完成当为此间新疆市场再次完全为苏联垄断、与内地商务衰落的主要原因之一。1932年，苏联输入新疆的货物总额比1923年增加了83%②。至1933年，新疆对苏联贸易额"实占总贸易额百分之八十以上"③。新疆各城市面上销行的铜铁器、农具、布匹、糖纸烟等商品均为苏联产品。

表19　1931—1932年苏联对新贸易发展情况　　　（单位：金卢布）

年份	苏联输入新疆贸易额	新疆输出苏联贸易额	贸易总额
1923	8427000	9846000	18273000
1924	418000	3015000	3433000
1925	2611000	4535000	7164000

---

① 《新疆》，太平洋书店1933年版，第144页。
② 曾问吾：《中国经营西域史》，商务印书馆1936年版，第695、696页。
③ 《新疆》，太平洋书店1933年版，第61页。

续表 19

年份	苏联输入新疆贸易额	新疆输出苏联贸易额	贸易总额
1926	6092000	10331000	16423000
1927	10232000	11754000	21986000
1928	10647000	13528000	24200000
1929	16051000	13778000	29429000
1930	15216000	16731000	31947000
1931	13954000	10212000	24166000
1932	15698000	12305000	28003000

附注：资料来源于《中国经营西域史》，第 695—696 页。

表 20　1931、1932 年苏联与新疆及内地贸易比较　（单位：卢布）

年份	苏联输入新疆贸易额	苏联输入内地贸易额	新疆输出苏联贸易额	内地输出苏联贸易额
1931	10212000	6921000	13954000	11064000
1932	25698000	5888000	12305000	8086000

附注：资料来源于《新疆志略》，第 131 页。

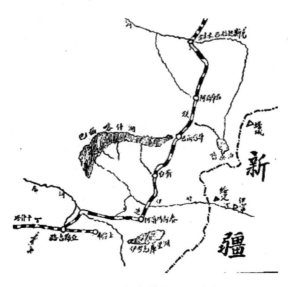

图 26　新疆边界与苏联土西铁路关系

附注：资料来源于《新疆风暴七十年》，第 3009 页。

盛世才主新时期新疆与苏联的贸易主要通过新疆裕新土产公司与苏联苏新贸易公司之间展开。后者在哈密、阿克苏、和阗、焉耆等城设立了分公司，并在布尔津、哈密、迪化、精河、乌苏等城内设有仓库、货场。苏新贸易公司改变了在杨增新时期仅与新疆实力较强的华商商号合作的做法，规定裕新土产公司可向新疆城乡大小私商直接收购土产，易换苏联商品。贸易形式的改变，使苏联商品更广泛地渗透到新疆各个角落。

1942年，由于盛世才倒向国民党，新苏官方之间的贸易终止。此后在国民政府接管新疆至1949年新疆解放期间，新苏贸易一直未全面恢复，仅在三区临时政府控制的北疆伊犁、塔城、阿勒泰地区，新苏双方进行了有限的易货贸易。20世纪40年代的新疆各城虽然摆脱了来自苏方的贸易垄断，却陷入了市场物资缺乏、极端通货膨胀的局面。

四、商业发展对近代新疆城市发展的影响

1. 商业发展对城市的积极影响

近代新疆城市商业的发展，在使商人积累商业资本的同时，也为城市建设提供了资金支持。晚清民国时，迪化等城市先后出现了商会、行会、同业公会、工商联合会、工会等工商业社团。1911年4月，新疆总商会成立，入会商号97家。行会在新疆出现的时间较晚，1945年10月迪化才设立了茶叶、酱园、照相、浴室、饭店、货栈、车马店、刻字、百货、屠宰、酒业等17个商业同业公会。工业同业公会只有面粉、水磨、酿酒、砖窑、煤矿等行业参加。① 这些团体对维护从业者权益、促进工商业发展起到积极的作用，同时，商会、行会能够使城市商人的商业资金和力量得到有效的集中，对城市建设发展起到了重要的推动作用。如1937年，迪化工商界投资建成"新光电灯公司"，促进迪化市公共及私人照明的发展；1940年，迪化工商会以35000元新币从苏联购进全套锯木机，在乌鲁木齐林区建成新疆第一个机械化锯木厂，满足了城市建设的木材需求；1941年，新疆发行建设公债，其中由迪化工商界认购的公债占总发行公债的25%，有力地支援了当时新疆的城乡基本建设。

城市商业活动的开展，客观上促进了汉族与新疆少数民族之间的融合。时人称"西域番汉杂处，联系胏合，多藉商力"②。近代入疆汉商在采购货

---

① 贾秀慧：《晚清民国时期新疆的政治近代化述评》，载《新疆社会科学》2009年第2期，第124页。

② 钟广生：《新疆志稿》（卷二），台湾成文出版社1968年（影印本），第60页。

物时注意研究少数民族的需要,无论是维吾尔等族喜爱的花色布料,还是蒙古族的宗教用品都有进货,满足各少数民族的需用。在商业活动中,汉族与新疆少数民族商人相互协作,如维族商人将皮毛土特产运至天津销售所得现款皆由汉族商号以较低利率收兑汇款,双方互相合作,各得其所,关系融洽。

商业发展使城市浸染了浓厚的商业文化气息,丰富了近代城市文化。近代新疆工商业的发展,不仅从经济层面推动了城市近代化的步伐,同时以城市工商业为中心的工商业文化氛围对近代新疆城市发展亦有影响,如会所成为民众文化场所,商会引入近代电影等。

2. 商业对城市发展推动力的不足

其一,小规模商业难以形成联合力量推动城市发展。华商传统、保守的观念影响商业活动的扩大与联合。上文提到,在新疆各城从事商业活动的华商主要是维吾尔族商人、回族商人和汉族商人,其商业活动的特点是:维吾尔商人多在南疆各城从事商业活动,随巴扎定时营业,经营小本生意,相邻货摊集中售卖同类货物,多竞争而少合作,多分散而少联合;闲适的生活态度、对市场需求不加关注及对商业经营技巧的缺乏使维吾尔族商人多营赔本生意,即使获得商业利润,也很少投入扩大经营。汉族商人多有故土意识,入疆后很快形成以地域为基础的商帮组织,不同帮派的经营活动各有范围、各有特长,本应实现商业活动的扩大,但同样因为深厚的故土意识,又加新疆地区社会矛盾的复杂多变,汉商大多只身入疆,视出关行商为掘金冒险之旅,每每赚得收入便寄回内地家乡或直接携银返乡。商业资本的私藏与外流,使新疆城市经济很难获得进一步发展,这成为城市发展迟滞的原因之一。

从省内城际商品流通情况来看,除重要的商品中转城市迪化、哈密、奇台、伊犁、塔城、喀什外,其他各城商业流通市场对象单一、范围狭小,部分城市的商品仅向省城及少量城市输出,如呼图壁"米、麦足数本境民食……间有运省销者,数亦不多。其余物产,民用不足,行销及远更无论已"①;部分城市的商品甚至仅满足周边城乡所需,如绥定县"动物植物之属,不足供民间日用之需"②,无法向外输出;拜城"本地土产仅供本地之

---

① 中国社会科学院中国边疆史地研究中心:《新疆乡土志稿·呼图壁乡土志》,全国图书馆文献缩微复制中心 1990 年版,第 163 页。
② 中国社会科学院中国边疆史地研究中心:《新疆乡土志稿·绥定县乡土志》,全国图书馆文献缩微复制中心 1990 年版,第 363 页。

用，并无运出外境销售者"①；若羌"产物制所全无大宗，除供本境之用外，余则零星运销府属之库尔勒"②。城市难以彼此联动，形成全疆性的城市商品区域流通市场。

表21 清末新疆部分城市省内城际商品流通情况

城市	输出商品	商品输出目的地
昌吉	中药材、家畜、鹿茸、兽皮、菜油等	迪化、古城
	煤	迪化、孚远、古城、呼图壁、绥来
绥来	皮毛	塔城
	大米、小麦	迪化、塔城、古城
	芝麻、高粱、豌豆、杂粮	迪化
	烟土	迪化、塔城
奇台	烧酒、灰面	科布多、乌里雅苏台
	烟土	迪化、南路各城
	羊皮、驼皮、羊毛、驼毛	伊犁、塔城
乌苏	酥油	塔城、伊犁
	大米、羊毛、牛羊皮	塔城
于阗	羊、包谷、小麦	和阗、若羌
	羊皮	喀什
	狐皮、猞猁皮、土布	迪化
	绸	迪化、喀什
	烟叶	和阗、喀什
阜康	酒	迪化、古城
鄯善	葡萄、棉麻	省内各城
温宿	布、毡	迪化

---

① 中国社会科学院中国边疆史地研究中心：《新疆乡土志稿·拜城县乡土志》，全国图书馆文献缩微复制中心1990年版，第476页。
② 中国社会科学院中国边疆史地研究中心：《新疆乡土志稿·拜城县乡土志》，全国图书馆文献缩微复制中心1990年版，第544页。

续表21

城市	输出商品	商品输出目的地
轮台	羊	阿克苏
	羊毛、羊皮	库车
	棉花	迪化、库车
	棉线、花毯、布	焉耆、库车
沙雅	牛羊皮	库车
乌什	牲畜皮、毡、布、胡麻油、烟土	阿克苏、喀什
	小麦、包谷	阿克苏
莎车	小麦、包谷	喀什
	布	迪化、伊犁
蒲犁	牦牛、羊	喀什、英吉沙、莎车
叶城	棉花、干果、粮食	迪化、阿克苏、伊犁
和阗	牲畜、棉花	迪化、阿克苏、喀什、莎车
吐鲁番	棉花、葡萄	迪化

附注：资料来源于《新疆乡土志稿》。

新疆城市商品的省内城际流通受限的原因，一方面是由于城市手工业、工业产品的不足，另一方面则是城际交通不便所致。城市之间商业流通难以彼此联动，无法形成全疆性的城市商品区域流通市场，区域市场的不完善与低水平发展反过来又影响了各城市的商业发展。

其二，英俄商业的入侵和垄断影响新疆本土商业的正常发展。自19世纪末，俄国在新疆部分城市取得通商特权后，俄货便因其机器批量生产、质优价廉、品种繁多、时尚耐用等特点受到新疆普通百姓的欢迎而逐渐占领了新疆市场。"一战"期间，新俄贸易暂停，新疆本土工商业获得短暂的发展空间，但俄国人调查研究后认为，俄货重新占领新疆市场"没有竞争"[①]。这是因为战前新疆市场已经形成了对外国商品的依赖性，"一战"四年间虽然没有俄货输入新疆，但新疆却转而依赖英美等国进口或内地转运而来的货物，自身工商业发展基础差，技术落后，工业产品质次价高，华商资金少、实力弱。因而"一战"结束以后，俄商在新疆的势力很快卷土重来，时

---

① [苏] W. 克拉米息夫：《中国西北部之经济状况》，王正旺译，商务印书馆1934年版，第184页。

"俄货充斥市场"①,"一战"期间渐有起色的新疆民族工商业再次遭遇打击。20世纪20年代末至40年代初,苏联商品在新疆亦呈现垄断之势,新疆本土商业几乎没有喘息之机。

英国商品虽未在新疆市场上形成垄断之势,但在新疆与英属印度的商贸活动中,新疆大量金银外流,1931—1932年由新疆流入印度的金银价值约37万卢布,1932—1933年价值增至约100万卢布②,这对新疆城市商业的扩展、提升,甚至对整个新疆市场的稳定都造成了极大的消极影响。

其三,城市商业的发展对农牧区未形成有效的拉力。新疆农牧区为城市商业发展提供大部分的原材料与手工业产品,商人对牧区游牧民族的交易,往往采用易物方式,以麦面、日用品等换取牲畜及畜产品。大多数情况下,农牧民所面对的是极不公平的交易,出售物品所得仅能够换得日常生活的基本需求。因此,城市繁荣的商业背后实际上是以对农牧区的掠夺为代价的,农牧民经济收入的有限亦成为城市商品销售市场有限的障碍之一。此外,商业发展也未能有效解决城市闲散劳动力,后者反而成为周边农村的"月活"(临时工)③。

小　结

清末新疆建省至新中国成立期间,新疆城市工业发展程度极低,工业分布不合理,发展规模小、速度慢;传统手工业仅能够维持生产,满足城市居民的日常基本生活需求。此外,工业发展受到外国资本主义入侵的影响极大,因此,新疆城市的近代化发展未能走上工业带动之路。但近代机器工业的出现、资本主义工商业的萌芽,使新疆部分城市经济开始由封建性质向近代资本主义转变。在这一过程中,商业对城市的近代化发挥了重要的推动作用。

必须看到,清末时中央政权的权威走向衰落,地方力量却不断增强。辛亥革命后,中国未能建立稳固、和平的国家统治,各地陷入军阀割据混战之中,利益群体鼓动宣扬地方主义思潮,提出"省人治省""联省自治"等主

---

① 《新疆》,太平洋书店1933年版,第144页。
② 张大军:《新疆风暴七十年》(全十二册),台湾兰溪出版社1980年版,第2949页。
③ 中国人民政治协商会议乌鲁木齐市委员会文史资料研究委员会:《乌鲁木齐文史资料》(第8辑),新疆青年出版社1984年版,第102页。

张。在这种历史大背景之下，新疆在辛亥革命后进入长达几十年的名义上归顺中央、实际上自治的发展时期。由于缺乏强有力的国家统一政权的支撑，新疆的"自治"也难以有效保证省内的整合发展，又加上新省地广人稀、交通不便的客观条件，省内部分区域各自为政。表现在经济方面，如货币的多元化，伊犁、迪化、喀什等城各自发行货币，沙俄卢布亦在新疆一些城市流通，阻碍了新疆统一市场的形成。与此同时，由于外蒙古独立、内地军阀混战及新疆政局变动等因素，新疆各城与内地城市间的商业流通基本处于停滞状态，新疆城市与外部的商业交往仅仅维持与苏俄及英国等特定国家间进行，且处于极为被动的局面之下。而清末民国时期推动新疆城市发展的商业力量又是有限的、畸形的，这也是导致近代新疆城市发展缓慢的重要原因之一。

第六章 近代新疆城市的功能与类型

第一节 城市功能的多样化与综合化

城市功能又称城市职能,即城市在一定区域范围内的政治、经济、文化活动中所发挥的机能作用。城市功能又可分为一般功能、特殊功能两大类。前者是城市得以与乡村区分的普遍性功能。后者是不同城市所具有的个性功能,如交通枢纽功能、商贸流通功能、军事防御功能等,这种划分并不是说城市仅具有某种单一功能,而是强调了城市的主要功能,这一功能往往对城市的发展起着决定性的作用。

一、近代新疆城市的个性功能

城市个性功能的形成,往往是以城市的自然条件为基础的。古代新疆城市的出现依托于绿洲,作为丝绸之路沿线城市,很多城市因处在商业通道的重要位置而成为以商业功能为主的城市。奇台"其地四达而当孔道","北贾科布多、乌里雅苏台,东北贾归化城,西贾伊、塔、俄国,南贾吐鲁番及南八城",为"东路一大都会"[1];库尔勒回城"当驿路之孔道",商业发达,人烟稠密,"为焉耆之精华"[2];镇西"旧为迪化与蒙绥间交通孔道,商贾甚盛"[3],后因迪化与哈密间的交通改走小南路经由七角井过奇台而逐渐衰落;南疆蒲犁本为"西南部山地内荒僻之县",但由于其所处"新印交通

---

[1] 谢晓钟:《新疆游记》,甘肃人民出版社2002年版,第295页。
[2] 谢晓钟:《新疆游记》,甘肃人民出版社2002年版,第265页。
[3] 汪永泽:《新疆风物》,文信书局1943年版,第51页。

路线必经之枢纽之地"①，在清末以后发展成为新印贸易的重要中转城市。

19世纪中期以后，俄国要求清政府相继开放新疆的塔城、伊犁、喀什等城为通商口岸城市，也是基于对上述各城边境地理位置的考虑。

南疆农业发展条件较好的地区，因农业开发后人口增加而涌现的城市，如哈拉哈什、克里雅等城，则成为南疆地区农牧产品交换中心，商业功能也较为显著。

此外，近代新疆还有一些因地处军事战略要地而新建或进一步发展的城市。清末时，塔城直隶厅的旧绥靖城"紧邻俄疆，形式最为扼要"，却在同治年间遭毁，参赞大臣在奏折中仍请示清政府许可在"旧城附近择地建城"，以旧城里许处"负山带河，天然雄胜"之地修建新城，"以资控守而固边防"，②确立了绥靖城的军事防御型城市性质。新疆建省时，左宗棠曾称，"按新疆形势，北路则乌鲁木齐，南路则阿克苏，居天山南北之脊，居高临下，足以控制全疆。故建议设新疆总督，治乌鲁木齐，新疆巡抚治阿克苏，将军驻伊犁，都统驻塔城"③，表明了上述几城在全疆军政战略中的重要地位，这些城市皆在近代得到继续建设和发展，与其控守全疆的战略位置重要性不无关系。再如南疆蒲犁，"处极边，迫介英俄，扼葱岭之冲，据要害之地。外戢强邻，内固吾圉，皆蒲犁所有事也，蒲犁诚岩邑哉"④。

除交通、商业、军事功能外，近代新疆城市的其他个性功能并不显著，多为便于民治管理的小区域行政管理中心。

二、近代新疆城市的功能变迁

近代新疆城市功能相较于之前的城市功能，体现的最大变化一是"军城"向"治城"转变，城市的民治功能得到完善；二是伴随国际贸易的进行，城市的商业职能进一步强化。

1."军城"向"治城"的转变

清初统一新疆后，实行军府制统治，在新疆建有惠远、惠宁、会宁、巩宁、广安、孚远6座专驻八旗官兵的满城。惠远、惠宁两城位于伊犁地区东部、伊犁河北岸，是清代新疆最大的两座满城。惠远城在乾隆三十一年

---

① 汪永泽：《新疆风物》，文信书局发行1943年版，第63页。
② 中国社会科学院中国边疆史地研究中心：《新疆乡土志稿·塔城直隶厅乡土志》，全国图书馆文献缩微复制中心1990年版，第380页。
③ 许崇灏：《新疆志略》，正中书局1944年版，第6页。
④ 谢晓钟：《新疆游记》，甘肃人民出版社2002年版，第213页。

（1766）初建时，城周九里三分，高一丈四尺，修筑房屋一万七百余间①。惠宁城位于惠远城东北70里的巴彦岱。巩宁城位于乌鲁木齐境内东南、迪化城（汉城）西8里处，乾隆三十七年（1772）建成后容驻满、蒙兵3000余名。会宁城位于巴里坤境内南部，与镇西城（汉城）两城南北毗连，乾隆三十七年（1772）建成时，容驻满营兵2000余名。孚远城建于乾隆三十九年（1775），与古城（汉城）两城东西毗连，容驻自会宁城迁移而来的1000名满营士兵。广安城位于吐鲁番地区，乾隆四十年（1780）建成时为土城，与巩宁城满营换防。

　　以上各满城的建造从地理位置上看大都处于新疆北疆地区，各城可相连形成一道东西防御线，彼此之间又可形成局部驻防网络体系，如惠远、惠宁两城与伊犁的宁远、绥定、广仁、瞻德、拱宸、塔勒奇、熙春7城构成伊犁地区的严密防御网；巩宁、孚远、会宁3城构成由乌鲁木齐都统节制的北疆中西部防御网。此外，满城布局的另一大特点是与所在行政单位内的汉城保持紧密而区隔的位置关系，即各满城基本上与汉城地理位置上十分接近，但又彼此隔离，后者正是清朝统治者在新疆实施民族隔离政策的写照。

　　除专驻八旗官兵的满城之外，清代还在南北疆地区部分城内辟出或新建了驻扎绿营及满汉官员的"汉城"，如伊犁的绥定、广仁、瞻德、拱宸、塔勒奇、熙春6城，乌鲁木齐的迪化城，巴里坤的镇西城，喀什噶尔的徕宁城，英吉沙尔的辑远城，叶尔羌的嘉义城，和阗的威靖城，阿克苏的普安城，库车的巩平城，吐鲁番的广安城，及古城、哈密汉城等。②

　　同治年间全疆农民起义爆发后，清军节节败退，除巴里坤会宁城坚守未失外，全疆驻防城相继失守，城池遭到极大的破坏：同治五年（1866），农民起义军攻占惠远城，清军遭受沉重打击，将军明绪自杀；其后惠远城在沙俄占领期间（1871—1881）被进一步毁坏，至清军收复伊犁时，"西南两面城垣均已被水冲坏，城内仓库、官厅、兵房荡然无存"③。巩宁城"城身大半倾坏，城内一片瓦砾。从前死尸骸骨随处埋瘗，垒垒无隙地，满目荒凉，于兹为甚"④，后被废为八旗义冢。孚远城、广安城"相继沦陷，额设兵丁

---

① （清）《钦定八旗通志》（卷一一八），台湾商务印书馆1986年版，第1007页。
② 林恩显：《清朝在新疆的汉回隔离政策》，台湾商务印书馆1989年版，第271–276页。
③ 伊犁将军金顺题本：《清季外交史料》（光绪朝，卷二六），载新疆社会科学院历史研究所：《新疆地方历史资料选辑》，人民出版社1987年版，第521页。
④ （清）朱寿朋编纂：《光绪朝东华录》（全五册）"光绪六年四月条"，中华书局1958年版，第65页。

散失殆尽"①。

清军平复全疆乱局后，满城得到一定的修缮，但规模已大不如前，部分老满城因新满城的择址新建而被废弃，光绪六年（1880），迪化城东建新满城；光绪八年（1882），伊犁惠远城旧址15里处建新满城。光绪十一年（1885）会宁城并入古城，于古城建新满城，十四年（1888）迁满营于古城，会宁满城遂废，同时，巴里坤满城士兵迁至古城后满城亦废。建省后仍然存在的满城的驻防功能也减弱至消失，光绪八年（1882）裁撤乌鲁木齐、吐鲁番二地驻防，巩宁城、广安城两城不再成为驻防城，清末新疆满城仅剩伊犁惠远城和古城两处。

除满城外，新疆其他驻防城也伴随着建省后军府制的结束而逐渐衰落，自光绪九年（1883），驻防城的管理大臣被逐步裁撤，直隶州等行政建置开始建立起来。辛亥革命后，新疆不再有驻防城建置。

2. 城市商业功能的加强

由于地处丝绸之路重要通道，新疆地区的一些城市自古以来就具有浓厚的商业氛围，商业职能较强。《西域闻见录》载，南疆的叶尔羌、喀什噶尔、阿克苏等城市在清代时商贸活动就已经相当发达，而北疆的惠远城"商旅云集，关外巍然一重镇矣"，迪化更是"字号店铺，鳞次栉比，市衢宽敞，人民辐辏，茶寮酒肆，优伶歌童，工艺技巧之人，无一不备，繁华富庶，甲于关外"②。

近代以后，新疆步入较和平的发展时期，全疆城市或拥有热闹的集市巴扎，或辟有固定的商业街市，基本都具备了商业职能。在国际贸易的推动下，一些城市原有的商业职能得到进一步强化。伊犁在1851年被辟为商埠，俄商蜂拥而至，贸易繁荣；塔城成为苏（俄）驻疆的重要商业中心地之一；疏勒则成为英苏（俄）商人在南疆贸易的据点，每年由疏勒过境经商于中亚的维吾尔族商人大约有万人；叶尔羌在传统商业中心的基础上，又成为英属印度商人与苏（俄）商人之间商业竞争的城市；迪化在近代不仅是全疆性的贸易中转城市，更是新疆对苏（俄）贸易的中心城市。

---

① （清）昆冈、李鸿章等：《钦定大清会典事例》（卷五四五），光绪二十五年（1899）石印本，第19页。
② （清）七十一：《西域闻见录》（卷一，新疆纪略上），早稻田大学藏书，第6、第8页。

第二节 近代新疆城市的类型及个案分析

一、综合型中心城市

新疆建省后,设迪化为省会,城市的政治、经济、文化等各方面的职能都有所加强,逐渐成为功能综合型城市。

1. 确立行政中心地位

清末新疆建省之前,伊犁是全疆的军政中心。但是由于同治以后战乱不断,伊犁被俄国占领长达10年之久,在俄国强行掠夺我国西北边境51万平方千米领土之后,伊犁成为紧邻俄境的边境城市,已不再适合作为掌控全疆的军政中心,于是在新疆建省前后,清朝统治者、朝廷官员、新疆地方官员皆献计献策,综合考量后选择迪化作为新疆省会所在,新疆军政中心由伊犁转移至迪化(确立迪化为新疆省会所在的过程见第一章相关部分的论述)。

2. 强化商业枢纽地位

迪化城在清乾隆年间修成之时作为汉城所在,商业便有一定的发展,入疆的官员、文人曾写诗描述迪化城商业状况。纪昀在《乌鲁木齐杂诗》"风土"篇中写道,迪化城内"廛肆麟麟两面分,门前官柳绿如云"[1]。

建省后,新疆巡抚刘锦棠鉴于"玉门以西官道行千里不见人烟,商贾往还无休宿之所"的情况,"首治邮驿亭障,以通商路","于是废著鬻财之客联袂接轸,四方之物并至而会"[2]。迪化作为省会所在,入疆汉商有相当一部分都在迪化城内营业经商,特别是清末随左宗棠"赶大营"而来的津人,逐渐在迪化城内形成"八大家",其他大大小小的内地商号遍布迪化大十字为中心的东、西、南、北4条大街。

民国以后,"迪化不特为新疆政治之中心,亦商业之枢纽",内地及苏(俄)商品运入新疆后,皆需到迪化分装转运,城内来往的"春秋驼队,千百成群"。由于新疆省会的地位,"虽在边僻,但以政客宦归,均集于此",这些人追逐时尚、奢华,购买能力强,即便城内各种百货价格昂贵仍在所不惜,甚至"举凡新奇华丽眩目动人之物,到此备受欢迎"[3],在迪化城内营

---

[1] (清)纪昀:《乌鲁木齐杂诗·风土》,中华书局1985年版,第1页。
[2] (清)袁大化、王树枏等:《新疆图志》(卷二九,实业二),东方学会1923年版,第14页。
[3] 《新疆》,太平洋书店1933年版,第144页。

生的内地百货商人往往可在数年间腰缠万贯，吸引着更多的内地商人入疆。

除内地商人对迪化趋之若鹜，带动城市商业繁荣之外，近代迪化城还是对苏（俄）贸易中心地。1898年，俄国在迪化南郊建立了领事馆和贸易圈，当时贸易圈内仅有俄商数家，以后俄商逐渐增多，俄商沟通了俄国与迪化甚至全疆的商业贸易。1903年，俄商洋行将棉纺织品、铁器、煤油等13宗商品输入迪化，售价达77万卢布，同时从迪化收购羊毛、皮革、茶叶、丝织品等31宗货物，价值达118万卢布。① 苏联成立后，继续把新疆作为重要的商贸伙伴，20世纪30年代中后期至40年代前期迪化平均每年由苏联输入商品价值2700万卢布，输出货物中以毡毯为多，每年可达2500条，② 同期苏联输入新疆商品年价值总额在3500～4500万卢布之间，新疆输出在2500～4500万卢布之间。③ 由此可见，苏联输入新疆的商品中大部分直接进入了迪化市场，反映了迪化在近代新疆商业中的重要地位。

3. 发展文化中心职能

清乾隆时期统一新疆后，迪化汉族和满族人口增多，学校教育开始创办，首设学宫，后在同治战乱中"荡然无存"。建省后，迪化的学校教育得以恢复发展，光绪十二年（1886），迪化州学升为府学，同时管理迪化各属县的学务，迪化的教育中心地位初显。

20世纪初，清朝统治者在内忧外困下宣布实行"新政"，于1901—1905年连续颁布了一系列"新政"上谕，尝试主动进行社会革新。此时的新疆已建立与内地统一的行省建制，亦同步实施了新政措施。1906年，杜彤被任命为第一任新疆提学使，积极推行新学教育。迪化城内设学务公所，成为"阖省学务总汇之区"④。新政期间，迪化城内创办的学堂包括省官立学堂9所、公立客籍学堂1所、迪化府学堂2所、迪化县学堂25所，共计37所。除省立、府立及公立客籍学校外，直属于迪化县的学校有25所，其中又有15所学校设置在迪化县城城内及城关区域（见表22）。迪化城内学校数量位居全疆各城之首，迪化成为全疆学校教育的中心，初步形成了不同层次、不同类型的学校体系。迪化学务还成为全疆教育的模范，如1906年迪化府创建的两等小学堂成为全疆示范学校，各地派人前往观摩后相继建设

---

① 中国人民政治协商会议乌鲁木齐市委员会文史资料研究委员会：《乌鲁木齐文史资料》（第12辑），新疆青年出版社1986年版，第175页。
② 许崇灏：《新疆志略》，正中书局1944年版，第141页。
③ 孟宪章：《中苏经济贸易史》，黑龙江人民出版社1992年版，第324-333页。
④ 《清实录》（德宗景皇帝实录八，卷五八八，光绪三十四年三月壬辰），中华书局1987年影印本，第778页。

学堂。另外，迪化学堂还是培养全疆教育师资的中心，为解决各地学堂师资力量缺乏的问题，省城中学附设简易师范班，一年后学生毕业被派往各地学堂充当教习；又专设维吾尔族师范学堂1所，招收南疆各路维吾尔族学生，培养为学董、乡官或教习。

表22　清末新政期间新疆省城迪化新学建设及分布情况

学校名称地点		校址	修建时间	备注
省官立学堂	法政学堂	城内东隅	1906	前身为课吏馆
	实业教员讲习所	城北关外	1909	—
	中学堂	城内北梁	1905	前为博达书院
	初级师范学堂	城内北梁	不详	附设于省立中学堂
	初级师范学堂附属小学堂	城内北梁	不详	附设于省立中学堂
	巡警学堂	城东南隅	1909	旧营房改建
	中俄学堂	老南门内西头道巷	1908	前身为俄文馆
	将弁学堂	不详	1909	附设于督练公所
	陆军小学堂	南门外南梁	1907	—
公立客籍初等小学堂		北大街大兴巷清平水局	1908	—
迪化府学堂	官立模范两等小学堂	治城内东大街	1908	—
	官立艺徒学堂	城内北梁	1909	旧官房改建
迪化县学堂	官立第一初等小学堂	城内旧满城头道巷	1907	旧蒙养学堂改设
	官立第二初等小学堂	城内军装局巷口	1907	旧蒙养学堂改设
	官立第三初等小学堂	城外南关西梁	1907	旧蒙养学堂改设
	官立第四初等小学堂	城外北乡古牧地东门内	1907	旧蒙养学堂改设
	官立第五初等小学堂	城外南关财神楼东宽巷	1908	
	官立初等工业学堂	城内府正街工艺场巷	1910	
	官立半日学堂	南乡达坂城内十字北	1908	借用武营官房

续表22

学校名称地点		校址	修建时间	备注
迪化县学堂	官立汉语学堂	城外南关东梁	1910	—
	官立第一简易识字学塾	省城南街仓前巷	1909	—
	官立第二简易识字学塾	县门街	1910	附设于劝学所
	官立第三简易识字学塾	南关驴马市隔壁	1910	租赁民房
	官立第四简易识字学塾	省城藩正街	1910	附设于官话讲习所
	官立第五简易识字学塾	省城颜札公祠	1910	借用祠内房屋
	官立第六简易识字学塾	省城西关西大桥	1910	旧官房改设
	官立第七简易识字学塾	西关江南巷	1910	旧官房改设
	官立第八简易识字学塾	南关二道桥	1910	—
	公立第一简易识字学塾	北区古牧地西	1910	—
	公立第二简易识字学塾	南区河东坂坊沟	1910	借用庙宇
	公立第三简易识字学塾	南区河东水西沟	1910	借用庙宇
	公立第四简易识字学塾	南永丰渠	1910	借用庙宇
	公立第五简易识字学塾	西区西土地	1910	—
	公立第六简易识字学塾	西区安宁渠	1910	借用庙宇
	公立第七简易识字学塾	东区七道湾	1910	—
	公立第八简易识字学塾	东区黄草梁	1910	借用民房
	官立官话讲习所	省城藩正街	1910	旧官地增修

附注：资料来源于《中国经营西域史》，第406页；《新疆图志》卷三九，学校二，第1-2页。

这一时期新疆迪化建设的学校对其后城市内部功能区的形成发展产生了一定的影响，如1891年迪化北梁建成的"博达书院"，为今天乌鲁木齐第一中学的前身，该书院作为当时新疆最高学府，文化氛围浓郁，其门前一条长约百米的小巷亦因书院的地位和影响，被取名为"书院巷"。

盛世才执政新疆期间，迪化进一步推动新式学校的发展，相继创办了女子学校、孤儿学校、幼稚学校等。迪化城内的新疆学院成为全疆唯一的高等学府，内地文化教育界著名人士茅盾、张仲实、赵丹等先后在该校从事教学工作。他们的行动吸引、鼓舞了更多内地学者、学生入疆，而后者也大多工作、生活在迪化、伊犁等城市内，进一步加强了迪化的教育、文化中心地位。

除学校教育外，迪化还设立了一些政府及民间的教育培训机构。清末，为配合推行地方自治，迪化曾开设三期政治干部训练班，筹备地方自治事宜。民国时期，迪化出现社会教育、职业教育等民间教育培训形式，如民众学校、财商学校、商业学校等，培养了不少专业人才。

二、交通枢纽城市

1. 省内城际交通与交通枢纽城市

清末新疆建省前后，省内形成射线状驿路，迪化成为驿路中心城市。新疆面积辽阔，地形复杂，就自然地理条件而言，有天山山脉隔断南北，东西又有沙碛河滩阻塞，省内城市间交通极为不便。清末时新疆省内道路有泥路、石路、黄土路、沙石路，且未得到很好的修缮维护，只能通行两轮车马、骆驼、骡等。南疆多沙漠之地，爬沙行进更是艰难异常。

左宗棠收复新疆后，主持在省内修筑了驿道，原为军运所需，后改为官道，省内各城之间道路每隔百里或90里设置驿站。驿道的分布遍及全省，有东路、南路、西路、北路、东南路、东北路、西北路及西南路等路，以迪化为中心，向各方向伸展出若干交通干线与支线，细分主要有以下10条，即：①迪化至哈密路，由迪化经奇台、镇西等地至哈密，全长1500里，设18个马站；由迪化经吐鲁番以至哈密，全长1730里；由迪化经巴里坤至哈密，全长1660里。②迪化至若羌路，由迪化经达坂城、吐鲁番、托克逊、焉耆、库尔勒、新平以至若羌，全长2500余里，设28个马站。③迪化至沙雅路，由迪化经焉耆、轮台、库车、阿克苏等地以至沙雅，全长2300余里，设25个马站。④迪化至伊尔克斯塔木路，由迪化经轮台、拜城、温宿、巴楚、伽师、疏附等地以至伊尔克斯塔木，全长1600里，设18个马站。⑤疏附至于阗路，由疏附经英吉沙、莎车、叶城、和阗等地以至于阗，全长1600里，设18个马站。⑥迪化至伊宁路，由迪化经昌吉、绥来、乌苏、精河等地至伊犁区的绥定、伊宁，全长1700里，设18个马站。⑦迪化至布尔津路，由迪化经绥来、沙湾、乌纳木河、和什托罗盖、木呼尔岱等地以至布尔津县，全长1600里，设18个马站。⑧迪化至承化路，由迪化经古城、青河以至承化县，全长1500里，设18个马站。⑨迪化至科布多路，由迪化经奇台、布苏台等地以至外蒙的科布多，全长1800里，设20个马站；由科布多至乌里雅苏台，全长1300里，设15个马站；由乌里雅苏台至库伦，全长2600里，设30个马站；自迪化至库伦，全长5700余里，共计65马站，外蒙新疆间的交通，只有这一条路。⑩迪化至塔城路，由迪化经昌吉、呼图壁、乌苏等地以至塔城，全长 1600 里，设 18 个马站。此外，又有驿路支路若干条，即：自伊犁东北至塔尔巴哈台，长 1950 里；自伊犁南至阿克苏，长 1220 里；自阿克苏西北至乌什，长 240 里；自阿克苏东至库车，长 800 里；自叶尔羌南至和阗，长 810 里；自叶尔羌西北至喀什噶尔，长 570 里；自阿克苏西南至叶尔羌，长 1410 里；自库车东至喀喇沙尔，长 1068 里；自喀喇沙尔东至吐鲁番，长 1020 里。①

以上清末新疆设立的驿路干道除疏附至于阗路外，其余 9 条呈现以省会迪化为中心的射线散布状，各线路尾端达到北疆边境各重要城市，反映了封建国家为维护自上而下统治秩序的需要、通达行政中心城市与其下各级城市间的行政联络而进行交通建设，基层城市间的经济、文化沟通联络往往被忽略，即驿路"便于官而不推于民，利在上而不及于下"②。这时新疆的交通枢纽城市集中而单一，迪化的交通枢纽意义更在于军政，而不在于民商。

民国以后，新疆省内建成多条公路带，多个交通枢纽城市的出现。新疆修建公路的时间晚于内地，1920 年之后，新疆省地方政府才开始计划修建通行汽车的公路。1928 年，由旧官道改建的迪化—塔城公路通车运行，迪塔之间两日可达。1931 年迪化—奇台公路建成，路长 198 千米，宽 7～8 米，砂石路面 6 米，桥涵为木石结构，可通客货班车。③ 1931 年，新省动员兵工维修迪塔公路，原经沙湾小拐、额敏至塔城，改为经乌苏、额敏至塔城，由此，迪化至乌苏段公路成为迪伊、迪塔公路的复合路段。盛世才主政新疆后，在苏联的帮助下，城市公路建设进一步发展。1937 年，新疆修成迪伊、迪哈两条公路，全长 1859 千米。1939 年后，相继修成了额敏至塔城、迪化至焉耆、焉耆至阿克苏、阿克苏至喀什、喀什至和阗等公路线，总长 1564 千米。④ 至 1941 年，全疆可通汽车的公路增至 14 条，长约 6256 千米，⑤ 省内城际交通条件大为改观。

从以上新疆省内公路建设情况来看，20 世纪上半期，迪化依然是新疆省内最重要的交通枢纽城市，以迪化为中心，主要公路横向贯通东西，向北延伸至承化，向南延伸至于阗，其间又交错分布有城际公路交通支线，形成

---

① 《边事研究》，南京边事研究会 1935 年，第二卷第 2 期，第 6 页。
② 张大军：《新疆风暴七十年》（全十二册），台湾兰溪出版社 1980 年版，第 2328 页。
③ 中国人民政治协商会议乌鲁木齐市委员会文史资料研究委员会：《乌鲁木齐文史资料》（第 6 辑），新疆青年出版社 1988 年版，第 58 页。
④ 汪昭声：《到新疆去》，青年印刷所 1944 年版，第 61 页。
⑤ 新疆维吾尔自治区交通史志编纂委员会：《新疆公路交通史》（第一册），人民交通出版社 1992 年版，第 27 页。

新疆省内多条城际公路交通带。其中,公路交通干线的关键节点形成了近代新疆公路交通枢纽城市,如塔城、额敏、霍城、精河、乌苏、绥来、迪化、吐鲁番、鄯善、七角井、哈密、托克逊、和硕、库尔勒、轮台、库车、拜城、阿克苏、巴楚、叶城、皮山、和阗、于阗等城。

2. 沟通东西的城市交通带与交通枢纽城市

清末民国时期,新疆与内地联络的路线主要有3条,即陕甘大道、内蒙小草原道和外蒙大草原道。此外,新疆与邻省的道路还有若羌经忙崖至青海西宁路、且末经若羌至敦煌路,但这两条道路的使用率不如前述3条。

外蒙大草原道,自奇台折库伦赴迪化城,过外蒙大草原至包头,全长约5090里。外蒙大草原道为1910年以前商人们最乐意行走的商道,商货取道外蒙由骆驼运输至绥远或包头,再经平绥铁路运至天津出口,较为便利。1911年外蒙独立,商人路过此道需缴纳高额关税,商货常常被外蒙扣留,因此民初后入疆商人便不再行此道路。

内蒙小草原道,自哈密过沙漠经内蒙小草原至包头,全程约7540里。1911年外蒙封锁北道后,绥新商人只能集资组织骆驼队,由绥远大青山(即阴山)北麓沿内蒙沙漠水草田而西走达于哈密,该道路途漫长,又需经过戈壁险路,商业驼队在一年之中仅有春秋两季往返其间,"由绥远三月出发,到了新疆已是六月了,再由新疆自八月出发,到着绥远,就是十一月左右"①。1933年,新绥汽车公司设立,公司设于天津,汽车总站在绥远,分站有延伸至新疆哈密、迪化线路,该线汽车行驶路线选用内蒙小草原道。

陕甘大道,由潼关经西安入甘肃,过皋兰、酒泉至安西后道路再分两段:西北路,经过猩猩峡至哈密,全长约4025里;西南路,经敦煌进入天山南路。

上述3条交通路线中,哈密为线路交错点,即为新疆与内地交通的枢纽之城,内地客货,无论是自内蒙绥远西走草原道,还是自甘肃兰州走戈壁道,入疆第一站即为哈密。民国期间,新疆与内地交通数次遭到阻隔,如盛世才主政新疆期间,原本畅通的新绥交通以哈密为界被分隔为两段,哈密向东至绥远的客货运输由新绥汽车公司负责,哈密西向的客货运输则由迪化汽车总局负责,对客货往来造成极大的不便。哈密的交通枢纽功能被削弱不少,但哈密城在沟通东西交通中的枢纽地位却始终稳固,特别是在1937年抗战爆发后,"先之以海口之封锁,继之以滇越、滇缅之阻塞,全国由东

---

① [日]村田孜郎:《苏俄对于新疆交通的控制》,朱孝曾译,载《边疆半月刊》1937年第1期,第51页。

北、东南,以迄西南之海陆交通,可谓完全断绝。惟西北一隅,由陪都达兰州,由兰州达星星峡,再由星星峡达霍尔果斯与苏联之西土铁路相通,绵延万里,自'七七事变'迄今,竟能畅通无阻"①。此段"畅通无阻"的中苏交通线新疆境内的线路为"伊犁—迪化—哈密"一线,哈密在此线中的枢纽地位不言而喻。抗战期间,这条通道成为苏联支援内地抗战物资的西北生命线。通过此线,大量军火物资经过新疆运往内地,1938—1939 年两年内由甘新线运往内地的军备物资就有飞机 985 驾、坦克 82 辆、火炮 1300 多门、机枪 1.4 万余挺②。时人评价"仅就此一事言,新疆对抗战之贡献甚大"③。20 世纪 40 年代后,国民政府正式接管新疆,内地掀起"开发大西北"的热潮,国民政府计划将内地人口移民新疆,为此,交通部于 1943 年建立了 79 个西北驿站,沿途有"旅客之家",移民大队可以从广元直达新疆的哈密,该路程长达 2322 千米,"客运暂定每周开行定期班车一次,可在广元驿站购联运车票。到兰州后西行,经河口、永登,越海拔二千九百公尺乌纱岭(即乌鞘岭。笔者注)后,经古浪、武威、永昌、山丹、张掖、酒泉,出嘉峪关,经玉门、安西至星星峡,再行二百千米至哈密"④。哈密的入疆交通枢纽地位更无可动摇。

除上述公路交通建设外,20 世纪 20 年代以后,新疆还发展了与内地的航空交通。20 世纪 20 年代中期,德国政府派容克航空公司代表与国民党交通部谈判,欲开辟欧亚航线,达成欧亚航空公司航线协议,自南京经新疆进入苏联再达柏林。1929 年,新疆哈密、迪化、塔城三地动工建设机场,哈密机场建在离县城 3~4 千米的北沙窝,迪化机场建在东城墙外约 8 千米处(后迁至大地窝堡)。1932 年,欧亚航空公司第三航线通航,由上海起飞,于西安、兰州中转,经哈密、迪化而至塔城,全线长 4050 千米。1939 年,欧亚航空公司改组为中国中央航空公司,开辟了重庆至哈密航线。虽然由于西安以西至新疆省内诸站间乘客、邮件较少,航空公司又需在各站建设油库,储备航空燃料,投入大而收效少,真正飞达新疆省内的航班数量极少,但新疆与内地航线的开通、新疆省内机场等基础设施的建设为后期新疆航空运输的开展提供了便利条件。抗战开始后,中苏之间的航空运输便频繁起降于新疆上述机场,并在奇台、乌苏、伊犁等地又增建了军用机场。航空交通

---

① 李烛尘:《西北历程》,甘肃人民出版社 2003 年版,第 132 页。
② 刘金声、曹洪涛:《中国近现代城市的发展》,中国城市出版社 1998 年版,第 335 页。
③ 李烛尘:《西北历程》,甘肃人民出版社 2003 年版,第 82 页。
④ 汪昭声:《到新疆去》,青年印刷所 1944 年版,第 103 – 105 页。

的建设，在新疆城市与内地城市的交通联络上具有划时代的意义，通过航空交通，新疆城市，特别是北疆的一些重要城市，甚至远在新疆西部边境的伊犁、塔城等城市也能够与更多的内地城市建立直接的交通联系，加强了新疆城市与内地的沟通交流。

3. 被动开放后繁荣的国际交通与对外交通枢纽城市

鸦片战争后，中国国门被迫向西方列强开放，地处西北边疆的新疆直接与俄国及英属印度、阿富汗毗连，新疆塔城、伊犁、喀什等城被迫开埠通商后，与邻国边境城市之间的交通随之发展起来，其中新疆与苏（俄）边境城市之间的交通线路最为繁荣。

20世纪上半期，由新疆往苏（俄）境内的路线有6条大道，由南疆去者及北疆去者各有3条大道：①喀什至安集延。自喀什西行120里至明约洛卡，240里至乌鲁克洽提，再240里至依尔克斯坦，中俄于此分界，再行870里至安集延，此线共长1470里，为山径石路，不能通车，依尔克斯坦向西的道路需翻山越岭，行进困难，骑行约需13日，驼马运货约需22日。安集延有铁路西通撒马尔罕。民初时，因"此地西距俄属安集延火车站十一程，故自南疆往来京、津、汉、沪及湖南省，无不出于其途"①。②喀什至比什伯克线。自喀什北行约520余里越土尔尕特（Turgort）大山，逾山北即为俄境，行480里至那林（在大那林河之北，又名那林斯阔叶），再行900里有汽车路北行至比什伯克。此路多水草，适合骆驼行走，交通比依尔克斯坦路便利，为新俄之间的捷径。比什伯克是新俄贸易的中心地，该路线的畅通与否，对新俄贸易影响较大，俄国革命时期与新疆贸易大为减少，此路的封锁是重要原因之一。土西铁路修成后，比什伯克为重要站点之一。1931年此路解除封锁，新苏贸易骤增。③乌什至哈拉湖线。自乌什骑行2日越古鲁达坂入苏（俄）境，再3日而至哈拉湖。哈拉湖为苏（俄）种植罂粟的地区，所产鸦片皆由此路运到新疆。民国五年，哈拉湖之哈、布、回等族反抗俄政府征兵，被迫逃入乌什，即取此道。④伊犁伊宁至阿尔汀伊蔑立司开雅/阿拉木图线。⑤塔城至爱古斯线。⑥吉木乃至斋桑线。②

1930年4月苏联完成了土西铁路的修建，土西铁路即西土耳其斯坦（苏联对中亚细亚的称谓）与西伯利亚间的铁路，该铁路起自西伯利亚铁道的中心西伯利亚城（New Sibirak），南下行经斜米帕拉汀斯克、阿拉木图、塔什干，与土耳其斯坦铁路及外裹海铁路（Tran Caspain Railway）相接，全

---

① 谢晓钟：《新疆游记》，甘肃人民出版社2002年版，第198页。
② 曾问吾：《中国经营西域史》，商务印书馆1936年版，第683页。

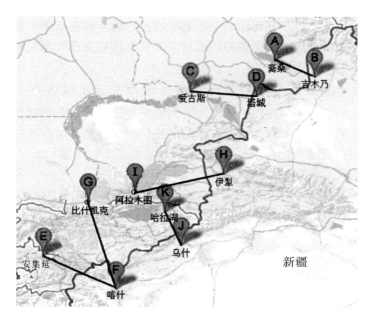

图27　20世纪上半期新疆边境城市与苏（俄）城市之间的交通示意图

长2519千米。土西铁路环绕新疆外廓为700多千米，呈现对新疆边境的弧形包围状态，且土西铁路设有若干大站可与新疆边境重要城市直接联络，汽车行驶最多不过三四天路程便可达新疆边境城市①，如爱古斯（Ayaguz）站换乘汽车"只要数小时就可达到"塔城边卡巴克图②；萨雷泽克（Saryozek）站换车可至伊犁霍尔果斯；阿尔马阿塔（Almaty）站换车可至阿克苏。土西铁路的建成使苏联与新疆城市之间的交往更加便利，苏联势力更为广泛地渗透到新疆边境各城直至全疆。

以上线路中，直接与苏（俄）边境城市建立交通联系的新疆边境城市有北疆的伊犁、塔城、吉木乃及南疆的阿克苏、喀什、乌什。国际贸易的开展，客观上繁荣了这些城市的商业，使这些城市一跃成为新疆边贸枢纽城市，进而带动了这些城市与新疆省内其他城市之间的交通建设，形成贯通全疆的城市交通带。以塔城为例，塔城为新疆开埠口岸城市之一，1901年之前塔城与斋桑（俄国口岸城市）贸易量不足50万卢布，1901年时两城之间

---

① 李寰：《新疆研究》，安庆印书局1944年版，第89页。
② [日]村田孜郎：《苏俄对于新疆交通的控制》，朱孝曾译，载《边疆半月刊》1937年第1期，第49页。

的贸易量已经增至 500 万卢布,[①] 正是在这种增长迅猛的国际贸易推动下,塔城的国际商贸枢纽地位日渐显著,促使新疆省地方政府着手加强塔城与省内各城间的道路建设,特别是塔城与省会城市迪化之间的公路建设,"以继塔城斜米之南段,使成一贯"[②]。1928 年迪塔公路完工,这条公路虽然修建技术较落后,质量不高,却是新疆为通行汽车而建的第一条简易公路。迪哈公路修成后,北疆自塔城至哈密完全连通,再加上其后迪化—伊犁、迪化—喀什等公路的陆续建成,俄国商品与新疆及内地商品往来日益繁盛。值得一提的是,上述新疆对外商贸枢纽城市中,伊犁还在中国抗日战争时期发挥了重要的物资转运枢纽作用,时中国内地对外交通几乎完全被日本阻隔,仅有苏联通过新疆伊犁,经迪伊公路与迪哈公路向中国内地输送民用及军备物资,为中国抗战做出了重要贡献。

民国以后,新疆边境城市除与苏(俄)建立交通联系外,南疆边境城市与英属印度、阿富汗边境城市间也开通了商业通路。民国三十二年(1943),新疆省政府及交通部邮政总局核准新疆与印度通邮,于新疆南端城市蒲犁成立与印度办理互换邮件的交换邮局,该邮局与印方边境邮局负责交接欧美与中国内地及新疆经由印度转寄的邮件。蒲犁成为印度、阿富汗入疆的先头城市,但相较于其他边境城市与俄国边境城市之间的交往,蒲犁与印度、阿富汗边城的往来相对较少,因而蒲犁的对外枢纽地位亦不如前述城市重要。

三、商业城市

1. 传统商业中心城市的发展变迁

新疆传统的商业中心城市,东路有哈密、镇西、古城,北疆有迪化、伊犁,南疆有喀什。新疆建省后,这些传统商业城市有的得以继续发展,有的却逐渐衰落。

老奇台(靖宁城)的衰落与古城的兴盛:乾隆三十八年(1773)时奇台便已设县,县治靖宁城,后又建有孚远城(满城)。清末袁大化所著《抚新纪程》称奇台为入疆商务的枢纽之地[③],"其处四达",内地商人自嘉峪关

---

① 新疆社会科学院历史研究所:《新疆简史》(第二册),新疆人民出版社 1987 年版,第 361 页。
② 新疆维吾尔自治区交通史志编纂委员会:《新疆公路交通史》(第一册),人民交通出版社 1992 年版,第 13 页。
③ (清)袁大化:《抚新纪程》,载沈云龙编:《近代中国史料丛刊》(第十辑),台湾文海出版社 1968 年版,第 170 页。

运至此地货物,"转毂数百,运驰以千记,北贾科布多、乌里雅苏东台,北贾归化城,西贾伊塔、俄国,南贾吐鲁番及天山以南,东路一都会也"①,可见其在新疆交通与商务中的重要地位。同治战乱,靖宁城被陷,城市遭到较大的破坏。战乱平定后,靖宁城曾在光绪五年(1879)得到修缮,其后又遭受瘟疫之害,人口大为减少,城市再无法恢复昔日光景。与此同时,古城却因交通枢纽的位置,商业持续繁荣,建省后,"新疆商务,以古城为中枢,南北各货,悉由此转输,市廛之盛,为边塞第一"②,古城成为当时新疆东部最大的商业中转中心,陕、甘、湘、鄂、豫、蜀、燕、晋、蒙古等地商人皆汇集于此。综合考虑地理、交通、商业、人口等多项因素,奇台县治完成了向古城的迁移,县治迁移后,古城商贸得以进一步发展。1894年,孚远城增并满城,"城池之大,商务之繁,皆可拟于省会。城关居民一万一千余家……晋津大商三十余家……乌里雅苏台、阿尔泰、科布多诸地百货粮食,皆仰给于此"③。20世纪30年代,古城人口达到6万,商况繁盛。而靖宁城则从县级城市逐渐衰落成小型集镇。

东路贸易中心哈密的衰微:哈密是内地商品入新的必经之地,由此再转运至南路吐鲁番、库车一带及北路古城、迪化一带。清时,哈密每年有数量极多的骆驼商队过境,自绥远至哈密转运货物的骆驼每年达百余顶帐房(每顶帐房约有骆驼170只)。光绪初年,还是"货物麇集"景象,但"自行营既撤,银市窘滞,货亦钝销,商情因此折本歇业,日渐涣散,现阛阓萧条,交易终觉冷落"④。20世纪30年代后,由于新疆省内政局不稳,"东路来货裹足,西路土产,悉为外商揽拉以去,哈密为东路入口,影响更巨,因之,此间唯一之运驼事业,亦见一落千丈"⑤。此时哈密城中市场,除砖茶、茯茶由内地转运而来外,俄货充斥,且货物无定价,又加上金融不稳,复归易货贸易,商人恶性竞争,终致哈密商业日蹙。

2. 边境商业城市发展蓬勃

19世纪末,新疆伊犁、塔城、喀什噶尔等城市成为边境开埠通商城市,俄、英等国在上述城市的商贸活动客观上刺激了这些城市商业的繁荣,推动了城市的整体发展。

---

① (清)袁大化、王树枏等:《新疆图志》(卷一,建置一),东方学会1923年版,第17页。
② 钟广生:《西疆备乘》(卷三,商务),1914年私印本,第55-56页。
③ 谢晓钟:《新疆游记》,甘肃人民出版社2002年版,第295页。
④ 中国社会科学院中国边疆史地研究中心:《新疆乡土志稿·哈密直隶厅乡土志》,全国图书馆文献缩微复制中心1990年版,第292页。
⑤ 徐弋吾:《新疆印象记》,西京和记印书馆1934年版,第96页。

清代伊犁九城之中，以伊犁将军驻地惠远城"最大广，衢容五轨"，回、哈等部落"皆入境贸易"①。同治战乱后，惠远城遭到极大破坏，旧城被废弃，新修惠远城虽然面积、形制皆与旧城相似，但再难有旧城曾有的辉煌，伊犁地区代之而起的商业城市则是宁远城。宁远城亦为清代伊犁地区所建九城之一，清时，宁远城在城市规模、地位上皆低于惠远城，仅为伊犁九城体系中的二级城市，其城市功能相对侧重于商业。俄国占领伊犁期间，弃已遭毁的惠远而重宁远，将宁远作为其统治北区的中心，宁远城从而获得近10年的平稳发展期。新疆建省，宁远城成为伊犁府府治所在，1888年宁远城置县，隶属于伊犁府，辖地东起库尔喀喇乌苏（今乌苏）、西至中俄边境、北起绥定（今霍城）、南至温宿（今阿克苏旧城），面积近5万平方千米。宁远城地处中俄边境的位置及早期的城市经济基础使其具有优良的商业发展环境，清末时城内便有京、津商人形成的"汉人街"，俄、英等国商人来往贸易，此外该城近代工业发展的良好态势在省内也是屈指可数，同时又作为开埠通商口岸城市，商业日渐繁荣，推动城市加速发展。1909年时，宁远县仅有人口0.5万人，到1928年时人口已达到2.7万人，较之1909年，人口增幅达到452%，成为北疆地区人口最多的城市之一。在城市经济发展、人口增长的推动下，宁远城的城市地位也从清代伊犁地区的二级城市上升为一级城市，从而取代惠远城成为伊犁地区的中心城市。

塔城原为"边瘠苦寒"之地，清末开埠通商以后，因"邻接苏联国境，正对勃发依市，对俄贸易极盛"②，"自俄国商货转运各城者，皆由此灌输"，商业的繁盛使塔城的"狭薄之风，为之一变"③。民国时期，塔城与苏俄商业交往频繁。苏联土西铁路修建完成后，苏、新往来货物大多经过塔城，使塔城一跃成为新疆商贸重要城市之一。商业贸易的繁荣推动塔城的发展，民国三十二年（1943），塔城县行政级别升级为一等县。

喀什为南疆重要政治、经济中心，疏附县城商业繁荣，"盖该城系通商码头，故皆辐辏于彼也"④。新疆建省后，更成为俄、英及英属印度、阿富汗等国在南疆的商业集散地。英属印度商品从塔什库尔干由驴马运至喀什，苏（俄）商品从依尔克斯塘由苏新贸易公司喀什转运公司驼运至喀什，喀

---

① 钟广生：《西疆备乘》（卷三，商务），1914年私印本，第55页。
② ［日］国松久弥：《日人眼中之新疆》，陈一中译，载《边疆半月刊》1936年第1期，第11页。
③ 钟广生：《西疆备乘》（卷三，商务），1914年私印本，第56页。
④ 中国社会科学院中国边疆史地研究中心：《新疆乡土志稿·温宿府乡土志》，全国图书馆文献缩微复制中心1990年版，第601页。

什一时成为国际贸易中心。新疆各地商人包括迪化商人则从喀什采购印度、苏联商品，再售卖至南北疆城市。

除上述综合型城市、交通枢纽城市、商业中心城市外，近代新疆还有军事防御城市和一般行政中心城市两类。其中，军事防御城市主要是北疆西北部沿边一带，如承化、阿勒泰、布尔津、吉木乃、塔城、裕民等城。一般行政中心城市即不具备突出的交通枢纽、商业中心、军事防御等功能的县治城市，多为方便地方行政治理而设县建设的城市。

小　结

近代新疆城市个性功能突出地表现在城市的交通、商业枢纽及军事防御功能方面。从近代城市功能的变迁来看，新疆城市功能在近代发展中表现出两大特点：一是"军城"向"治城"的转变。这主要是因为新疆建省后行政体制由军府制向州县制转变，清代形成的驻防城相继被撤销，城市的民治功能逐渐完善。二是城市商业职能强化。伴随城际交通的改善、城市人口的增长、城市规模的扩大及近代国际商贸的发展，新疆城市商业繁荣，城市的商业职能进一步增强。三是城市的功能日趋综合化，逐渐成为地区行政、经济、文化中心。

以城市主要功能为基础，近代新疆城市类型主要有综合型城市、交通枢纽城市、商业中心城市、军事防御城市及一般行政中心城市几类。综合性城市以省会迪化为代表，其全疆行政、经济、文化的中心地位突出；交通枢纽城市又可分为省内城际交通枢纽城市、与内地城市沟通的交通枢纽城市、与境外城市沟通的边境交通枢纽城市3种；近代新疆的商业中心城市有传统商业中心城市、开埠通商城市两类。北疆边境一线的城市军事防御意义仍较明显。此外，近代新疆还有一批一般行政中心城市，遍布于南北疆地区。

第七章　多元异质交融的近代城市文化与社会

第一节　城市人口的多元结构

近代新疆城市的人口数字，可见前文"城市人口规模"论述部分。本节主要探讨近代新疆城市人口的结构构成。

人口可根据不同的分类标准进行结构划分，如年龄结构、性别结构、民族结构、职业结构、家庭结构等。

一、近代新疆城市人口的国家、民族结构

1. 国内各民族在新疆城市分布状况

新疆地区自古以来便是多民族活动区域，清末新疆200多万人口中，少数民族占人口的绝大多数，包括维吾尔族、哈萨克族、蒙古族、回族、满族等民族，其中哈萨克族、蒙古族等民族从事游牧畜牧生产，生活在草原牧区。过城市定居生活的民族主要有维吾尔族、回族、满族及汉族。

表23　近代新疆各主要民族在城市的分布情况

民族	分布情况	来源	人口数	占人口总数百分比
维吾尔族	遍及全疆，南疆"几乎全属此族人"	本地	120万	60%
回族	散居于哈密、镇西、古城、孚远、阜康、迪化、昌吉、绥来、乌苏、伊犁、塔城、阿山、吐鲁番、鄯善等处	陕、甘	30万	15%

续表 23

民族	分布情况	来源	人口数	占人口总数百分比
汉族	"凡设官之地，均有汉人足迹，迪化尤为汉人之大本营。"1931 年哈密事变后，"南疆方面汉人几将绝迹"，汉族主要分布在北疆各城	湘、陕、甘、津、晋、鄂、豫、蜀及东北地区	25 万	12.5%
满族	伊犁、塔城、古城	清驻防兵后代	5 万	2.5%

附注：资料来源于《中国经营西域史》，第 571－586 页。

维吾尔族在清代以前主要分布在南疆各绿洲城市中，清代实行移民屯垦政策，南疆部分维吾尔族被迁往北疆从事农业生产，如伊犁的"塔兰奇"人即由南疆迁来的从事农业生产的维吾尔人。清代以后，维吾尔人在北疆的分布逐渐扩大，几乎所有城市中皆有维吾尔族人生活，形成南北疆各占 70%、30% 的分布态势。北疆的维吾尔族多从事农业生产，南疆的维吾尔族除务农外，也有部分在喀什噶尔、吐鲁番、库车、库尔勒、莎车、和阗等城经营商业，还有少量维吾尔族人在衙门充当差役及兵士。

回族主要为乾隆年间大兴屯垦时由陕、甘两省迁入，有"甘回""陕回"之分，人数在 30～40 万之间。天山北路的回族主要分布在昌吉、孚远、绥来、迪化、镇西、古城、伊犁等城，南疆回族人数稍少，主要分布在焉耆、哈密两城。约六成回族在新疆从事农业，其余则经营商业。杨增新主政新疆时，组建"回队"，回族在新疆军界的数量增加，地位有所提高。

内地汉族前往新疆的历史较为久远，汉代以后历代前往西域者，非"潜踪逃迹之亡命之徒，即为谪戍边庭之政治犯"[①]。清乾隆后，入疆的汉人一部分为绿营汉兵，另一部分为汉商或屯垦农民。清同治年间，左宗棠平定全疆，其部卒留疆，"多系三湘七泽之子弟"[②]；此外，随军天津杨柳青人亦落地新疆，成为坐商，开内地商人大批赴新经商之先河。建省后，省政府招民屯垦，大批内地汉族难民、流民入疆领垦。民国以后，先有杨增新执政，入疆投靠其门下的政客及军士多为云南人。金树仁执政时，"河西汉人迁往者亦甚众"；盛世才主新，值"九一八"事变后，"东北军李杜、苏炳文部，

---

① 汪永泽：《新疆风物》，文信书局 1943 年版，第 68 页。
② 汪永泽：《新疆风物》，文信书局 1943 年版，第 68 页。

由苏联之西伯利亚,退入新疆,总数六七千人";"七七事变"后,"我国在苏联远东之华侨,迁往新省者,又达两万人之多,其他如川、甘、陕、晋、冀等省,客商于新省者,为数亦甚伙"。① 国民党入疆接管新疆后,内地掀起"开发大西北"的热潮,不少内地文人、学生及贫民入疆,成为新疆汉族的又一股新鲜血液。新疆的汉族分布范围极广,除务农或"烟客"之外,大部分分布于新疆北疆的一些城市,如迪化、伊犁、古城、镇西等,其中以迪化的汉族人数最多,分布最为集中,军政及农工商界皆有汉族。

满族进入新疆始于乾隆年间,平准部乱时,八旗军入新,成为清代中央政府在新疆北疆地区的驻防军。满营在北疆各城的驻扎区域自成体系,形成"满城"。在清代的民族隔离政策下,少数民族不得随意出入满城。清末,新疆的满城出现与汉城合而为一的趋势,至清王朝被推翻后,驻防体系亦随之崩溃,满营被裁撤,各城的"旗民"开始寻找新的生计,如奇台划拨荒地供旗民耕种或任其经商;古城向解散的满营兵士发放两年粮饷资助其筹谋生计,并将满营废城内所产枸杞收归旗民生计。此后,满族在新疆城乡或商或农,人口再未有增加。

2. 外国人口的迁入

由于新疆地处我国西北边疆,同时又被称为"欧亚十字路口",历史上,外国人在新疆的活动不绝,多为从事贸易活动的商人,这些商人又大多只是"间出其途,然不过偶尔假道,无流寓杂处者",自"阿古柏招致通商,种人日增,遂皆视为东道主"②。刘锦棠收复新疆时,仅在叶尔羌、和阗便俘获外国人 5000 余人,其中"英吉利商官一人,随从商贾九人,乳尔教头二人,商人三人,阿剌伯三人,温都斯坦三十余人,鄂勒推把二十余人,克什米尔七百余人,拔达克山三千余人,巴耳替一千余人,科斯普一百五十余人,哈隆普二百五十余人"③,可见当时新疆各城特别是边境城市外国人的遍布之势。对这些外国人的安置,清政府准其愿回国者回国,剩余者安插于关内。

宣统元年(1909)时,新疆各城有俄国人 1 万人以上,包括领事馆人员、商人,各城工矿业雇用的技师,邮政、电报、医疗领域也有俄国人参

---

① 汪永泽:《新疆风物》,文信书局 1943 年版,第 68 页。
② (清)魏光焘:《戡定新疆记》(卷四,武功记四),载沈云龙编:《近代中国史料丛刊》(第十七辑),台湾文海出版社 1968 年版,第 121 页。
③ (清)魏光焘:《戡定新疆记》(卷四,武功记四),载沈云龙编:《近代中国史料丛刊》(第十七辑),台湾文海出版社 1968 年版,第 121 页。

与。同期南疆各城有英侨（包括阿富汗、克什米尔人）300 余人，包括领事馆人员、商人等。值得注意的是，由于此时的新疆无治外法权，英、俄"越界犯法之徒非视新疆为避难所，即以此为冒险家之乐园"。这些亡命之徒在新疆不畏本国法律，对中国官署更无所忌惮，引发诸多民间纠纷，仅新疆"司牙孜"制在光绪八年（1882）至宣统元年（1909）间便审理解决了近 3000 件中外纠纷，伊犁地区在 1882—1907 年间通过司牙孜会审解决了 700 余件中俄纠纷。① 由此可见，部分英俄等外国不法之徒入疆给新疆城市社会带来了不稳定因素。

自俄国革命后，俄人逃往新疆者日众，"几于无法制止"②，妇女多改嫁与天山北路哈萨克等民族，男子则分散于新疆各地，其中少数有技术或学识的，被各城机关雇用，其余则有在牧区、乡村从事畜牧或种植业，也有在各城从事医疗、驾驶、照相、修理钟表机器等为生，留居各城日久后加入中国籍，人数"当在五万人以上"③，主要居住在伊犁及塔城一带，这些入疆的俄国人形成了后来新疆俄罗斯族，当时人们称其为"归化俄"或"白俄"。

近代，除俄国人入疆批次和人数较多外，新疆各城还有其他国家的领事馆工作人员及其家眷、传教士和商人，人数不多。20 世纪初时居住在南疆喀什的英国领事夫人称当时"喀什噶尔的外国人圈子是一个大杂烩——我可以这样说，这里是一个世界大家庭"④。这个"世界大家庭"成员包括俄国领事馆工作人员及其家眷，瑞典传教团、荷兰传教士、英国领事馆工作人员（包括印度人和中国人）及其家眷等。

表 24 1909 年新疆部分城市外国人口及其职业构成状况　（单位：人）

地名	官员	传教士	工商	医生	士兵	教习	杂业	其他	合计
迪化县	5	3	485	2	40	—	5	—	540
绥来县	—	1	—	—	—	—	—	—	1
孚远县	—	—	3	—	—	—	—	—	3
奇台县	—	—	47	—	—	—	2	20	69
吐鲁番直隶厅	—	—	33	—	—	—	—	—	33

---

① 张大军：《新疆风暴七十年》（全十二册），台湾兰溪出版社 1970 年版，第 117 页。
② 冯有真：《新疆视察记》，世界书局 1934 年版，第 192 页。
③ 吴绍璘：《新疆概观》，仁声印书局 1933 年版，第 282 页。
④ [英]凯瑟琳·马嘎特尼、戴安娜·西普顿：《外交官夫人的回忆》，王卫平、崔延虎译，新疆人民出版社 1997 年版，第 42 页。

续表24

地名	官员	传教士	工商	医生	士兵	教习	杂业	其他	合计
鄯善县	—	—	1	—	—	—	—	—	1
哈密直隶厅	—	—	7	—	—	—	—	—	7
绥定县	1	1	131	—	10	—	35	—	178
宁远县	6	2	509	2	—	5	1744	—	2268
塔城直隶厅	8	10	500	5	—	2	—	1	526
温宿府	—	—	6	—	—	—	—	—	6
温宿县	—	—	127	—	—	—	—	—	127
柯坪巡检厅	—	—	2	—	—	—	—	—	2
拜城县	—	—	—	1	—	—	—	—	1
焉耆府	—	—	2	—	—	—	—	—	2
若羌县	—	—	13	—	—	—	—	—	13
轮台县	—	—	3	—	—	—	—	—	3
库车直隶州	—	—	70	—	—	—	2	—	72
沙雅县	—	—	8	—	—	—	—	—	8
乌什直隶厅	—	—	110	—	—	—	17	—	127
疏勒府	—	1	25	—	—	—	—	—	26
疏附县	10	3	269	6	58	2	—	—	348
莎车府	—	—	1433	—	—	1	—	—	1434
蒲犁分防厅	1	—	1	—	21	—	1	—	24
巴楚州	2	—	17	—	—	—	2	—	21
叶城县	—	—	25	—	—	—	—	—	25
和阗直隶州	—	—	209	—	—	—	50	—	259
于阗县	—	—	182	—	—	—	—	—	182
英吉沙尔直隶厅	—	—	139	—	—	—	—	—	139

附注：资料来源于《新疆图志》卷四三，民政四。

二、近代新疆城市人口的职业结构

1. 军人

清乾隆年间统一全疆后,为巩固边疆军事防御,加强对边疆国土的经营,清政府开始在新疆修筑"满城""汉城"等"军城",用以驻扎八旗军和汉军,由此,军人成为新疆城市人口的重要构成部分。如乾隆二十七年至三十九年(1762—1774),清政府调往新疆的2万八旗官兵中,有6600名八旗官兵携家眷居住在伊犁惠远城、惠宁城两地满营,5400名八旗官兵携家眷居住在乌鲁木齐、巴里坤、古城三地满营。①

清末,随左宗棠入疆的各路清军,包括四川蜀军、两湖湘军等,在新疆建省后,部分作为驻军,部分被遣散后转业谋生,居住于省城迪化及各县城乡。

杨增新时期,新疆军队有"省城一混成旅、卫队五营,疏勒一混成团,伊犁一步兵团、一骑兵团、一炮兵营。此外,巡防队二十五营、新军七营、警备队二营、蒙古军队四营三连。共一旅、四团、四十四营、七连,约二万人"②。就军队的居住情况而言,陆军分驻于迪化、伊犁、喀什等城;新军中蒙古骑兵、哈萨克骑兵分布于牧区,汉回、新回兵驻迪化、喀什、阿山、镇西、若羌、阜康、布伦托海、精河、鄯善、蒲犁、塔城、绥来等城;巡防营驻塔城、精河等城。③ 其中陆军以陕甘人居多,巡防营以两湖人居多,回队为杨增新招募以制衡陆军和巡防营的力量。这一时期,新疆各城驻军除应对较大危局(如新省民众叛乱、内地军阀扰新、俄苏侵扰)外,对城市的日常维稳亦有重要作用,如镇压哥老会在城内的骚乱等。

金树仁时期,将新疆各城驻军按照国民革命军编制予以整编,共编为6个师,分驻省城迪化、塔城、伊犁、阿山、阿克苏、喀什噶尔,驻军总人数较杨增新时期未有大的变动;未整编的驻城军队还有阿山营务处700余人,喀什汉回队1200余人;塔城、精河、乌苏、绥来、呼图壁、昌吉、吐鲁番、哈密、焉耆、库车、阿克苏、乌什、巴楚、伽师、英吉沙、莎车、皮山、蒲犁、和阗、于阗等城各有1~2个巡防营。以上驻扎新疆各城的军队官兵几

---

① (清)松筠:《西陲总统事略》(卷四,官制兵额),台湾文海出版社1965年(影印本),第5-6页。
② 吴廷燮:《新疆大记补编》(卷九上,郡县建置一),载甘肃省古籍文献整理编译中心:《西北稀见方志文献》(第三卷),兰州古籍书店1990年版,第595页。
③ 曾问吾:《中国经营西域史》,商务印书馆1936年版,第611-612页。

乎人人一杆烟枪,缺乏训练,军纪涣散,战斗能力低,没有为城市带来严整的军风影响,被当时的民众称为"乞丐军"。军队兵士甚至在冬季替城中居民"负柴扫雪"以换取吸食鸦片的费用。

金树仁政府倒台时,新疆军队四分五裂,各部自成势力范围,如盛世才部驻迪化,张培元部驻塔城、伊犁,魏镇国部由阿山移防奇台、孚远,新回部据库车、温宿、阿克苏等处。这一时期,新疆迪化、伊犁等重要城市的军事力量发生了两大变化:一是归化军在"四一二"政变中入省城迪化,并维持金树仁离省后迪化城的治安;二是东北抗日军的入新进驻迪化、伊犁。

"四一二"政变发动方承诺归化军在功成后可志愿复员,在政治上享有和汉人同等的待遇,有在城市中居住和谋生的自由,可参加政府工作,对归化军中的首要,新疆政府将委任要职。① 归化军得此承诺,打响了政变的第一枪。

1933—1941 年,东北抗日义勇军 24894 人分 19 批辗转苏联再由塔城、霍尔果斯、青河等地进入新疆境内,其中 18000 余人进驻迪化,6500 余人进驻伊犁绥定、惠远和伊宁县城内。② 1933 年 3 月,第一批进入迪化的东北抗日义勇军近 4000 人,被安置在迪化东门外新建的官僚住宅区内(该区域即后来的"新兵营"),官兵进城需凭许可证。"四一二"政变中,东北抗日义勇军参与了迪化城内的战斗,最终促成了金树仁政权的倒台。

上述 2 万余名东北抗日义勇军在进入新疆后,又经历多次征战,至全疆政局基本稳定后,余 2 万名官兵,主要分布在迪化、伊犁两城,一定程度上改变了两城城市人口的构成,即汉族人口比例有所增加。

盛世才主新后,全疆驻军人数达到 7 万多人,全省分为 11 个军区,即哈镇(哈密、镇西)、吐鄯(吐鲁番、鄯善、托克逊)、奇孚(奇台、孚远、木垒河)、伊犁、塔城、阿山、乌绥(乌苏、绥来、沙湾)、焉耆、阿克苏、喀什、和阗军区,各区设警备司令统辖军队,维持治安。③ 1934 年,盛世才将进疆东北抗日义勇军整编为省军下属各团,除迪化、伊犁两城外,鄯善、吐鲁番、镇西、古城、喀什、焉耆、且末、和阗、阿勒泰、塔城等城亦有驻扎,约 2000 名老弱病残的兵士则被安置在伊犁惠远城的残废军人教养院或流落在各地方当职员、工人、务农。分布于各城的东北军对新疆城市的建设

---

① 陈方伯、谷梦麟:《从白山黑水到天山塔河——东北抗日义勇军在新疆》,新疆人民出版社 1996 年版,第 99 页。
② 陈方伯、谷梦麟:《从白山黑水到天山塔河——东北抗日义勇军在新疆》,新疆人民出版社 1996 年版,第 79－89 页。
③ 曾问吾:《中国经营西域史》,商务印书馆 1936 年版,第 620－621 页。

做出了重要贡献，如参加迪化警政学校培训的 300 多名东北抗日义勇军结业后被分配到新疆各地公安系统，巩固地方政权、控制社会稳定；驻扎在吐鲁番、托克逊的东北军凭人力开通了穿越天山孔道的简易公路；自 1935 年起，东北抗日义勇军参与修筑迪化至伊犁、迪化至塔城两条公路，这两条公路成为抗日战争期间苏联向内地抗战前线运输军备物质的重要国际运输线；对伊犁惠远城的建设，东北军更是功不可没，1933 年新疆省政府撤销驻伊犁惠远城的伊犁镇守使，改设行政公署，并将行署迁往伊宁市，当时惠远城"一改昔日的繁荣景象，十室九空"①，东北抗日军进驻惠远城后，着手各项建设，屯田垦荒、整治湟渠，恢复了惠远城的生机。

1944 年国民党接收新疆省军，对以东北军为主的师团再次进行改编，分别派驻绥来、焉耆、喀什、莎车、和阗等地，此时新疆的东北军在经过多次征战及盛世才的迫害后，部队中所剩的官兵人数不足 5000 人。后东北军受到国民党克扣、歧视，曾出现叛变、离职情况。1947 年有 1500 多名东北军及其家属被国民党遣散回乡。② 至 1949 年时，新疆境内各城所剩不多的东北军纷纷起义加入中国人民解放军，部分被编入国防军及新疆军区生产建设兵团，再次投身于新疆城乡建设。

2. 行政人员

从 1909 年新疆人口职业构成来看，从政人员包括各地衙署的官员、吏员（书吏）及差役，人数分别为 1170 人、359 人、2935 人。全疆行政人员总数为 4500 人左右，这些人绝大多数都居住在城市市区。

民国以后，随着政府机构的完善，城市各机关行政人员（公务员）人数大为增加，具体数字不详。根据 1945 年 1 月加入迪化公务员消费合作社的 8423 户行政股数字来看，③ 较清末而言，省城迪化的公务人员数字增长极多。当然，作为省会城市，迪化的行政机构比新疆其他各城要复杂、繁多，公务人员的规模也远远大于新疆其他各城，但以此来推断新疆其他各城的行政人员数量在民国以后呈现增长态势是合理的。

---

① 陈方伯、谷梦麟：《从白山黑水到天山塔河——东北抗日义勇军在新疆》，新疆人民出版社 1996 年版，第 154 页。

② 陈方伯、谷梦麟：《从白山黑水到天山塔河——东北抗日义勇军在新疆》，新疆人民出版社 1996 年版，第 184 页。

③ 新疆维吾尔自治区供销合作联社，新疆维吾尔自治区档案馆编：《民国时期新疆合作社档案史料选编》，新疆维吾尔自治区供销联社史志编辑室 1987 年版，第 226 页。
根据公务员入股合作社的规定，一名公务员可携其家眷入股，故以户为入股单位。

3. 工商业者

城市最初的形成与人类经济活动中心即"市"有着极为密切的关系，近代新疆城市发展与商业活动更是相辅相成的，各城从事商业活动的商人人数众多，有来往于新疆与内陆各省、新疆与境外各国之间的行商，也有长期生活在新疆的坐商。1909年新疆人口统计数字显示，定居于各城的华商达3.5万人①，其中迪化、绥定、焉耆、库车、乌什、疏勒、疏附、伽师、莎车、巴楚、叶城、和阗、英吉沙等地的商人都在千人以上，可见清末时新疆南疆各城的商人人数要远远多于北疆。一些城市虽然商人总数不多，但占城市总人口比重却较大。民国以后，随着北疆迪化、伊犁（宁远）城市商业的加速发展，这些城市的商人人数日益增多。民初，吐鲁番"四民之中，农得十七，工商得十三"②。

新疆的手工业者人数也较多，1909年时，全疆手工业者约6.2万人。需要注意的是，大多数手工业者分布在乡村，居住在城市的很少。近代以后，随着城市发展步伐的加快，城市人口增加，对手工制品的需求加大，城市手工业者人数有一定的增加。城市近代工业的发展增加了对工人的需求量，但城市工人的人数相对于从商、从政诸业的为少，因而工价奇高，普通工人月入"恒在十五元至二三十元之间，几超过一机关下级科员之收入"，"工人每多傲放成性，或任意休息，或时时停工，店主不敢置词，深惧有所拂逆而他去"③，可见城市工人的奇缺。本省维、哈等少数民族性好自由，一般不愿受雇于人，有嗜赌博者，本贩货入城，途中因赌博"尽丧所有，则转为博进者之佣工"；汉族雇工大多为入疆后"资斧已罄，不能再贩土产归来，则佣工度日"④；至于"新工艺或专门人才"，则很难在省内寻得，多由苏俄聘用而来。民国时，伊犁制革厂是伊犁地区最大的工厂之一，工人"冬季经常是在一百人上下，夏季工作多的时候，能增加到一百五十人"⑤。其他散布于新疆各地的工人，以南疆各城为多，如洛浦的织布工人人数在民国三十年（1941）时较二十八年（1939）增长20%，达1000多人；和阗缫丝女工有2000多人⑥。据日本《支那年鉴》（民国五年）（1916）对新疆工

---

① （清）袁大化、王树枏等：《新疆图志》（卷四三，民政四；卷四四，民政五），东方学会1923年版，第2—11页，1—14页。
② 谢晓钟：《新疆游记》，甘肃人民出版社2002年版，第91页。
③ 吴绍璘：《新疆概观》，仁声印书局1933年版，第257页。
④ 陆维天：《矛盾在新疆》，新疆人民出版社1986年版，第153、156页。
⑤ 韩清涛：《今日新疆》，中央日报社1943年（增订版），第77页。
⑥ 韩清涛：《今日新疆》，中央日报社1943年（增订版），第72页。

厂的调查，民国四年（1915）时新疆城市有无原动力工厂52处，男工815人，每日工资0.17～0.25元不等；女工116人，每日工资0.16～0.20元不等。①

表25　民初新疆各城工人从业情况

工厂类型	数量	男工人数	工资情况（元/日）	女工人数	工资情况（元/日）
制丝工厂	14	133	1.40	—	—
染织工厂（丝）	3	37	0.16～0.21	22	0.15～0.19
毛织工厂	3	53	0.19～0.26	—	—
染织工厂（毛）	16	90	0.18～0.24	22	0.25～0.29
成衣工厂	4	32	0.23～0.30	28	0.17～0.20
织染工厂（衣）	2	276	0.17～0.29	44	0.16～0.20
制磷寸工厂	1	55	0.40～0.45	—	—
制磷寸火药厂	1	22	0.40～0.45	—	—
制革工厂	2	29	0.21～0.30	—	—
酿造工厂	1	7	—	—	—
皮革羽毛制造厂	2	39	0.21～0.31	—	—
玉石牙骨制品厂	1	3	0.05～0.10	—	—
杂工厂	2	39	0.21～0.31	—	—
总计	52	815	—	116	—

附注：资料来源于《新疆风暴七十年》，第2206-2207页。

近代新疆各城赴俄佣工人数众多，主要分布在俄国与新疆毗连的斜米、七河、费尔干、塔什干等地区，人数"不下十数万人"②。据宣统二年（1910）调查数字，在俄属撒马尔有新民约2000人，阿拉木图新民9000余人，安集延、塔什干12000余人，浩罕及倭什22000余人，斜米、莫斯科、哈拉湖等处各有数百至数千新民。③民国以后，出境赴俄谋生的新民人数有增无减。

---

① 张大军：《新疆风暴七十年》（全十二册），台湾兰溪出版社1980年版，第2206页。
② 张大军：《新疆风暴七十年》（全十二册），台湾兰溪出版社1980年版，第1198页。
③ 张大军：《新疆风暴七十年》（全十二册），台湾兰溪出版社1980年版，第1190-1198页。

烟客是近代新疆赴俄佣工的一种特殊行业。清末民初时，俄国招募了大量新省边境城乡各族游民入俄境内种植罂粟，"六年春间（1917，笔者注），华民前往者不下二万余人，其中有租俄人之地而自种者，有为俄人佣工者，亦有携款贩运烟土者"①。杨增新执政后曾竭力遏制新民出境种烟。适逢1917年俄国革命爆发，众多赴俄种烟的烟民被驱逐回国，资本耗尽复又沦为赤贫阶层。因无正当营生，每年赴俄种烟的游民仍为数众多，甚至新疆省内军队的士兵也在春季"纷纷逃跑为越境种烟之计"②。赴俄种烟使新疆城市特别是边境城市流失了大量人口，烟客回国后又往往再难找到谋生之技；种烟、贩烟也促使新疆汉人吸食鸦片的现象严重，金树仁时"全省汉人吸鸦片者居其半数"③。可以说，近代新疆各城人口入俄种烟、贩烟引发了城市社会人口、就业、社会风气等方面的诸多问题，反映出近代资本主义大国在资本原始积累阶段对弱小邻邦的掠夺和利用。

4. 其他

无业者是近代新疆城市不可忽视的一类人群，1909年时，全疆登记的无业人数竟达2万人之多。近代新疆城市的无业者主要为难民及城市贫民，前者包括因战争、灾荒等原因自内地各省逃荒入新的农民，俄国入新的兵民及新疆省内因战乱、灾荒等原因流落各地的民众；后者为新省各地的鳏寡孤独无依靠者。由于城市能够提供救济难民的场所和救济活动，很多乡村因天灾人祸而失地失粮的农民也前往城市寻求救助，继而成为城市无业者。因此，近代新疆城市的无业者相比农村要多。清末时，新疆省内有养老、救济机构共39处，1930年，新疆各县救济机构包括养济院、救贫所、冬生所共50余处，大多设在各地城市内部，当年在各机构中留住的难民及贫民人数3000余人④，而通过粥厂等得到临时救助的人数更不在少数。30年代哈密事变扩大后，各地民众纷纷涌向迪化逃难，迪化于1933年成立了慈善会，在城内南关、两湖会馆、陕西寺3处设立粥厂，每日就食的难民人数近千人。部分无业者最终会沦落为城市乞丐，1909年新疆乞丐总人数达6000人。喀什"城门内，以及通向主要巴扎的街头，挤满了乞丐"⑤。

---

① 曾问吾：《中国经营西域史》，商务印书馆1936年版，第608页。
② 张大军：《新疆风暴七十年》（全十二册），台湾兰溪出版社1980年版，第2414页。
③ 曾问吾：《中国经营西域史》，商务印书馆1936年版，第609页。
④ 张大军：《新疆风暴七十年》（全十二册），台湾兰溪出版社1980年版，第2841－2845页。
⑤ ［英］凯瑟琳·马嘎特尼、戴安娜·西普顿：《外交官夫人的回忆》，王卫平、崔延虎译，新疆人民出版社1997年版，第53页。

表26　1909年新疆各地人口职业结构　　　　　　　　（单位：人）

地名	官	士	农	工	商	兵	书吏	差役	杂业	无业	乞丐
迪化县	35	388	13925	2500	4925	132	45	170	987	567	215
昌吉县	5	92	2771	—	—	131	9	83	95	2198	52
呼图壁县丞	7	3	252	152	155	64	2	18	286	124	52
绥来县	3	96	4750	228	97	53	7	84	224	690	213
阜康县	—	18	1576	320	440	38	8	77	290	191	22
孚远县	—	78	433	356	423	24	12	43	—	—	25
奇台县	142	172	5035	495	329	132	10	89	—	652	266
吐鲁番厅	3	5	9311	874	721	—	6	46	342	187	58
鄯善县	2	740	9176	876	356	—	—	4	1523	3539	68
镇西厅	37	44	932	153	121	439	11	90	589	247	72
库尔喀喇乌苏厅	6	5	1800	68	111	10	—	13	38	72	32
哈密厅	22	30	710	694	146	57	6	3	189	82	23
绥定县	12	253	1486	1078	1232	10	12	93	1010	1442	78
宁远县	38	8	3996	497	165	197	7	158	439	574	429
精河厅	—	—	513	212	417	25	—	—	21	112	9
塔城厅	12	11	1101	220	906	24	27	38	104	64	111
温宿府	16	179	15683	715	638	24	12	42	258	542	286
温宿县	1	10	22659	105	120	—	11	52	610	148	181
柯坪巡检	—	—	2909	115	21	—	2	15	—	21	31
拜城县	2	240	21200	189	45	25	11	85	324	627	128
焉耆府	13	192	8245	729	1123	62	10	78	240	26	8
新平县	—	87	4340	29	59	—	6	38	291	104	—
若羌县	—	—	3935	98	71	—	12	58	—	15	—
轮台县	—	88	15201	265	132	25	21	95	368	126	28
库车直隶州	194	235	24748	3539	3789	86	12	95	2240	589	283
沙雅县	34	27	9146	158	82	25	2	86	68	56	44
乌什厅	—	10	19640	2878	1230	67	3	84	1060	150	190
疏勒府	132	678	51845	3274	1146	25	10	86	357	272	289

续表 26

地名	官	士	农	工	商	兵	书吏	差役	杂业	无业	乞丐
疏附县	370	24	22936	5380	3762	40	2	278	1332	82	518
伽师县	—	—	38916	9581	1692	—	12	76	3048	1536	784
莎车府	44	73	62056	4053	1834	—	8	108	1925	837	421
蒲犁厅	—	—	—	—	—	43	2	1	1523	—	53
巴楚州	—	580	17280	2330	2120	—	13	134	1230	38	60
叶城县	—	31	47343	3842	1236	—	13	134	1437	2132	212
皮山县	9	318	19812	1773	384	45	3	27	184	—	363
和阗州	13	490	15792	2143	1940	125	12	95	4280	—	—
洛浦县	11	30	28360	2590	587	15	8	135	1570	314	115
于阗县	7	32	23120	2093	428	15	6	40	1231	240	90
英吉沙尔厅	—	1985	39740	7545	2102	19	6	84	5535	2561	225
合计	1170	7252	572673	62147	35085	1977	359	2935	35263	21142	6034

附注：资料来源于《新疆图志》卷四三，民政四，第 2—11 页；卷四四，民政五，第 1—14 页。

第二节 多元异质交融的城市文化

一、穆斯林城市及其传统文化

新疆的穆斯林城市即历史悠久、居民以穆斯林为主、伊斯兰宗教氛围浓厚的城市，多分布在南疆地区。喀什噶尔是典型的传统穆斯林城市，"两度半高的带垛口的土城墙把城区和四周不断扩散的郊区分割开来。城墙围着的城市犹如城堡似的高高耸立在四周低矮的建筑群落之中"，城内的街市、商店、手工作坊、居民住宅"与俄属突厥斯坦的城市非常相似"①。

具体而言，新疆穆斯林城市的特点主要体现在城市的宗教建筑、宗教文化及穆斯林商业文化与民俗文化之中。

清真寺是穆斯林城市最具代表性的宗教建筑。喀什噶尔回城中心为艾提

---

① ［芬兰］马达汉：《马达汉西域考察日记（1906—1908）》，王家骥译，中国民族摄影艺术出版社 2004 年版，第 38 页。

尕大广场，广场中央耸立着大清真寺，广场四面辐射的道路通向回城的各个街道。每逢周五，城里各处的民众汇集而来，在清真寺内集体礼拜。近代南疆维吾尔族聚居城市的清真寺具有如下特点：①数量多，分布密集。喀什在清末时有清真寺百余座，民国时期清真寺建设较多，至1949年已达万余座。②建筑简洁。清真寺多为单体建筑，规模较大的寺庙不多，部分清真寺附有宗教学校。③结构布局独特。如建筑的非对称性（喀什艾提尕尔清真寺门楼偏北。笔者注）、邦克楼与门楼并列、阿拉伯风格浓重等。

除南疆以穆斯林为主要人口的城市外，新疆一些较大的民族杂居城市在近代也建有清真寺建筑，一般建在穆斯林群众集中生活、居住的区域。如省城迪化在妥明占据时期于北梁修建清真大寺，左宗棠收复新疆后，建新满城，与汉城相连，由于此时回族、维吾尔族居民均在新城南关和西关，于是在南门外新建清真大寺，北梁旧清真寺被改为文昌宫。此外，迪化城内的34坊穆斯林居住区中，每2坊或3坊就有一个寺，"和内地礼拜寺的建筑一样，有巍峨的屋顶，有崇高的台阶，有古树寒鸦在点缀着它的领空，而不同的，这里寺的数目多，教徒多，神权高"①。

民国以前，由于政府实行民族宗教隔离政策，严格控制人口流动。在北疆的部分城市中，伊斯兰宗教文化的影响力较小。清末民国时期新疆各城市之间各族人口流动逐渐频繁，伊斯兰宗教文化开始在北疆城市中拓展影响力。此外，内地各省回族迁入新疆后，也在北疆城市修建清真寺，如迁入迪化的回族人仿陕西大寺和兰州寺的样式修建清真寺，这些清真寺除满足回族穆斯林宗教信仰需求之外，"在很大程度上还发挥了像汉族商人的会馆那样的作用"②。也有部分北疆城市清真寺修建较晚，如奇台直至1924年才于县城北修建了第一座清真大寺。

表27　近代新疆部分城内清真寺分布情况

城市	清真寺名	修建时间	现在位置	备注
迪化	清真大寺	不详	南门外	原在北梁
	陕西大寺	清乾隆年间	和平南路	初建于清乾隆年间，1906年重建

---

①　陈纪滢：《新疆鸟瞰》，建中出版社1943年版，第287页。
②　[美] J. A. 米尔沃德（米华健）：《嘉峪关外：1759—1864年新疆的经济、民族和清帝国》，贾建飞译，张世明审校，国家清史编纂委员会编译组2006年刊印，第209页。

续表 27

城市	清真寺名	修建时间	现在位置	备注
迪化	党巷寺	1770	解放路宽巷	1934 年翻修
	宁固寺	1852	宁固寺巷	—
	撒拉寺	1865	和平南路	1948 年翻修
	青海大寺	1868	青海寺巷	1918 年、1947 年两次大修
	老坊寺	1877	新市路与育才巷	原在北梁，原名陕西寺，1877 年重建
	东坊寺	1877	新市路	—
	肃州寺	1877	跃进街	—
	巴里坤寺	1877	和平南路	—
	南门大寺	1882	解放南路	—
	坑坑寺	1883	坑坑寺巷	—
	北坊寺	1886	人民路	1844 年翻建
	河坝沿寺	1886	新华北路	—
	西大寺	1890	利民巷	—
	山西巷寺	1893	龙泉街	—
	塔塔尔寺	1896	胜利路	—
	固原寺	1898	永和南巷	—
	滨州寺	1910	育才巷	—
	河州寺	1915	建中路	—
	西大桥寺	1918	西北路	—
	南大寺	1919	解放南路	—
	阿克米奇提	1924	解放南路	—
	清真南大寺	1929	解放南路	—
	兰州寺	1946	永和正巷	1946 年前，兰州人和平番（永登）人合用清真寺
	永登寺	1946	小东梁	—

续表 27

城市	清真寺名	修建时间	现在位置	备注
昌吉	本地清真寺	1878	西街	初建于清嘉庆年间，1878年扩建
	陕西寺	1862	解放路	—
	兰州寺	1882	西街	—
	喀什寺	1905	宁边西路	—
	吐鲁番寺	1911	柳树巷	—
	西河寺	1914	宁边西路	—
喀什	艾提尕尔清真寺	1442	艾提尕尔广场	—
哈密	陕西清真寺	1881	解放西路	1893年扩建
莎车	礼拜大寺	清代	县城	—
库尔勒	礼拜大寺	不详	团结路	—
伊宁	回族清真大寺	1760	新华东路	曾名宁固寺、金顶寺、陕西大寺等
库车	清真大寺	16世纪	县城东	清末民初重建、扩建，1934年重建
吐鲁番	苏公塔礼拜寺	清初	县城东南	—

穆斯林城市具有悠久的商业文化氛围，几乎所有的城市内都有集市街，每逢集市日，街道便热闹非凡，有经营小本生意的维吾尔族商人，有出售手工产品的手工业者，也有从四面八方汇集而来的城乡购物群众。集市颇具阿拉伯特色，商人把苇席搭在街道上空，形成凉棚，街道两旁布满店铺或摊位，店主跪坐在货物中间，由顾客自选货物；出售相同商品的摊位往往连在一起，形成卖帽子街、卖布街、卖刀街等。街市上几乎看不到一个汉人，偶尔有印度商人。近代以后，穆斯林城市的商业更加多元化，喀什噶尔成为与英、俄商贸交流的中心城市之一，从商者除了维吾尔族人外，还有"俄属突厥人、阿富汗人、克什米尔人等，身着各色服装，在市场上往来奔走"，市场上的货物除了地方土特产外，俄、英等国的工业产品开始占据市场的绝大部分份额，如喀什噶尔回城市场上的商品"大半是俄国货，叶尔羌则以英国货居多。英国货中，天鹅绒、金丝锦缎、宝石、珊瑚、珍珠等贵重装饰品占较大比重，俄国货则平纹细棉布、印花布、餐具、铜铁器等日用品较多"①。

---

① ［日］日野强：《伊犁纪行》，华立译，黑龙江教育出版社2006年版，第187-188页。

1929年，在喀什的安集延区"可以买到各种各样的欧洲货，大部分都是在俄国制造的，但经常也有印度出产的东西"①。

此外，新疆穆斯林城市与内陆城市不同之处还表现在城市街道、民居建筑方面。穆斯林城市的街道大多弯曲狭窄，马达汉在叶尔羌城"坐马车穿过城市，马车的车轴太长，几乎擦到了房屋的边墙……车夫走在马车旁边，他得仔细地看着，如果遇到别的马车，他就得把马车赶到人家的院子里或者拐到一个胡同里"②。在这种狭窄的街道穿行半个多小时后，马达汉一行人才见到开阔的道路。此外，新疆一些穆斯林城市居民的出行还有骑马、骑驴的习惯，喀什噶尔城有马厩，即便是很近的距离，居民也要选择骑马上街，他们认为"只有穷得连毛驴都买不起的人才走路"③。

穆斯林城市的维吾尔族普通百姓的住宅为平顶方屋，没有楼脊厦檐，房子用晒干的土坯垒砌，墙厚大约60厘米，墙面抹泥，室内墙面抹白胶泥；门朝北向，开一天窗以通空气；屋顶为平顶，由表面抹了一层掺杂稻草的黏土糊砌，人可于其上坐卧行走并可堆积什物；屋内"地炉壁灶，缘墙砌管，高突屋顶，以出烟尘"④，并"砌土为炕，高尺许，中实，卧裹其上"⑤，"至床、榻、几、凳等，概不设备"⑥，吃饭时围坐于炕上，仅用高尺许小桌；墙壁"遍凿龛洞，使置箱物被褥，序秩井然，外或以布幔遮之。"⑦。这种房屋冬暖夏凉，但很不牢固，"一场暴雨或者一场轻微的地震足以把这种不牢固的房子完全冲垮"⑧。城里的商人，尤其是较富有的商人，其房屋建造得较为精致，欧式窗框，房间墙上有壁架和壁柜，设有喝茶的客厅，但利用率并不高。房屋院落里有运输所用的马、毛驴及奶牛和一两只绵羊。⑨

维吾尔族民众的服饰也是穆斯林城市的一道独特风景线。1856年瓦里

---

① ［瑞典］贡纳尔·雅林:《重返喀什噶尔》，崔延虎、郭颖杰译，新疆人民出版社1994年版，第63页。
② ［芬兰］马达汉:《马达汉西域考察日记（1906—1908）》，王家骥译，中国民族摄影艺术出版社2004年版，第63页。
③ ［英］凯瑟琳·马嘎特尼、戴安娜·西普顿:《外交官夫人的回忆》，王卫平、崔延虎译，新疆人民出版社1997年版，第60页。
④ 陈赓雅:《西北视察记》，甘肃人民出版社2002年版，第260页。
⑤ 曾问吾:《中国经营西域史》，商务印书馆1936年版，第572页。
⑥ 陈赓雅:《西北视察记》，甘肃人民出版社2002年版，第260页。
⑦ 陈赓雅:《西北视察记》，甘肃人民出版社2002年版，第260页。
⑧ ［芬兰］马达汉:《马达汉西域考察日记（1906—1908）》，王家骥译，中国民族摄影艺术出版社2004年版，第39页。
⑨ ［芬兰］马达汉:《马达汉西域考察日记（1906—1908）》，王家骥译，中国民族摄影艺术出版社2004年版，第39页。

汉诺夫在喀什考察时，当地贵族的穿着为清朝式样，小官吏和城市居民的长袍从样式及色泽上都是中式的，女性则穿短褂、领口由正中向下斜开的长袍，披黑色或白色纱巾①。20世纪初，喀什回城广场上，人们的穿戴色彩明亮艳丽，"与周围的环境非常协调"②。当时喀什噶尔城内普通维族老百姓的服饰为：男性剃光头，戴帽子，夏季着白衬衣、宽松长裤、外着长外套，冬季着棉衣或翻毛羊皮大衣；扎着长长的腰带，腰带上挂着鼻烟壶和带鞘的刀子，腰带还能使扎进腰间的衬衣成为购物袋，维族男性把集市上买到的食品通通塞进衬衣；外出上街时，需在软皮及膝长靴外套上鞋套，防止泥泞的街道弄脏鞋子。维族女性的衣服"与男子的并没有太大的不同，所不同的是她们的内衣和长裤绝大多数都是五颜六色的料子做的"。在家中，维族女性穿色彩艳丽、小巧的坎肩，外出则穿长及脚踝的大衣；女性不扎腰带，戴着帽子或用头巾遮面，穿高帮皮靴；扎长辫子，并用牦牛毛接长及膝，辫子的数量粗细标志女性婚姻状况。③ 1905年，入疆考察的德国人阿尔伯特·冯·勒柯克见到喀什的妇女已经换上了俄国印花棉布做的衣服，④ 街头的富人撑着欧洲生产的阳伞。⑤

闲适的生活态度是南疆穆斯林城市的另一特色。"维吾尔人本性闲散，习惯于悠闲生活……尤其是在甜瓜熟了的季节，更是他们全年最悠闲的时候"⑥，适时，维族群众除礼拜日至清真寺诵经外，其余时间皆"徘徊树荫花棚之下，或品茗喧谈，或麻烟狂吸，或挟琴弦高张"⑦。民众缺乏准确的时间概念，20世纪40年代，内地人士列席疏勒、疏附两地之间的七里桥市民大会，会议早上10点开始，12点半结束时仍有"大队的群众向会场走来"⑧。

维吾尔民众喜欢凑热闹、传播小道消息，马达汉记载喀什噶尔"没有

---

① 魏长洪，何汉民：《外国探险家西域游记》，新疆美术摄影出版社1994年版，第82页。
② [英] 凯瑟琳·马嘎特尼、戴安娜·西普顿：《外交官夫人的回忆》，王卫平、崔延虎译，新疆人民出版社1997年版，第54页。
③ [英] 凯瑟琳·马嘎特尼、戴安娜·西普顿：《外交官夫人的回忆》，王卫平、崔延虎译，新疆人民出版社1997年版，第58页。
④ [德] 阿尔伯特·冯·勒柯克：《新疆的地下文化宝藏》，王家骥译，中国民族摄影出版社2004年版，第115页。
⑤ [芬兰] 马达汉：《马达汉西域考察日记（1906—1908）》，王家骥译，中国民族摄影艺术出版社2004年版，第34页。
⑥ [芬兰] 马达汉：《马达汉西域考察日记（1906—1908）》，王家骥译，中国民族摄影艺术出版社2004年版，第38页。
⑦ 《新疆》，太平洋书店1933年版，第148页。
⑧ 卢前：《新疆见闻》，南京中央日报1947年版，第21页。

任何地方报纸,街头巷尾的一些传闻是唯一的消息来源","街市的闲谈新闻却发展很快,只要有点儿什么传闻,就像野火春风似的很快从一个城市传到另一个城市,即使不像电报那样快,也跟电报一样准确"。①

二、汉文化对城市的影响

1. 汉文化对城市形态的影响

首先,城市形态与布局体现"规整"的汉文化特色。城市建设理念吸收汉族传统文化中城市正向(正北方向)、外廓四方、街道笔直等理念。

汉文化的城市建造理念不仅显著地表现在汉族人口居多的城市,对维吾尔族城市也产生了重要影响,如哈密回王城在1882年重建后,体现出维汉文化结合的特点,汉文化要素表现为:王府正面建有门楼,飞檐走壁、雕梁画栋。门内王府建筑群为汉式庭院园林结构,"头二门内,正宅三层,皆在平地。宅之右,即拾级登台,台上屋舍回环,悬窗下瞰,其内院也。宅左,步长廊,更进一门,则园林在焉,亭台数座,果树丛杂,各花异草,盆列成行,俨然内地风景"②。王府内一些重要建筑亦受汉文化影响,如万寿宫为"小型的中国古典庙宇建筑形式……坐北朝南,三面是墙,正面是木质嵌花隔扇"③。

其次,城内外营建汉文化传统的祠堂、庙宇等建筑。城市中心修建钟楼、鼓楼。钟鼓楼在中国古代是用于报时的建筑,常常建于寺庙、宫廷或街市正中。1882年清军收复伊犁后,新建惠远城城中心便筑有钟鼓楼,采用三层三檐山顶砖木结构,雕梁画栋,颇具传统汉式钟鼓楼建筑风格,拥有同样建筑形制的还有乌什城内的钟鼓楼。此外,巴里坤汉城、古城城中央亦建有钟楼。

城内或城周修建祠堂、文庙、武庙、城隍庙等。汉式祠堂庙宇的修建早在清代建设各驻防城时便已有突出表现。如伊犁惠远城内分布有各类坛庙祠宇,北门内有万寿宫、真武庙、城隍庙、火神庙,鼓楼东北有八蜡庙,西门大街有关帝庙④;巩宁城城市中心鼓楼旁建有供全城民众祭祀的关帝庙,城

---

① [芬兰] 马达汉:《马达汉西域考察日记(1906—1908)》,王家骥译,中国民族摄影艺术出版社2004年版,第37、第40页。
② (清) 肖雄:《听园西疆杂述诗》(卷二,哈密),清刻本,第22-23页。
③ 哈密专区公安处:《哈密回王史料》1962年油印本,第39页。转引自刘海燕:《清末民初哈密地区社会生活初探》,新疆大学出版社2006年版,第24页。
④ (清) 松筠:《西陲总统事略》(卷五,坛庙祠宇),台湾文海出版社1965年(影印本),第12-13页。

内驻防军民生活的区域又各自建有几座规模较小的关帝庙；孚远、会宁、广安三城内基本保持着"万寿宫十六间，关帝庙二十间"① 的规模。

新疆建省后，汉式祠堂庙宇建筑在各城重建时成为建设重点。如奇台县城内于光绪二年至光绪三十一年（1876—1905）先后修建了关帝庙、药王庙、老君庙、文庙、城隍庙、火神庙、肖曹祠、玉皇阁、财神庙、文昌宫、吕祖庙、娘娘庙、定湘王庙、三官庙等，满城内在光绪十四年（1888）修建了关帝庙、城隍庙、七星庙、娘娘庙、无量庙等。②

上文提到的"定湘王庙"为建省后才有的庙宇，这与左宗棠率湘军收复新疆、内地汉人入疆有密切关系。"定湘王"原为湖南地区的城隍，随左宗棠进疆的湖湘子弟驻军新疆后，陆续在汉人较多的城市修建定湘王庙。虽然此后入疆的汉族包括内地各省人士，湖湘籍不再占多数，定湘王庙却成为新疆汉族普遍信仰的城隍。如迪化城内城隍即为定湘王，逢每年中元节，迪化汉族便在定湘王庙中追荐原籍祖先，庙内"罗天大醮，连台对开，可亘一周间"③。

财神庙往往建在城市内部繁华地带，如迪化南门外第一个十字路口街中心便建有财神庙，状似城门，车马行人皆在其下通行；文庙有附建于衙署的情况；城隍庙有一些建在城门处，如迪化城隍庙建在大西门内，平时有城内居民在此念经、还愿、演戏或为亡人超度，庙内还存放有信众捐的棺木，供城内无依靠的亡者使用；火神庙、马王庙、罗祖庙等为不同行业供奉的神庙，建筑地点稍显偏僻，且建筑规模不大，如迪化铸造业、煤炭业在小南门外供奉的火神庙，运输行业在南关东稍门供奉的马王庙，剃头业在小东梁供奉的罗祖庙；娘娘庙、观音庙等则多建在城周山上。

---

① 朱永杰：《清代驻防城时空结构研究》，人民出版社2010年版，第330页。
② 中国社会科学院中国边疆史地研究中心：《新疆乡土志稿·奇台县乡土志》，全国图书馆文献缩微复制中心1990年版，第72页。
③ 陆维天：《茅盾在新疆》，新疆人民出版社1986年版，第151页。

表28 近代迪化及其他部分城市城区汉族传统寺庙分布情况

寺庙名称	迪化城内所在位置	其他部分城市内部修筑位置
大佛寺	红山脚下	—
地藏王寺		镇西南关
北斗宫		—
三清宫/三官庙	西大桥东面山坡	镇西南街；绥来南城内；奇台城内
三皇庙	—	疏勒南门；镇西东街
玉皇阁	红山砖塔东面	奇台城内唐朝墩高处；绥来南城内
龙王庙	鉴湖东面、大西门	拜城城内东街；巴楚城内东部
仙姑庙	老满城西面土山	—
关帝庙/红庙子	老满城（盛世才主政后，将城内关帝庙、红庙子合而为一，将城隍庙、娘娘庙、观音阁集中于红庙子）	镇西东街、西街、北关各一；昌吉南关；奇台城内；塔城满城、汉城内各一
文庙	西大街（金树仁时将孔子等牌位移至北梁文昌宫，文庙旧址辟为文庙街）	镇西西街；乌苏城内；拜城城内东街；疏勒城西北隅；巴楚城内东部；奇台城内；吐鲁番城内
武庙/关岳庙	满城北门	鄯善附郭东八栅；乌苏北关市镇西南；拜城城内东街；疏勒城西北隅；巴楚城内东部；绥来南城内
肖曹苗	金鱼山	镇西西街；奇台城内
文昌宫	北梁西北高坡（由妥明时北梁清真大寺改用）	镇西东街；鄯善北大街；乌苏东门城外（后移建西门城楼，改名为文昌阁）；昌吉县署外东偏；绥来城中；奇台城内
财神庙	南门外第一个十字路口中心（盛世才时被拆除）	镇西北街；奇台城内
王爷庙/定湘王庙	城北10里外（1933年被毁）	奇台城内；吐鲁番城内
八仙庙	水磨沟西面山梁	—

续表 28

寺庙名称	迪化城内所在位置	其他部分城市内部修筑位置
娘娘庙	建国路	镇西西街；乌苏北关市镇西南；奇台城内
观音阁		疏勒城西北隅
礼门公所		—
老君庙	今鸿春园后	镇西北街
药王庙	跃进街山坡	奇台城内
罗祖庙	小东梁	—
火神庙	小南门外今玉石雕刻厂边（盛世才时被拆除）	乌苏城内东南隅；巴楚城内东部；奇台城内
马王庙	南关东稍门	镇西东街；绥来南城内
全贞观	马王庙东，靠东稍门城墙	—
城隍庙	大西门内	镇西西街；鄯善城南隅；乌苏城内东北隅；拜城城内东街；疏勒城西南隅；巴楚城内东部；昌吉城内西门附近；绥来中城西街；奇台城内；吐鲁番城内
万寿宫	—	阿克苏城内；焉耆府城南；吐鲁番城内；塔城满城内
土地庙	—	昌吉县署内东偏
社稷神祇坛	—	拜城城内东街
昭忠祠	—	镇西东关；乌苏城内东北隅；拜城城内东街；疏勒城西北隅；巴楚城内西部；吐鲁番城内
左公祠	荷花池街	哈密汉城内
刘公祠	北梁，原法政学院右侧	—
忠义祠	东门内	—
陶公祠	文化路	—

附注：资料来源于《新疆文史资料》（第14辑），第115－122页；《新疆乡土志稿》各县方志。

由表 28 可知，新疆各城城区内的汉式传统庙宇大多建于各城汉城区域，又以关帝庙、文庙、武庙、文昌宫、城隍庙、昭忠祠最为普遍。这些庙宇建筑风格与内地基本一致。如库尔喀喇乌苏城内文庙"前有照壁泮池，东西宫墙辕门。前一重棂星门内，左右文武官厅。再重为大成门内，东西庑，正中为正殿，前卷棚有盘龙阶级，下丹墀为拜跪地焉"①。

一些城市还建有纪念汉族官员、死难将士及贞洁妇女的祠堂、牌坊。如迪化左文襄祠建于"城内一条小街上，祠楣写着'左文襄祠'。祠分前后两院，前院是两排厢房，市立第十二小学在内。后院……正中是祠堂。照例的是有不少歌功颂德的匾额。当中一块横匾是刘锦棠亲笔题的，写着'功宗元祖'四个大字"②。左文襄祠亦为湘人主持修建，祠堂内供奉左宗棠及刘锦棠的遗像，实际上是左、刘的合祠。迪化城内东街建有汉族官员姜侍牌坊一座。③ 奇台县于同治十二年（1873）在古城、汉城内修建三忠祠一座，光绪四年（1878）在西关外建王刘氏节孝坊一座④。

再次，官衙、商铺、民居带有内地汉文化传统特色。新疆各城的官衙、汉人商铺、汉族民居基本上与内地同类建筑样式一致。官衙多居于城市中央，占地广阔，内有进深院落，亭台楼阁，房屋多为土木结构平房。汉人的小商铺也为土木结构平房，屋内有高高的柜台。吐鲁番城内陕西籍商人的药铺铺面"完全和内地陕甘一带式样相同"⑤。汉族民众的住宅多为小型院落式平房，官员或富商的住宅占地规模大，前庭后院、房屋错落。

会馆及其附属建筑是清末以后入新汉商在新疆修建的具有内地汉文化特色的汉式建筑之一。入疆的内地汉人往往以同乡关系为纽带，在各城建立同乡会馆，作为互助联系的场所。会馆也是一种地域势力的代表，显示了民间狭义的团结关系的坚固。1884 年后，迪化城内相继出现各省会馆，其中名气较大的有三大会馆，即江浙会馆、两湖会馆和奉直会馆。"当时的各大会馆都像一座建筑华丽的庙宇"⑥。江浙会馆是迪化城内最大的公共建筑，由

---

① 中国社会科学院中国边疆史地研究中心：《新疆乡土志稿·库尔喀喇乌苏直隶厅乡土志》，全国图书馆文献微缩复制中心 1990 年版，第 307 页。
② 陈纪滢：《新疆鸟瞰》，建中出版社 1943 年版，第 289 页。
③ 中国社会科学院中国边疆史地研究中心：《新疆乡土志稿·迪化县乡土志》，全国图书馆文献微缩复制中心 1990 年版，第 14 页。
④ 中国社会科学院中国边疆史地研究中心：《新疆乡土志稿·奇台县乡土志》，全国图书馆文献微缩复制中心 1990 年版，第 64 页。
⑤ 杨钟健：《西北的剖面》，甘肃人民出版社 2003 年版，第 127 页。
⑥ 中国人民政治协商会议乌鲁木齐市委员会文史资料研究委员会：《乌鲁木齐文史资料》（第 8 辑），新疆青年出版社 1984 年版，第 81 页。

新疆省内的江浙两省商民集资修建。各会馆有房地会产，其中两湖会馆在迪化城内占有3条商业街。会馆的功能极为复杂：其一，作为临时旅馆，凡内地来新或省内其他城乡新来的同乡，可暂时借住于各会馆内，再寻谋生、落脚之处；其二，兼有寺庙功能，逢年节时，同乡可在会馆会餐、酬神、演戏；其三，开办社会公益、赈济贫困，会馆拥有田产房屋，所获收入有的用于开办学校，有的用于施舍面粥。

直到1935年，盛世才宣布汉族文化促进会成立，新疆各城的会馆才停办，会馆建筑或改建，或荒废。20世纪40年代时，迪化的江浙会馆改为省立皮毛工厂；两湖会馆改为民众俱乐部；奉（天）直（隶）会馆闲置。

表29 近代新疆迪化及部分城市会馆分布情况

会馆名称	迪化城内分布位置	其他部分城市分布位置
总会馆	—	镇西东街关圣帝君庙内
两湖会馆	荷花池街	哈密汉城人西门右侧
山西会馆	小西门	镇西东街
陕西会馆	大十字东大街	—
甘肃会馆	北门里	—
四川会馆	市中心	—
中州/河南会馆	大兴巷	—
江浙/三江会馆	小东门内	—
乾州会馆	北门附近	—

附注：迪化城内会馆分布情况载《新疆文史资料》（第14辑），第122-125页；其他部分城市会馆分布情况零星见于各地方志。

各地会馆大多设有义园，古城商贾云集，"尤以直省（河北省）商人为最优，义园、会馆俱备，山西、陕西次之"[①]。迪化有湖南义园、湖北义园、旗奉直东义园、甘肃义园等。民国后随着城市的发展，上述义园基本上都迁移至城外或城郊地区。两湖义园在今人民影院及兵团司令部一带，旗奉直东义园地址在今红山饭店东面大块地段，湘军义园在团结路皇城内，甘肃义园在东门外。

新疆城市的汉文化要素往往以汉文化与当地少数民族文化相结合的形态

---

① （清）温世霖：《昆仑旅行日记》，天津古籍出版社2005年版，第143页。

表现：一方面，近代汉文化或多或少影响着新疆城市形态，大到城市布局，小到居民住所及房屋内部装潢，皆能窥见汉族城市的特征要素；另一方面，城市的汉文化因子又受新疆特殊的自然环境制约，同时受到新疆少数民族文化的影响，呈现出独特的地方城市文化特色，如吐鲁番城内陕西商人采用陕甘式样的铺面建筑，而居所则采用适应当地炎热气候的天窗房屋。①

2. 汉文化对城市生活的影响

内地汉人大规模入疆始于清代，在清政府的引导下，入疆汉人主要迁移至东疆和北疆地区城乡定居，逐渐形成汉人北多南少的分布格局。尽管在19世纪中晚期，清政府废除了限制汉人迁入南疆的禁令，但相对而言，汉人在新疆的分布仍以北疆为主，由此，汉文化对北疆部分城市的影响要大于南疆。

汉文化影响最为深刻的城市当属省会迪化，《新疆概观》称迪化为"汉人之大聚会也，举凡饮食起居、语言习俗，俱与内地无别"②，如衣着穿戴方面，迪化汉人"群以江南时尚为样本，故中等以上之社会，均衣冠楚楚"③。节庆习俗方面，迪化城内汉人亦延续了内地汉族风俗，"一年中，旧历春节，停市休业，敲乐喧天，妇孺老幼，衣红著绿，竞作拜年举……上巳之后，气温雪止，于是有娘娘庙及水磨沟等之庙会。百货骈集，士女云莅，竞妍争艳，举城若狂，虽途遥数十里，风尘十万斛亦不惜。扶老携幼，命驾奔至。然究其实，并无何种新奇之事，仅优孟衣冠之点缀，盖边氓娱乐无方，假酬神演剧之机会，借以稍舒其生活之沉闷而已。中秋前数日，年行赛会游行一次。盛设卤簿，广备鼓乐，长恒逾里，为时亘三日。全城空气，顿觉紧张，满街满屋，奔走坐列，煞是大观也。此外端阳、中秋、重九、冬至诸旧习俗，亦与内地无异"④。戏剧文化方面，更是深受内地影响，纪昀在《乌鲁木齐杂诗》中描述当时乌鲁木齐"酒楼数处，日日演剧，数钱买座，略似京师"⑤。载澜在流戍乌鲁木齐期间，利用湘军转业军士组建了"清华班"，为其办"堂会"，亦售票公演。此外，还有河北人组建的"吉利班"演出的梆子戏、陕甘人组建的"新盛班"演出的秦腔等。戏剧演出场所在刘锦棠督建的"定湘王庙"，每年农历五月二十八日举行庙会，在此期间便

---

① 杨钟健：《西北的剖面》，甘肃人民出版社2003年版，第127页。
② 吴绍璘：《新疆概观》，仁声印书局1933年版，第129页。
③ 《新疆》，太平洋书店1933年版，第148页。
④ 《新疆》，太平洋书店1933年版，第147－148页。
⑤ （清）纪昀：《乌鲁木齐杂诗·游览》，中华书局1985年版，第24页。

有三大戏班的公演。内地戏剧逐渐成为新疆民间各族民众喜闻乐见的娱乐活动，但凡庙会期间，无论近在咫尺或在远处数十里外的"汉缠人士，顿形拥挤"①，争相观看。不仅内地商帮各大会馆争相邀请戏班演出，浙江会馆、两湖会馆及奉直会馆皆设戏园，衙门院子里和寺庙广场也建有戏台。② 1943年，迪化戏园里演出的剧目有《时迁偷鸡》《铡美案》等，一个40多人的小戏班每天唱一场收入在国币百元以上。③ 1944年盛世才下台后，更多内地剧团，特别是陕甘地区的秦腔剧团进入新疆，丰富了新疆城乡民众的文化生活，甚至内地绝迹的戏剧，也能在新疆各城找到踪迹，如内地地方戏"郿鄠子"曾在陕西郿县、鄠县一带流行，辛亥革命后被革除，陕甘宁青新五省同乡会将该戏种传入新疆，并在20世纪40年代为新疆城乡民众演出剧目《对花》《卖水》《沉箱》等。即使在新疆西端的城市塔城，亦能见到戏台演出秦腔，"盖因此地一切汉人文化，系西安—兰州大道西上。距离虽远，而习俗、语言，反很相近"④。

其他汉人较多的城市，也呈现出鲜明的汉文化特色，如鄯善城内多汉商，街市铺面及汉族住户门前皆贴红纸对联，"立刻令人感觉到汉人文化，已深入此地"⑤。

汉文化对新疆城市的影响也有消极方面，汉人吸食鸦片及赌博风气使一些城市显露颓废之气。

清末民国时期新疆种植鸦片和吸食鸦片之风传自内地出关之官兵人民，嘉庆时谪戍伊犁的洪亮吉在其《伊犁纪事》中有"携得百花洲畔种，种来罂粟大如盘"的诗句。清末，全国禁烟，新疆亦取得成效。民国初期，新疆再次出现鸦片种植、买卖、吸食情形。"奇台、绥来为毒卉最盛之薮，而孚远、阜康、呼图壁、昌吉、绥定、宁远、焉耆、轮台、乌什、拜城诸县，亦为著名之产烟区也"⑥。民国二年（1913），北京政府下令禁烟，新疆禁烟以禁吸、禁运、禁种为要，但未能完全根除。金树仁时值全疆大乱，禁烟令时禁时开，"吸烟贩运，公开无阻。全省汉人吸鸦片者居其半数"⑦，仅省城

---

① 吴绍璘：《新疆概观》，仁声印书局1933年版，第280页。
② ［芬兰］马达汉：《马达汉西域考察日记（1906—1908）》，王家骥译，中国民族摄影艺术出版社2004年版，第147页。
③ 陈纪滢：《新疆鸟瞰》，建中出版社1943年版，第284页。
④ 杨钟健：《西北的剖面》，甘肃人民出版社2003年版，第159页。
⑤ 杨钟健：《西北的剖面》，甘肃人民出版社2003年版，第124页。
⑥ 曾问吾：《中国经营西域史》，商务印书馆1936年版，第606页。
⑦ 曾问吾：《中国经营西域史》，商务印书馆1936年版，第605－609页。

迪化每日所需烟土量便在6000两,"全城市民,均属酷好鸦片……举止则暮气沉沉"①,"满街尽有烟店"②。

由于赌博风气盛行,清末新政新疆实施警政时期,甚至在警律条文中明令禁止赌博,对查获赌场及赌博人员的警察予以奖励,对吸食鸦片、参与赌博的警察予以"斥革"处罚。辛亥革命后,"哥老会"盛行于南北疆,该会党在内地"专以开赌场为事"③,又使赌博之风气加剧蔓延全疆。迪化"举城无一娱乐机关","其博弈狎邪,尤为一般人民消遣之良法"④,"游氓之逋荡者,则聚而博弈,强者拔刀相向,弱者或破产,吏不能禁"⑤;叶尔羌"赌博的盛行达到了让人难以置信的地步。你可以看到每个角落、每个庭院和街巷都有聚赌的人群。从沉溺于赌博的官员到带着沉重的镣铐和木枷锁的罪犯,甚或穿着破破烂烂的乞丐,人人都分享着这种至高无上的乐趣……在这里,赌博是被普遍承认的行业"⑥。

三、近代城市发展中的外国文化、殖民文化印记

1840年,鸦片战争爆发,中国沦为西方列强的殖民地,新疆亦成为俄、英等国瓜分的对象,通过中俄《伊犁条约》等一系列不平等条约的签订,俄、英相继在新疆塔城、伊犁、喀什、迪化建立领事馆,伊犁、塔城等城市被迫成为开埠通商口岸,殖民文化随之开始影响新疆部分城市的发展。

其一,城市建筑方面,西式建筑开始出现在新疆部分城市。领事馆是俄、英两国在新疆的官方代表机构,迪化南梁、喀什北门外建有俄国及英国领事馆,两国领事馆规模较大,内设教堂、医院、书店、电影院、运动场等,皆为西式建筑,成为上述两城中特异独立的建筑。除外国领事馆外,俄、英等国商人在新疆长期从事贸易活动,也使部分城市增添了具有异国情调的西式建筑群,如喀什的安集延区,"是苏联向新疆出口物品的始发地。喀什城的安集延区没有巴扎,也没有带天棚的巷子。商人们在那里修起了一幢又一幢的带有俄罗斯风格的砖房子。这些房子往往有两层"⑦;塔城"城

---

① 《新疆》,太平洋书店1933年版,第150页。
② 吴绍璘:《新疆概观》,仁声印书局1933年版,第280页。
③ 张大军:《新疆风暴七十年》(全十二册),台湾兰溪出版社1970年版,第258页。
④ 《新疆》,太平洋书店1933年版,第150页。
⑤ 谢晓钟:《新疆游记》,甘肃人民出版社2002年版,第97页。
⑥ [芬兰]马达汉:《马达汉西域考察日记(1906—1908)》,王家骥译,中国民族摄影艺术出版社2004年版,第60页。
⑦ [瑞典]贡纳尔·雅林:《重返喀什噶尔》,崔延虎、郭颖杰译,新疆人民出版社1994年版,第63页。

北门外，有俄国居留地，以俄人竭力经营，故市街风土，俱染俄化"①。

近代外国传教士在新疆各城进行传教活动，再加上俄、英驻新行政及商业人员的宗教需求，新疆一些汉族聚居的城市在近代新建了教堂、修道院等宗教建筑。20世纪初，瑞典传教士在疏勒城北门外建造小型的修道院，修道院由两座用围墙隔开的泥土房子组成，进行了简单装饰和粉刷。喀什噶尔俄国领事馆内也在20世纪初修建了教堂。迪化小南门外建有天主教堂，明德路建有基督教堂，文化路建有福音堂。伊犁宁远城外东梁设天主教堂一处。

初时，上述城市的西式建筑为俄、英人修建，后来，一些城市在建设发展中逐渐接受了西式建筑的部分要素，《新疆概观》载"近来更多新式建筑，取法乎西，华楼大厦，焕美异常。门窗之式样，锁钥之装置，均与内地洋房同"②。绥定广仁城南关在民初毁于火灾后，"市廛皆新筑，楼房俄式，整齐可观"③；莎车民初时县署西偏花园木桥前建"洋楼三楹，平其屋顶，罗列群卉，若西人之屋顶花园"④；迪化城20世纪30年代时的新建筑"多层楼大厦，或西式房屋"⑤。

其二，城市文化及生活方面，自书籍报刊、百货用品至生活方式，无一不受殖民文化、外国文化影响。清末新疆建省时，大部分城乡群众知识匮乏、信息闭塞，地方统治者甚至不允许南疆维吾尔族发行维文书籍、报刊，维吾尔族民众除了一本《古兰经》之外，别无其他书籍。近代以后，随着大批入苏（俄）的华工、华商（特别是维吾尔族佣工、商人）返回新疆，一批俄文书籍、报刊被携带入疆；驻新疆迪化、喀什等城的苏（俄）、英领事馆也向维吾尔族民众提供书籍、报刊阅读；此外，近代新疆部分城市还有外国刊物私下发行，如日本的《新日本通讯》等。迪化、伊犁、塔城等城还有俄罗斯语小学、中学及俄语专科学校。通过这些渠道，外国文化逐步渗透到新疆城乡，其中关于时事风尚的介绍打开了新疆城乡民众了解外部世界的窗口。但也有鼓动新疆维吾尔族民众分离中国的言论从国外传入新疆部分城市，如从土耳其留学归国的麦斯伍德·沙马尔、阿布都热合满·夏地、沙比提·塔拉哈提等，在迪化、喀什噶尔、莎车、伊宁等城市宣传泛突厥、泛

---

① 许崇灏：《新疆志略》，正中书局1944年版，第39页。
② 吴绍璘：《新疆概观》，仁声印书局1933年版，第279页。
③ 谢晓钟：《新疆游记》，甘肃人民出版社2002年版，第141页。
④ 谢晓钟：《新疆游记》，甘肃人民出版社2002年版，第213页。
⑤ 《新疆》，太平洋书店1933年版，第150页。

伊斯兰思想。① 对此，新疆地方政府不得不对"敌之诱惑极力闭之"，以防止"新民思想入歧途，离心向外"②。虽然新疆地方当局极力封锁外国书籍、报刊的进入，但新疆城市民众的生活却开始浸染苏（俄）、英文化的全面影响。新疆一些毗连俄国及英属印度、阿富汗等国边境的城市，在近代受俄、英殖民文化影响极大。如北疆城市伊犁，曾被俄国占领 10 年之久，城内不仅遍布俄国商店，街道行驶俄式马车，居民家中普及俄式缝纫机，而且市民都会不同程度地讲一点俄语。③ 南疆边境城市喀什噶尔在 19 世纪末时还"找不到俄国的日用品"，不久之后，"这座城市就开始发生巨大的变化。一队队商队，从俄国和印度运来了衣料、日用品、各种器具、家具、家庭用的小摆设、糖、面粉。富有的商人们开始修建具有欧洲风格的房子，开始使用桌椅；即使一般的人也穿起了俄国纺织的俗气的大花细布做的衣服"，"这里的裁缝们也开始用上了辛格牌缝纫机"。④ 当时驻喀什的英国领事夫人在其书中写道，她初到喀什噶尔上街时，民众还把外国人当稀罕人物层层围观，但到她快离开喀什噶尔时，"巴扎上很少有人再注意我，那时候在这里的欧洲女人对当地人来说，已经司空见惯了"⑤。除边境城市外，殖民文化还影响着新疆内陆城市，如省会迪化，不仅建有俄国领事馆，还有繁荣的俄国贸易圈，俄国殖民文化对城市民众生活影响颇广，当时迪化富者均备有俄国马车，室内有俄国式壁炉取暖，普通百姓也在室内燃以洋铁炉，⑥ 城内"除了有一个像中国内地的完全中国式的澡堂以外，最受人欢迎的，要算苏联式的了……这里的苏联式的澡堂，他们称为'官澡堂'"⑦。甚至是像哈密这样远离俄国边境的城市也多少受到俄国影响，20 世纪 40 年代国民党南京政府的代表到哈密时所见"稍出色之品，即为俄货，如花布呢绒各种毛制品，并其他玻璃、瓷器等皆是也。有洋铁铺数家，尽用俄国之汽油桶，改作火炉，因此地点灯煤油来自俄国，同时洋油灯亦由俄国代为制就运入也……关于衣食等之日用品，除米、麦、油、盐外，饭碗、洋火、烟、糖、酒及其

---

① 周泓：《民国新疆社会研究》，新疆大学出版社 2001 年版，第 103 页。
② 曾问吾：《中国经营西域史》，商务印书馆 1936 年版，第 644－646 页。
③ ［芬兰］马达汉：《马达汉西域考察日记（1906—1908）》，王家骥译，中国民族摄影艺术出版社 2004 年版，第 179 页。
④ ［英］凯瑟琳·马嘎特尼、戴安娜·西普顿：《外交官夫人的回忆》，王卫平、崔延虎译，新疆人民出版社 1997 年版，第 60 页。
⑤ ［英］凯瑟琳·马嘎特尼、戴安娜·西普顿：《外交官夫人的回忆》，王卫平、崔延虎译，新疆人民出版社 1997 年版，第 60－61 页。
⑥ 《新疆》，太平洋书店 1933 年版，第 137、第 139 页。
⑦ 陈纪滢：《新疆鸟瞰》，建中出版社 1943 年版，第 282 页。

他罐头等，几乎无不是苏联货物"①。

俄国十月革命后，建立了苏维埃政权，新政权废止了通过与清政府签订的不平等条约中获得的殖民特权，但保持了与新疆的商贸往来。盛世才主政新疆期间，苏联更是与新疆省地方政府关系密切，给予新疆技术、人才及资金的支持。直至1942年盛世才倒向国民党，苏联文化对新疆城市持续产生影响。伊犁、塔城等城市有苏联人创办的报刊杂志，"使新疆的人民留下一个'苏维埃'的深切的印象"②。1924年后，苏联驻喀什领事馆在内部放映苏联电影，开始只是自娱自乐，后来也向喀什市民开放。可以说新疆人民最早接触电影这一新事物的渠道是苏联领事馆，卢前的《新疆见闻》中记载了当时在苏联领事馆的电影放映厅观看苏联电影的喀什市民"不知道中国还有电影"③。盛世才掌握新疆政权后，与苏联建立良好关系，苏联影片在喀什、迪化、伊犁等城市广泛放映。20世纪40年代初，新疆各城有近百个俱乐部、50余架电影机放映苏联影片，如《巴黎公社》《列宁在十月》《英勇的红军》《斯大林格勒战役》等100多部，大多数为反法西斯故事片。④这些苏联电影对新疆城市各族群众的生活影响深远，其影响力甚至远达农村牧区。

第三节 传统与现代碰撞的城市生活

一、城市居民的生活状态

1. 与时俱进的衣食住行

以服饰为代表的外观装扮是随时代变化最为迅速的文化表象，这在近代新疆城市民众身上也有显著表现。清朝要求臣民剃头留辫，刘锦棠入新时追随而至的内地剃头匠在迪化搭起剃头棚或剃头铺，"带诏"（剃头挑子上竖立一支象征皇帝诏书的旗杆，称"带诏"。笔者注）为城内的汉人剃头。20世纪初，清朝统治被推翻后，民国政府提倡男子剃光头，在杨增新、金树仁主新时期，迪化城内各界男子皆是剃光头。后来，一些"新派"人物及东

---

① 李烛尘：《西北历程》，甘肃人民出版社2003年版，第54页。
② 南京边事研究会：《边事研究》，1935年第2期，第118页。
③ 卢前：《新疆见闻》，南京中央日报1947年版，第22页。
④ 左红卫：《民国时期苏联电影在新疆的传播》，载《影视评论》2011年第16期。

北抗日义勇军进入新疆，带来了东洋式（日式）"平头"和西洋式"分头""背头"发型，迪化城逐渐出现新式理发馆，蓄发风气在汉人中流行起来。同样，新疆城市汉人的服饰也逐渐和内地各省一样，"一些妇女们已经摩登化了，剪发、革履，穿着各种样式新鲜的旗袍"①。伊犁无论官吏平民，均是西装革履。

与城市相关的"食"，一方面是城市居民的日常饮食，另一方面是城市的饮食服务业。以迪化城为例，新疆城市居民日常饮食的情况是"中等以上家庭生活，打过得去，肉类、菜蔬、果品、乳类，都吃得上"②，相对于内地城市居民的饮食而言，牛羊肉、乳品摄入较多，瓜果品种繁多，但蔬菜供应不及内地。近代以后，津人入疆，在迪化城郊从事蔬菜种植，迪化城蔬菜供应有所改观。其他城市无相关记录，蔬菜供应情况应不及省会迪化丰富。居民饮食习惯在近代的变化主要有：受汉文化影响，城市出现茶楼等场所，部分居民开始有饮茶看戏习俗，20世纪初，喀什噶尔回城"茶摊是必不可少的，当地人称之为'Chai-khana'，人们坐在那里一边喝茶，一边听着悦耳的当地音乐"③；从内地及苏俄输入的烟草，特别是香烟开始受到城市居民欢迎；一些北疆城市居民有机会饮用伊犁等城酿造的啤酒。新疆传统城市饮食服务业有磨坊、馕房、包子铺、餐馆等，最初面向周边居民及赶集商民提供服务，随着近代城市商业的繁荣和流动人口的增多，提供餐饮服务的铺面日益增多。以迪化为例，1890年，满城开设川菜馆"杏花村"；20世纪初，山西人在北大街开办"三成园"饭庄；1920年兰州人开"永庆园"饭庄；1940年天津人开"一品居"饭庄等。除内地人士在新疆商业中心城市开设汉族风味的饭庄外，一些城市还有了外国风味的餐饮服务，如迪化的博格达俄罗斯饭庄，伊犁宁远的俄国面包房等。

居住条件的改善是近代城市居民生活水平提高的另一显著表现。迪化"城内房屋，大半均属卑小之平房，或以泥筑成，或以砖泥合建。屋顶均系一面平，略斜，覆以土，不用瓦，可以扶梯上登远眺"④。相较于普通民众的简单住所，满、汉、回王公贵族，官员、富商的居所规模更大且装饰华丽。如迪化皇亲载澜的住所位于地势较高的城区，离臬台衙门很近，具体位置在汉城东门师范学校隔壁，人称"公爷府"，房屋前庭后院，布局为传统

---

① 汪昭声：《到新疆去》，青年印刷所1944年版，第98页。
② 汪昭声：《到新疆去》，青年印刷所1944年版，第84页。
③ ［英］凯瑟琳·马嘎特尼、戴安娜·西普顿：《外交官夫人的回忆》，王卫平、崔延虎译，新疆人民出版社1997年版，第55页。
④ 《新疆》，太平洋书店1933年版，第150页。

中式样式，但屋内装饰陈设却颇有欧式风格。① 一般百姓家中点油灯照明，也有市民燃用石油照明，"迪化公务员合作社"便定期由甘肃酒泉、玉门等处采购石油向公务员供给石油。②

交通工具的现代化方便了城市市民的出行。迪化街上"往返奔跑的一辆一辆络绎不断的四轮马车（俗呼'六根棍'，因车上横列棍子六根，上有布毯以坐乘客，故名。笔者注），这是一般民众最普通的代步工具"③。"六根棍"也是公共马车，每车可坐6～8人，每人车费5角。"迪化行人马车以前均系采'靠右走'制，现在为与内地采取一律，且为彻底实行新生活计，故于七月间改为'靠左走'！在街衢要冲地点均立巨幅油画广告，指示行人车马行走路线，到时是七月底，距用右改左的时间不过半个月，而行车秩序井然不乱。"④ 民国二十三年（1934），新疆省公路局从苏联购进2辆16座苏式轿车，在迪化城开通一条公共汽车线路，为新疆近代城市公共交通之始。其他城镇的交通主要靠畜力车、马爬犁。伊犁市中交通以马车为主，"其数之多，出人意外。……马车之种数亦多，有篷车，有敞车，更有地扒车，纷纷往来，颇增市中之热闹"⑤。1949年9月25日新疆和平解放时，全疆仅迪化市有2辆破旧的公共汽车。

2. 西医及近代医药卫生机构的出现

1884年新疆建省后，各城医疗主要依靠中医、中药。后来，西方传教士在新疆城乡创办教会医疗事业，此外还有沙俄领事馆的诊所、白俄私人西医诊所等。1918年迪化疫情后，杨增新上报中央请求在迪化开办中医传习所，培养学员，并将毕业学员派往新疆各大城市充任医官。

盛世才主政新疆后，新省医疗卫生事业开始起步，陆续建成了一批服务民众的近代医院，如新疆省医院；迪化市立第一医院建于1934年，位置在迪化北门，设外科、眼科两科；迪化市立第二医院，设内科、产科、皮肤花柳科。1934年省府保健事业建设费用计118750元。⑥ 1935年，省府选派了乌鲁木齐女子师范、新疆学院、乌鲁木齐第一中学及省医院的学生、医生前

---

① ［芬兰］马达汉：《马达汉西域考察日记（1906—1908）》，王家骥译，中国民族摄影艺术出版社2004年版，第260页。书中所提的"载漪"应为载澜。
② 新疆维吾尔自治区供销合作联社、新疆维吾尔自治区档案馆：《民国时期新疆合作社档案史料选编》，新疆维吾尔自治区供销联社史志编辑室1987年版，第522页。
③ 汪昭声：《到新疆去》，青年印刷所1944年版，第83页。
④ 汪昭声：《到新疆去》，青年印刷所1944年版，第83页。
⑤ 李烛尘：《西北历程》，甘肃人民出版社2003年版，第86页。
⑥ 徐弋吾：《新疆印象记》，西京和记印书馆1934年版，第190页。

往苏联中亚医学院(也称莫洛托夫医学院,后改称塔什干医学院。笔者注)学习近代医疗技术,1942年,13名学生学成回国,被分配到新疆省医院,提升了新疆省府乌鲁木齐的城市医疗水平。

3. 传统与现代融汇的休闲娱乐

新疆城市各民族传统的休闲娱乐活动主要是在各大节庆、维吾尔族的巴扎、汉族的庙会等活动中举行。城市汉族居民最重要的节日为新年,新年期间的活动与内地各省相似。维吾尔族"巴扎"本为集市,是人们集中买卖货物的场所,同时也有不少市井杂耍活动,娱乐大众。

戏剧是新疆各族民众的民间娱乐活动,在各城市的寺庙、衙门前、商会会馆内及街巷皆能看到大小戏班的演出。戏剧种类包括内地传入的湖南花鼓戏、河北梆子戏、陕甘秦腔、京剧等汉族戏剧及新疆曲子等少数民族的地方戏曲。新疆曲子由陕西的"郿鄠子"发展而来,早期在新疆农村演出;辛亥革命后,新疆曲子配合"社火"表演在迪化、昌吉等城市兴起并流行开来,受到城市汉、回等族民众的喜爱。

电影、话剧、晚会等近代娱乐活动也出现在新疆的一些较大的城市。1932年,迪化商人开办"德元电影公司",但仅放映了几场便被当局勒令停止。抗日战争期间,赵丹等人受到《新疆日报》的鼓舞,来到新疆发展话剧事业,新疆城市民众的休闲娱乐活动更加丰富,并增添了近代戏剧剧目和抗日爱国剧目。戏剧剧团演出《台儿庄》《卢沟桥》《铁血救国》等为抗战将士募集寒衣的义务戏,并为抗战募集资金。迪化总商会从内地购买电影放映机,放映进步影片。这些戏剧、电影不仅丰富了新疆城市民众的闲暇生活,同时也激发了民众的抗日爱国激情。20世纪40年代,新疆省府成立各民族文化促进会。每逢周末便举行一次同乐晚会。1943年,内地人士李烛尘参加迪化国民党新疆省党部成立典礼,其间几乎每晚都参加各族文化促进会的游艺晚会。①

近代新疆城市民众还拥有了闲暇活动场所,如城市公园。迪化鉴湖在清代时便是游览胜地,跨过乌鲁木齐河即到。辛亥革命后,鉴湖被辟为公共游览公园。杨增新上台后,在鉴湖西南岸修建了"阅微草堂",正南方修建仿照北京故宫样式的"朝阳阁",并建造"醉霞榭""晓春亭""火车长亭"等附属建筑。1923年,杨增新将鉴湖公园命名为"同乐公园",这也是全新疆最早建设的公园,民众可在夏日游船,冬日溜冰。民国八年(1919),杨

---

① 李烛尘:《西北历程》,甘肃人民出版社2003年版,第97页。

增新倡建杨家花园（即杨公祠。笔者注），位于迪化城3里外的西南城郊，二十二年（1933）遭乱被毁。1934年，迪化市政府以省票500万两修筑园内房舍，更名为迪化市立第一公园，并于园内附设物产博览会，分军事、教育、工业、艺术、贸易、物产6馆，丰富了城市民众的闲暇生活。① 此外，体育运动也成为近代新疆城市居民的娱乐健身活动之一，迪化鉴湖公园、和平广场在20世纪30年代后举办了6次运动会，城乡居民皆积极参与。

二、城市居民的基本生活水平

刘锦棠收复新疆期间，巴里坤"棉布粮价与内地相近，皆由乌科一带而来"，"官军自复喀喇沙尔后所历均是腴疆，各城米粮布匹银钱及军民所需日用百货价值与东南各省腹地相若，且有较内地市价更平减者"②。由此可看出，清末新疆各城物价水平基本平稳，主要得益于内地每年几百万的协饷支援。

新疆建省以后，内地协饷逐渐断绝，每年又需分担数十万两庚子赔款，再加上新省地处边境，每年军费支出庞大，约占省财政总支出的70%以上，财政陷入极为困难的境地，于是省政府以发行纸币希图暂缓财政入不敷出的困局，却造成了新疆各城严重的通货膨胀，极大地影响了城乡民众的基本生活。

1911年时，省内各城所售"洋货"价格昂贵，特别是酒类，一般百姓难以消费。《昆仑旅行日记》载，"啤酒每瓶银二两，香槟酒大瓶者每瓶十四两……新疆人云'请温七爷吃饭请得起，请温七爷喝酒请不起'，成为俗谚"③。

民国元年至四年（1912—1915），"除陈前藩司续印纸币二十六万七千三百两，杨督增新势不得已以石印机用俄国普通纸料，印制新式纸币，以救目前，至三年秋，共印行六百二十三万余两，收支不敷，计共亏欠七百余万两"④，由于这种"新票"（"省票"）印制粗糙，在市面上供过于求，票价低落，难以兑换，致使民间开始大量存储银元、铜元、红钱，近代新疆通货膨胀的开始。同时，由于东路粮食歉收，致省内各城"物价腾贵"⑤，杨增

---

① 徐弋吾：《新疆印象记》，西京和记印书馆1934年版，第190页。
② （清）魏光焘：《戡定新疆记》（卷五，粮饷篇），载沈云龙编：《近代中国史料丛刊》（第十七辑），台湾文海出版社1968年版，第155、第182页。
③ （清）温世霖：《昆仑旅行日记》，天津古籍出版社2005年版，第154页。
④ 曾问吾：《中国经营西域史》，商务印书馆1936年版，第632页。
⑤ 张大军：《新疆风暴七十年》（全十二册），台湾兰溪出版社1970年版，第1026页。

新采取禁止粮食出口的临时政策及大兴水利、招户垦荒的办法以增加新省粮食产量，稳定省内粮价从而平易物价。即便如此，民初新省人民的生活仍然凸显困顿。以行政人员的薪俸情况可管窥当时城市居民的基本生活水平：各属道、厅主政人员月俸600两，省城各机关科长月俸120两，科员分三等，月俸分别为60、40、30两；外县县长分三等，月俸分别为600、500、400两，县署科长月俸14两，科员10两，雇员6～8两不等。其他一般行政人员，如南路各属行政机构的通事毛拉月俸1～2两，政警人员月俸3～12两不等①，兵士月饷4两2钱，雇工大工每日1两5钱，小工每日7～8钱。②行政人员的收入尚"俸微如此，万难生活"③，更不用说城市普通百姓了。

　　盛世才主政新疆之初，新疆"兵连祸结……中间多遭兵燹，故全省只有支出，毫无收入"④，于是省方再次大量印制省票、喀票，至1934年6月，新省纸币发行额已达12亿两，纸币票价急剧跌落，之前折现银1两仅需5两省票，此时则需700两省票。银价的上涨，使普通民众大多藏匿银元以保值，市面上的银元几乎绝迹。省方不得不继续发行省票，省票印制数额之多，"甚至印纸币之工料亦无从筹划"⑤。纸币的大量发行使"百物价值随之鹰涨"，通货膨胀态势愈演愈烈。由于"物价浮腾"，新疆各城的公务员的基本生活都难以自给，省政府以成立公务员消费合作社作为公务员生活补助机构，迪化公务员可从合作社以不到原价2/3的价格购买米、面、糖、盐、肉、火柴等基本生活物资。⑥1934年，由于"票价日益低落"，新疆省内各城军队将士薪资增加数倍，督办20000两，上将10400两，中将5600两，少将4000两，上校2400两，中校1800两，少校1200两，上尉900两，中尉700两，少尉600两，准尉500两，上士300两，中士260两，下士240两，上等兵220两，一等兵210两，二等兵200两，伙马夫200两。⑦士兵除薪饷外又有给养若干，按粮食实价折发。除公务员与将士生活得到政府补助外，城市普通居民则不得不承受高昂的物价带来的生活窘迫。据1934年8月《迪化通讯》报道，当年省内麦100斤值省票12000两，大米1斗值省票7000两。

---

　　① 曾问吾：《中国经营西域史》，商务印书馆1936年版，第589－590页。
　　② 谢晓钟：《新疆游记》，甘肃人民出版社2002年版，第99页。
　　③ 曾问吾：《中国经营西域史》，商务印书馆1936年版，第590页。
　　④ 曾问吾：《中国经营西域史》，商务印书馆1936年版，第636页。
　　⑤ 曾问吾：《中国经营西域史》商务印书馆1936年版，第632页。
　　⑥ 许崇灏：《新疆志略》，正中书局1944年版，第283页。
　　⑦ 曾问吾：《中国经营西域史》，商务印书馆1936年版，第622页。

1936年，省方收回省票，由中央援助开始发行中央银行钞票，币制的统一对稳定市场物价起到了一定作用。1940年，伊犁白面百斤需20余元，羊肉每斤需8~9角，其他日用必需品较前亦增长数倍，而城市各机关公务员每月薪饷不过40~50元①，维持家庭生计极为艰难。

1942年后，盛世才转向投靠国民党，取缔了苏联在新疆商贸权益，新苏贸易基本停滞。之前连针线都仰给苏联供应的新疆市场顿时物资紧缺、物价飞涨。当年财政部公布新币与法币兑换比率为1元新币换5元法币，4元新币换1元关金。② 1943年时，独山子油矿中方技术人员月工资为60~70元。③ 到1945年时，由于纸币滥发，物价高涨，省府迪化省级公教人员的月生活补助已调整至每月2500元国币，薪水提高仍不能保证从市场上购得基本生活物品，需由专门为公职人员服务的合作社领取政府补贴的米、面及各种日用品。

新疆解放前，各城物价暴涨，省政府发行的纸币从百万元面额到千万元、亿元，最大面额甚至达到60亿元，当时一张60亿元的新币仅能买到一包中等质量的咔啡牌纸烟。④ 1937年时，100元法币可购买到两头牛，到1947年时仅能买到1/3根油条，而到1948年，100元法币已经买不到任何东西了⑤。当时通货膨胀已十分严重，城市经济处于崩溃的边缘。迪化城内凡是租房、雇工和一切钱财事宜，都以南门市场上流行的"黑白两仙、两咔茶砖"（"黑仙"即鸦片，"白仙"即银元，"两咔"即咔叽棉布和咔啡牌香烟。笔者注）成为民间默认的计价标准，民众承受着银元一天一涨的成交价格，艰难维持生计。

---

① 《伊犁行政长关于公务员消费合作社的情况报告》（1940年7月23日，新疆伊犁区行政长公署报告第1922号）载新疆维吾尔自治区供销合作联社，新疆维吾尔自治区档案馆：《民国时期新疆合作社档案史料选编》，新疆维吾尔自治区供销联社史志编辑室1987年版，第61页。
② 李寰：《新疆研究》（下卷），安庆印书局1944年版，第32页。
③ 中国人民政治协商会议克拉玛依市委员会文史资料研究委员会：《克拉玛依文史》（第2辑），1986年版，第50页。
④ 中国人民政治协商会议乌鲁木齐市委员会文史资料研究委员会：《乌鲁木齐文史资料》（第7辑），新疆青年出版社1984年版，第109页。
⑤ 新疆维吾尔自治区供销合作联社，新疆维吾尔自治区档案馆：《民国时期新疆合作社档案史料选编》，自治区供销联社史志编辑室1987年版，第565页。

表30　1942—1948年新疆粮食价格　　　　　　　　（单位：万元）

时间	面粉（百斤）	大米（斗）	小米（斗）
1942.11.20	—	0.022（石）	0.014（石）
1947.8.27	6.8	3.5	1
1947.9.14	7.2	3.8	1.7
1948.3.13	24	9.8	—
1948.4.12	65	385（石）	—
1948.5.27	82.5	70	—
1948.8.1	110	210	—
1948.8.23	400	—	—
1948.8.27	440	220	—
1948.9.13	—	1900（石）	—

附注：资料来源于《民国时期新疆合作社档案史料选编》，第561页。

表31　1942—1948年新疆肉食价格　　　　　　　　（单位：万元）

时间	羊肉（斤）	牛肉（斤）	猪肉（斤）
1942.12.22	0.0001	—	—
1947.8.31	0.28	0.18	0.32
1948.5.15	3.5	3	—
1948.6.22	8	6	10
1948.7.12	10	—	—
1948.8.23	20	14	20

附注：资料来源于《民国时期新疆合作社档案史料选编》，第562页。

表32　1947—1948年新疆部分食品价格　　　　　　（单位：万元）

时间	清油（斤）	白糖（斤）	砖茶（两）
1947.8.27	0.22	0.32	—
1947.9.8	0.25	0.35	1.7（块）
1948.3.1	—	1.5	0.1
1948.3.17	—	—	0.2
1948.4.4	—	—	0.35

续表 32

时间	清油（斤）	白糖（斤）	砖茶（两）
1948.8.23	18	6	6
1948.8.27	20	—	—

附注：资料来源于《民国时期新疆合作社档案史料选编》，第562页。

表33　1947—1948年新疆部分工业产品价格　（单位：万元）

时间	白布（档）	青布（档）	男袜（双）	毛巾（条）	香皂（块）	牙膏（个）	牙刷（把）	洋火（盒）
1947.8.31	1.5（匹）	—	—	—	—	—	—	—
1947.9.14	4（匹）	—	0.1	—	—	—	—	—
1948.3.1	1.8	2	2.2	2	—	1.5	0.35	—
1948.3.17	2.8	3.4	3	3.5	2	2	0.5	0.1
1948.4.4	3.3	3.8	4.5	—	—	3	—	0.12
1948.6.22	—	—	9	3.15	3.6	3.15	2.7	—
1948.8.25	58	58	30	35	30	30	40	—

附注：资料来源于《民国时期新疆合作社档案史料选编》，第562页。

小　结

近代新疆城市人口构成复杂，较之内陆城市，少数民族占城市总人口比例较大，居住于城内的少数民族主要有维吾尔族、回族、俄罗斯族等。苏（俄）、英国及英属印度、阿富汗等国入疆居住的外国人数量也不少，大多从事商业活动，也有少数领事馆工作人员、传教士等。20世纪初俄国人曾因国内政局动荡大量逃新，引发新疆边境城市的危局。内地汉族入疆多为驻军、屯垦、从商或从政、从文，入疆之势持续不断且表现出波浪式的几次入疆高潮，如清末湘军入新、"赶大营"津商及其后来各地商人入疆、民初流民入疆、20世纪30年代中后期东北军入疆、20世纪40年代后在"开发大西北"号召下入疆的内地学生及普通民众等，对新疆城市的发展贡献不小。

汉族、少数民族、外国人共同构成了近代新疆城市多元的人口结构，并使城市呈现出多元异质交融的城市文化特色，如伊斯兰宗教氛围浓厚的穆斯

林城市，拥挤、狭窄、热闹与闲适并存；汉族传统文化几乎影响了新疆所有的城市，从城市形态到城市文化，表现出汉文化的广泛渗透性和少数民族文化的深厚包容力；新疆部分城市在近代还经历了从殖民文化的强硬植入到外国文化的潜移默化影响的历程，部分城市的异域文化特色显著。

欧亚枢纽的地位，使新疆城市吸引了来自各方的人口，为城市带来各种异质文化，后者在新疆极具包容性的文化中发展出多元文化交融的独特城市文化，使近代新疆城市呈现多样化的城市风格，充分体现了新疆城市开放与兼容并蓄的文化本质。

结语　边疆与枢纽双重角色中的城市发展

一、"孤悬塞外"的边疆之城

1. 边疆之城：城市由分离向"边疆—内地一体化"转变

在汉语语境中，"边疆"有两层含义："边"有边缘、边远之意，"疆"指地域、领域，国家形成后则指国家管辖的土地，即疆域。① 综合而言，"边疆"是指一个国家靠近国界的地带，及国家领土边缘性的区域，这一定义结合了边疆的地理意义与政治意义，且更为强调后者，确切地说，称为"边疆"的地理区域内应当具有一定长度的国境线。近代新疆省位于我国西北边疆地区，其城市具有鲜明的边疆特色。

19世纪末，清政府平复新疆乱局后，通过设省、改州县制，将新疆的行政管辖体制逐渐与内地一体化，试图加强对国家西北边疆的管辖与经营。然而，由于新疆在地理位置上远离国家行政中心，处于国家政治统治末梢，又加之近代国家政治局势动荡，国家力量衰微，在边疆地区更是力不从心。因此，新疆在近代相当长的时期内由地方军阀割据势力实行统治，呈现"孤悬塞外"的发展状态。在城市管理、发展方面，存在与中央统一管理割裂、制度更新落后于内陆各省的局面。

新疆建省后，城市行政体制实行道县制，有别于内地省县两级制。民国政府颁布的建国大纲中规定实施省县两级行政体制，即以县为自治单位，中央与县之间设省。由于新疆地处边疆且地域辽阔，为便于管理，特保留了省、道、县三级管理体制，建省之后设迪化、阿克苏、喀什噶尔3道，后逐渐增加伊犁、塔城、阿山3道，1920年时又增焉耆、和阗两道，共8道，南北疆各有4道。道下设县，尚不够设县地方置县佐。

---

① 周平：《我国边疆概念的历史演变》，载《云南行政学院学报》2008年第4期，第86—91页。

结语 边疆与枢纽双重角色中的城市发展

民国以后，新疆城市行政管理体制逐渐与中央一体化。首先，杨增新在主政新疆时将府、厅等行政建置统一撤改为县，此后又将道改为区制。其次，1928 年国民政府宣布开始"训政时期"，在实施省县制的基础上，可置设治局，废除道区制度及道尹、县佐。鉴于新疆省情况特殊，区域辽阔，部分边远城市如和阗、于阗等距离省会城市数千千米，政令难以迅速下达至各地，因此，国民政府特别允许新疆省可变通办理，可"暂准存留"各行政长，沿袭道区旧制。此外，国民政府为推行地方自治，于同年公布县组织法，包括县政府组织设置、县参议会等设置要求，同样允许新疆省可缓办县组织，根据 1931 年国民政府 1308 号训令内容，新疆省尚未办理新县制[①]。此后几年中，新疆陆续展开了县佐升县、增置设治局等。再次，20 世纪 30 年代后，新疆省行政建置基本上已经能够跟随中央改革调整步伐，相继又进行了增设行政区、县治，推行新县政、实施城市改造运动等措施。最后，国民政府正式接管新疆后，新疆城市行政管理体制基本上实现了与国家体制接轨。1942 年，新疆推行国民政府保甲制度，以其为城乡管理的基层组织和管理原则，并着手市政建设，于 1944 年恢复迪化市政府建制，开展新生活运动。

除城市行政管理体制从与中央割裂到逐步与中央一体化，新疆城市在与内地的交通、文化沟通等方面也表现出了由割裂到一体化的发展趋势。交通方面，清末时，内陆各省进入新疆的通道仅有 3 条大道，路途遥远、路况不良，且在外蒙独立、军阀混战、地方主义统治等因素影响下，3 条大道时断时续，内地民众往往将入疆视为畏途。新疆城市与内陆各城之间的距离及新疆省会城市与国家行政中心城市的距离遥远，相对而言，新疆边境城市却与近邻国家的边境城市指日可达。作为国家边疆的新疆，与内陆的交通反而不如与邻国的交通方便，时常发生新疆城市与内陆城市隔绝的情形。从另一方面来看，新疆作为国家边疆，通过省内公路等硬件基础设施的建设，贯通了连接东西的生命线，客观上在交通方面与内地公路沟通实现一体化。信息文化方面，清末时，新疆驿路建设利官不利民，各城民众只能依靠人口流动来带动信息的口耳相传，城市之间信息沟通不便，文化建设落后；此后，随着近代通信设施的建设、近代学校教育的开设、报刊的发行、文化促进会的创办等，新疆民众得以了解近代文化知识，城市与内地城市的信息沟通逐渐畅通，城市积极参与辛亥革命、抗战统一战线等历史事件，与国家命运连为一体。

---

① 张大军：《新疆风暴七十年》（全十二册），台湾兰溪出版社 1980 年版，第 2817 页。

2. 边陲之城：由城市构筑的军事缓冲带

新疆地处我国西北边疆，北有阿尔泰山、西为葱岭与帕米尔高原、南有昆仑山，其自然地理构造形成了我国内陆中原地区的西北天然屏障。从军事防御角度来说，面积辽阔的新疆是中亚势力向我国内陆地区推进的重要防御带。因此，历代中央政权从国家防御的角度出发，都极为重视对新疆（西域）地区的经营，重视城市选址的军事战略位置及城市的军事防御设施建设。清乾隆年间统一新疆后，甚至专门在新疆修建了一批"军城"，如天山北路的惠远、惠宁、会宁、巩宁、广安、孚远6座专驻八旗官兵的满城，及绥靖城、永宁城、阿克苏城、叶尔羌城、和阗城、喀喇沙尔城、英吉沙尔城、徕宁城、库车城、哈密城等八旗、绿营共驻城池或绿营专驻城池。

同治年间全疆农民起义爆发后，清军节节败退，除巴里坤会宁城坚守未失外，包括满城在内的新疆驻防城相继失守，城池遭到极大破坏。清军平复全疆乱局后，满城得到一定的修缮，但规模已大不如前，特别是伴随着建省后军府制的结束，新疆驻防城逐渐衰落。辛亥革命后，新疆不再有驻防城建置。

"军城"向"治城"的转变并非意味着新疆城市军事防御功能的消失，民国以后，中央政府及新疆地方政府主持推行的多次新疆行政建置改革，仍表现出对城市建设的军事考量。民初阿尔泰地区划归新疆后，新疆不仅成立了阿山专区，在设县时对阿尔泰地区也多有偏重，便是基于对边境地区军事战略地位和构建城市军事防御缓冲带的考虑。

3. 边缘之城：内地人士扎根情结的缺失

"边疆"，在历代文人政客或者普通民众的概念中，除蕴含地理意义上的边远之地、政治意义上的边境之地、军事意义上的边陲之地外，在文化意义上更有"蛮荒化外"之感。新疆，清乾隆以前被称为"西域"，自古以来繁衍生活着众多民族，如塞、乌孙、月支、突厥、回鹘、蒙古等族及明清以后逐渐形成的维吾尔、哈萨克等民族。这些民族在中原文化的视野中，无一不是"化外"之族，即汉文化教化不及的民族，这些民族生存的地区则是未经开发的"蛮荒"之地。对于中原地区的人来说，前往西域是一种挥别故土家园的生死离别之旅，自汉代长期驻守西域的班超作"臣不敢望到酒泉郡，但愿生入玉门关"[①]，到唐代王之涣作"羌笛何须怨杨柳，春风不度

---

① （南朝·宋）范晔：《后汉书》（卷四七，班梁列传第三十七），中华书局1965年版，第1583页。

玉门关"，王翰的一语"醉卧沙场君莫笑，古来征战几人回"，在中原人士的心中深深刻下了对西域的畏惧之感。

清乾隆以后，政府着力经营新疆，建城驻军、屯垦戍边。但这一时期的新疆，在内地人的心中仍是远离中原的塞外边地，是罪臣流放之处、流民会匪盘踞之地。清末左宗棠带军进疆平定叛乱，随军入疆"赶大营"的天津商贩赚了个盆满钵满。当新疆潜在的广阔市场为内地商人带来丰厚的回报时，内地人士对新疆的看法逐渐发生了改变。对商机敏锐的各地商人和对政治敏感的内地政客各自在经济利益与政治利益的驱动下，抛开对陌生的西域边地的畏惧，踏上入疆的淘金之旅。然而，虽然大部分商人和政客都在新疆获得了利益的满足，但这些具有深厚乡土观念、受传统汉文化视边疆为化外之地影响及持有"非我族类、其心必异"思想浸染的中原人，入疆仅为避难或谋求政治、经济利益，只要有所收获便打道回府，很少有人愿意留在异乡之地。在此种心态下，一方面，入疆汉商繁荣了新疆城乡商业，但汉商返乡也往往是新疆银钱大量流入内地之时，导致新疆的商业资金无法投入到本地，阻碍了新疆商业的发展；另一方面，入疆的汉族政客们在腐败的国家政治体系中通过买官得到在新疆各地任职的机会后，便以更加恶劣的手段搜刮民脂民膏，以获得政治利益和经济利益的双丰收，致使新疆各地民怨沸腾、社会矛盾尖锐、民族冲突频发，对城市的持续稳定发展带来了不利的影响。

值得注意的是，民国以后，随着新疆与内地一体化的发展，内地人士对新疆的看法也在逐渐发生改观，从"西域"到"国家大西北"概念的转变，反映了近代国民的国家整体观和中华民族意识的形成，入疆成为国家"开发大西北"的使命行动，内地青年积极投身于新疆城乡的社会建设事业。

二、"欧亚十字路口"的枢纽之城

新疆地处亚洲腹地，向西通往中亚和欧洲，向东进入广袤的中国内陆，为欧亚交通的十字路口，也是沟通欧亚的桥梁通道。近代以后，新疆地区成为帝国主义角逐的场所，全疆重要城市皆陆续开埠通商，新疆逐渐变成帝国主义的原料掠夺地和产品倾销市场，帝国主义侵略的触角深入新疆城市内部政治、宗教、文化等各个领域。1931年"九一八"事变后，日本的侵略向中国腹地推进，新疆从边陲之地转而成为中国抗日战争的大后方，并作为国际交通运输枢纽，为支持抗日战争取得最终胜利创造了重要条件。

1. 交通与商业枢纽：沟通欧亚的陆路城市通道

新疆，即古代西域地区，汉代时由张骞凿通，成为中原地区与中亚、欧洲沟通的重要陆路通道，丝绸之路沿线逐渐形成一些大小城市，这些城市不仅是西域各绿洲国的统治中心，也是欧亚商人、佛教徒等往来的中转驿站，更是商业活动繁荣开展的交流中心。今天新疆的哈密、乌鲁木齐、伊宁、楼兰古城、吐鲁番、库尔勒、库车、阿克苏、喀什、若羌、且末、和田、莎车等城皆是当时丝绸之路沿线的重要枢纽城市。城市沟通了东西交通，反之，交通枢纽地位也促进了这些城市的商业发展。虽然西域地区在唐、宋、明、清时期历经动荡，但城市历史深厚的商业积淀使各城在清乾隆一统全疆后得以迅速恢复发展，特别是在清末新疆建省之后，适逢闭关锁国的政策被列强打破，新疆再次成为中国与欧亚国家沟通的陆路通道。首先，新疆边境城市被迫开埠通商，与俄英等国展开国际商贸活动，除伊犁、塔城、喀什等开埠城市外，吉木乃、乌什也直接与俄国边境城市往来贸易，上述各城成为新俄通商的交通、商业枢纽城市。其次，民国以后，新疆省内天山北路东西一线公路交通贯通，南北疆公路交通也呈纵深发展态势，全疆城市之间沟通逐渐通畅，为省内商贸流通提供了便利条件。内地及苏（俄）、英等国商品通过新疆省内公路交通线，在全疆各城流通，使得新疆城市商业在与内地交流滞碍的情况下，通过国际商贸获得了另一种发展空间。更值得一提的是，中国抗日战争爆发后，在内陆各省对外沟通封锁的情况下，新疆东西贯通的城市交通线成为当时国内唯一一条可与外界联络的通道，迪伊公路和迪哈公路连接将苏方提供的战备物资源源不断地转运至内地抗战前线，为抗日战争做出了极大的贡献。

2. 信息与文化枢纽：由闭塞走向开放的城市

新疆地域辽阔，城际距离相对较远，在电报、电话等近代通信传输工具尚未建设之前，新疆城际之间消息沟通极为不畅。清末新疆建省时，省内城市之间虽然建设有驿路，但其目的是为了城际间公文传递，利官而不便民。清末民初，新疆开始建设邮政、电报，此后又发展电话通信，使城际信息逐渐通畅。

19世纪末至20世纪初时，新疆各城内部的信息传递和文化交流仍十分闭塞，城市居民唯一的消息来源便是"街头巷尾的一些传闻"[①]。清末以后，全疆各城陆续开展学校教育、社会教育，再加上辛亥革命以后部分城市出版发行报刊，苏（俄）、英等国也通过书籍、报刊、电影等方式，将其文化传入新疆各城，促使城市成为各区域的信息文化中心，城市展现出开放与兼容并蓄的多元文化面貌：一方面，传统与现代文化、汉族与少数民族文化、中

---

① ［芬兰］马达汉：《马达汉西域考察日记（1906—1908）》，王家骥译，中国民族摄影艺术出版社2004年版，第37、第40页。

国文化与外国文化在城市呈现多元交融的景象；另一方面，近代苏（俄）、英等国家将新疆视为战略竞争的角斗场，以城市为基地向新疆传播渗透殖民文化、泛突厥主义思想等，给城市稳定和国家安全带来威胁。

3. 地缘政治枢纽：大国战略竞争的欧亚焦点

（1）苏俄以北疆城市为基地向新疆渗透扩展影响力

19世纪，沙皇俄国致力于扩张领土、掠夺资源，对近邻中国虎视眈眈，成为列强中侵略中国的急先锋。19世纪60年代，俄国在侵吞我国东北边疆100多万平方千米领土之后，于1864年通过与清政府签订不平等的《中俄勘分西北界约记》，割去中国西北边疆44万平方千米的领土，其中绝大部分土地原在新疆地区，俄国将其与中国的边境线向新疆大幅度推进，新疆成为俄国进入中国内陆的又一便捷通道。同时，俄国还取得了在新疆喀什噶尔试行通商贸易和设立领事馆的权力。不过由于阿古柏入侵新疆事件的发生，俄国这一权力未能及时实施。俄国出兵占领了伊犁地区，私下与阿古柏签订条约，得到在喀什噶尔的商贸特权，从此，俄国在新疆南北疆的影响力逐步扩大。尝到甜头的俄国，在新疆扩张势力的野心一发而不可收。1881年，中俄签订《伊犁条约》，俄国又割去了中国新疆塔城东北和伊犁、喀什噶尔以西7万多平方千米的领土，并获得了在新疆哈密、吐鲁番、乌鲁木齐、古城等城设立领事的权力。俄国通过在新疆设立的领事馆及贸易圈，掠夺新疆的资源、倾销本国的工业产品、垄断城市经济，甚至插手新疆城市的邮政、通信、道路等各项建设与管理事务。

俄国国内革命后，建立苏维埃政权，新的政权主动撤销了之前俄国在新疆取得的政治、经济特权，在新疆建立了苏联领事馆。其后，苏联在新疆建立了与沙俄时代可相媲美，甚至有过之而无不及的影响力量。经济方面，新苏贸易额（量）年年递增；政治方面，盛世才执政前期惟苏联马首是瞻；文化思想方面，苏联在北疆城市创办报刊，宣传苏维埃思想；此外，苏联还向新疆提供资金、专家、技术，参与新疆城市建设。

（2）英国以南疆城市为基地与苏俄抗衡

英国对新疆的染指早在19世纪60年代末便开始了，当时新疆的西南部边境邻居印度、阿富汗已经成为英国的殖民属国，英国试图将势力继续向亚洲腹地推进，一方面可以瓜分面积广阔的中国国土，另一方面可以与同样有着领土扩张野心的俄国竞争，新疆成为两方力量的制衡节点。正如20世纪初驻喀什噶尔的英国领事夫人所称，"中国新疆，或更准确地说，它的西南部分，就像阿富汗一样，处在中亚把印度和俄国隔开的地区；由于俄国人一直向南扩展其边疆，维持这些隔离作用的地区或起缓冲作用的国家的现状，对我们来讲,就是一件值得关注的大事"①。新疆建省以后,英国政府多次派人入疆活动,步步为营,图谋在新疆建立政治基地,而清政府却无力阻止这一事态的发展。1890 年,英国驻喀什噶尔首任游历官麦卡尼到任,得到清政府的承认,意味着英驻新领事馆建立的第一步已经顺利实现。此后直到 1908 年清政府同意英国在喀什噶尔建立正式领事馆之前,英国驻喀什噶尔游历官已俨然以领事的身份行使职责,推动新疆与英属印度、阿富汗之间的商贸往来,加强对新疆及俄国的情报搜集工作等。1908 年,英国驻喀什噶尔领事馆正式建立后,英国在新疆的竞争力得到提升。在清末民初的一段时间里,英、俄两国以天山为界,在新疆势均力敌,新疆南北疆的城市也在两国的势力渗透中各受波及,北疆伊犁、塔城、迪化等城充斥俄国百货,颇染俄风,南疆喀什噶尔、莎车、和阗等城则英商(英属印度、阿富汗商人)遍及,英风尽染。俄英两国为争夺在新疆的更多利益,不但想尽办法实行经济扩张,更以在新疆各地非法登记"侨民"为招,吸引新疆人民入籍,不仅扰乱了新疆的经济秩序,还引发了全疆各地社会矛盾激化,冲突不断。

俄国国内革命战争期间,无暇顾及新疆,英国趁此机会扩大了其在新疆的影响力,商贸活动更加活跃起来。但新建立的苏维埃共和国很快和民国政府建立了官方联系,迅速恢复了在新疆的势力,特别是在经济上,几乎在新疆各城商业经济中形成垄断之势。而最令英国担忧的是,苏维埃思想也开始向北疆城市渗透,英国政府认为"苏维埃化的新疆,可能对我们在中国以及远东的利益产生严重的不良影响",须在北疆加强本国政治力量,而在迪化设立领事可谓"一个明显手段"②。1932 年,英国开始着手在迪化建立领事馆。此后,自 1932 年至 1936 年,英国政府与英属印度政府胶着于在新疆省会设立领事馆的战略认识、经费及设立方式问题,使英国失去了与苏联在北疆政治角逐的一次机会。虽然苏联在 20 世纪 30 年代获得了战略竞争的胜利,但英国政府并未放弃在北疆与苏联抗衡的希望。在此期间,英国向在喀什噶尔成立所谓"东土耳其斯坦伊斯兰共和国"的沙比提提供支持,鼓吹"泛突厥主义"和"泛伊斯兰主义"。1943 年 9 月,历经波折后英国政府终于在迪化建立了领事馆。加上同期美国在迪化建立领事馆,英、美两国形成了抵制苏联在新疆影响力的一股新力量。1945 年,世界反法西斯战争取得胜利。在中国政府的要求下,英国撤销了驻喀什噶尔总领事馆,由英属印度

---

① [英]凯瑟琳·马嘎特尼、戴安娜·西普顿:《外交官夫人的回忆》,王卫平、崔延虎译,新疆人民出版社 1997 年版,第 50 页。

② 许建英:《英国驻迪化领事馆的建立及活动述论》,载《中国边疆史地研究》2008 年第 3 期。

和巴基斯坦转接,改建为"印巴驻喀什领事馆",客观上削弱了英国在新疆的直接影响力。

(3) 美国以迪化为中心抵制苏联在新疆扩展影响力

20 世纪初,美国开始有传教士在新疆地区活动,其后,也有少数探险家考察新疆,但未真正在新疆建立政治势力。20 世纪 40 年代后,美国出于其全球战略的需要,开始着手在新疆建立政治力量。当时的新疆对于美国来说意味着:其一,新疆具有沟通中亚与中国内陆的交通枢纽地位,这一功能在中国抗战爆发后表现显著,当时面对整个中国内陆被日本封锁的状况,新疆却以其远处西北的位置,化劣势为优势,成为中国抗战的大后方,并将苏联的军备物资通过新疆的迪伊、迪哈公路输送至中国内陆抗战前线,对中国抗战的胜利做出了极大贡献。这使得正准备在中国及中亚地区谋求利益的美国对新疆的重要作用有所关注。其二,近代苏(俄)在新疆建立起来的影响力此时正值低谷,盛世才政治倾向的反转使中国国民党的势力开始进入新疆城市,而支持国民党的美国人此时遇到了在新疆建立政治力量的最好时机,不仅可以在新疆建立观察中亚的基地,还可以削弱苏联在新疆的影响力,甚至可抵制这一影响力向中国内陆的传播。由此,美国在 1942 年提出在新疆省会迪化设立领事馆的主张,明确表示之所以选择迪化城设立美国领事馆,是因为迪化一是新疆的省会城市,二是中国进出口货物的中心,三是苏联影响力的中心,四是"阿拉木图至兰州公路的连接点"及"中苏空中航线的终点"①。1943 年,美国得偿所愿,在迪化建立了美国领事馆,以此为基地,美国开始在新疆扩大影响力、搜集新疆及苏联情报、拉拢新疆社会反共少数民族上层人士等活动,成为 20 世纪 40 年代中后期影响新疆最强的外国势力之一。

近代苏(俄)、英、美等国在新疆建立基地,相互竞争,扩大各自在新疆的政治、经济、文化影响力的过程,充分反映了近代新疆,特别是新疆地区的重要城市在当时世界大国中亚战略扩张冲突中的核心地位。这种核心地位又成为近代新疆城市发展的一把双刃剑:一方面,城市在近代保持与各国的政治、经济交往,获取发展空间;另一方面,城市成为大国竞争的政治牺牲品,如经济被垄断、人口被掠夺、社会被扰乱等。

总体而言,"边疆"与"枢纽"的双重角色伴随着近代新疆城市发展的始终。"边疆"性使新疆城市在近代发展中与内地隔绝,但作为中国的疆

---

① 闫佼丽:《20 世纪 40 年代美国驻迪化领事馆的建立及其活动》,载《新疆社会科学》2010 年第 4 期。

土，新疆城市仍表现出逐渐与内地一体化的发展态势。"枢纽"性使新疆城市在近代发展中获得了外向发展空间，民众生活得到充实、丰富，但在苏、英等大国各为自身利益的竞争行动中，近代新疆城市丧失了独立发展的机会，在经济、政治、社会、文化多方面受制于人，表现出半殖民地城市发展的各种缺陷。劣势与优势共存，近代新疆城市在缓慢曲折的发展中奠定了现代发展的基础，是不容忽视的历史事实。当然，吸取历史发展的经验和教训，也是推动当代新疆城市发展的必修功课。

参考文献

一、著作

[1]（汉）班固. 汉书［M］. 北京：中华书局，1962.
[2]（南朝·宋）范晔. 后汉书［M］. 北京：中华书局，1965.
[3]（唐）李延寿. 北史［M］. 北京：中华书局，1974.
[4]（清）清实录（德宗景皇帝实录，宣统政纪）［M］. 北京：中华书局影印本，1987.
[5]（清）昆冈，等. 钦定大清会典事例（光绪朝）［M］. 光绪二十五年（1899）石印本.
[6]（清）朱寿朋. 光绪朝东华录［M］. 北京：中华书局，1958.
[7]（清）刘锦棠. 刘襄勤公奏稿［M］. 台北：文海出版社，1985.
[8]（清）松筠. 西陲总统事略［M］. 台北：文海出版社，1965.
[9]（清）魏光焘. 戡定新疆记［M］. 台北：文海出版社，1968.
[10]（清）袁大化. 新疆伊犁乱事本末［M］. 台北：文海出版社，1979.
[11]（清）袁大化，王树枏，等. 新疆图志［M］. 天津：东方学会，1923.
[12]（清）铁保. 钦定八旗通志［M］. 台北：台湾商务印书馆，1986.
[13]（清）松筠. 钦定新疆识略［M］. 日本：早稻田大学图书馆藏书，1512号，清道光元年（1821）刻本.
[14]（清）奕䜣. 钦定平定七省方略［M］. 北京：中国书店，1985.
[15]（清）璧昌. 叶尔羌守城纪略［M］. 北京：线装书局，2005.
[16]（清）左宗棠. 左文襄公奏疏续编［M］. 兰州：兰州古籍书店，1990.
[17]（清）纪昀. 乌鲁木齐杂诗［M］. 北京：中华书局，1985.

[18]（清）肖雄．听园西疆杂述诗［M］．清刻本．
[19]（清）七十一．西域闻见录［M］．日本：早稻田大学藏书，3339号．
[20]（清）王锡祺．小方壶斋舆地丛钞［M］．杭州：杭州古籍书店，1985．
[21]（清）王延襄．叶桥纪程［M］．北京：中央民族学院图书馆，1983．
[22]（清）宋伯鲁．西辕琐记［M］．北京：中央民族学院图书馆，1983．
[23]（清）方希孟．西征续录［M］．兰州：甘肃人民出版社，2002．
[24]（清）罗迪楚．新疆政见［M］．清宣统抄本．
[25]（清）陶保廉．辛卯侍行记［M］．兰州：甘肃人民出版社，2002．
[26]（清）裴景福．河海昆仑录［M］．兰州：甘肃人民出版社，2002．
[27]（清）袁大化．抚新纪程［M］．台北：文海出版社，1967．
[28]（清）温世霖．昆仑旅行日记［M］．天津：天津古籍出版社，2005．
[29]赵尔巽，等．清史稿［M］．北京：中华书局，1977．
[30]吴延燮．新疆大记补编［M］．北京：线装书局，2006．
[31]邓缵先．续修乌苏县志［M］．兰州：兰州古籍出版社，1990．
[32]杨增新．补过斋文牍［M］．台北：文海出版社，1965．
[33]中国社会科学院中国边疆史地研究中心．新疆乡土志稿［M］．北京：全国图书馆文献缩微复制中心，1990．
[34]中国第一历史档案馆．光绪朝上谕档［M］．桂林：广西师范大学出版社，1996．
[35]中国第一历史档案馆．宣统朝上谕档［M］．桂林：广西师范大学出版社，2008．
[36]中国第一历史档案馆．清代中俄关系档案史料选编［M］．北京：中华书局，1981．
[37]中国第一历史档案馆．光绪朝朱批奏折［M］．北京：中华书局，1995．
[38]马大正，吴丰培．清代新疆稀见奏牍汇编（同治、光绪、宣统朝卷）［M］．乌鲁木齐：新疆人民出版社，1997．
[39]杨书霖．左文襄公（宗棠）全集［M］．//近代中国史料丛刊读编（第六十五辑）．台北：文海出版社，1979．

[40] 李德龙．新疆巡抚饶应祺稿本文献集成［M］．北京：学苑出版社，2009．

[41] 王铁崖．中外旧约章汇编［M］．北京：生活·读书·新知三联书店，1957．

[42] 新疆社会科学院历史研究所．新疆地方历史资料选辑［M］．北京：人民出版社，1987．

[43] 中国人民政治协商会议新疆维吾尔自治区委员会文史资料研究委员会．新疆文史资料（第1—24辑）［M］．乌鲁木齐：新疆人民出版社，1979—1992．

[44] 中国人民政治协商会议乌鲁木齐市委员会文史资料研究委员会．乌鲁木齐文史资料（第1—13辑）［M］．乌鲁木齐：新疆青年出版社，1982—1988．

[45] 伊犁哈萨克自治州委员会文史资料委员会．伊犁文史资料（第1—13辑）［M］．伊犁：伊犁日报，1984—1997．

[46] 中国人民政治协商会议伊宁市委员会文史资料研究委员会．伊宁市文史资料（第1—14辑）［M］．伊犁：伊犁日报，1994—2013．

[47] 昌吉回族自治州政协文史资料委员会．昌吉文史资料（内部资料）（第1—20辑）［M］．1986—1997．

[48] 中国人民政治协商会议喀什市委员会文史资料研究委员会．喀什文史资料（内部资料）（第1—15辑）［M］．喀什：喀什市政协文史资料研究委员会，1992—2000．

[49] 阿克苏市史志编纂委员会．阿克苏市志［M］．北京：新华出版社，1991．

[50] 塔城市地方志编纂委员会．塔城市志［M］．乌鲁木齐：新疆人民出版社，1995．

[51] 乌苏县党史，地方志编纂委员会．乌苏县志［M］．乌鲁木齐：新疆人民出版社，1999．

[52] 乌鲁木齐县地方志编纂委员会．乌鲁木齐县志［M］．乌鲁木齐：新疆人民出版社，2000．

[53] 阜康县地名委员会．新疆维吾尔自治区阜康县地名图志（内部资料）［M］．1984．

[54] 喀什市地名委员会．新疆维吾尔自治区喀什市地名图志（内部资料）［M］．1984．

[55] 阿图什县地名委员会．新疆维吾尔自治区阿图什县地名图志（内

部资料）[M]. 1985.

[56] 呼图壁县地名委员会. 新疆维吾尔自治区呼图壁县地名图志（内部资料）[M]. 1985.

[57] 轮台县地名委员会. 新疆维吾尔自治区轮台县地名图志（内部资料）[M]. 1985.

[58] 奇台县人民政府. 新疆维吾尔自治区奇台县地名图志（内部资料）[M]. 1986.

[59] 沙雅县地名委员会. 新疆维吾尔自治区沙雅县地名图志（内部资料）[M]. 1986.

[60] 塔城市地名委员会. 新疆维吾尔自治区塔城市地名图志（内部资料）[M]. 1986.

[61] 乌鲁木齐市地名委员会. 新疆维吾尔自治区乌鲁木齐市地名图志（内部资料）[M]. 1986.

[62] 中国人民政治协商会议新疆维吾尔自治区委员会文史资料委员会. 新疆辛亥革命史料选编[M]. 乌鲁木齐：新疆人民出版社，1991.

[63] 新疆维吾尔自治区供销合作联社，新疆维吾尔自治区档案馆. 民国时期新疆合作社档案史料选编[M]. 乌鲁木齐：自治区供销联社史志编辑室，1987.

[64] 新疆维吾尔自治区地方志编纂委员会，《新疆通志》编纂委员会. 新疆通志：地名志，民族志，城乡建设志[M]. 乌鲁木齐：新疆人民出版社，2012，2009，1995.

[65] 中国史学会. 中国近代史资料丛刊（第四种回民起义）[M]. 上海：神州国光社，1953.

[66] 近代中国史料丛刊（《戡定新疆记》等）[M]. 台北：文海出版社，1966.

[67] 孟宪章. 中苏贸易史资料[M]. 北京：中国对外经济贸易出版社，1991.

[68] 钟广生. 西疆备乘[M]. 私印本，1914.

[69] 林竞. 新疆纪略[M]. 乌鲁木齐：天山学会，1918.

[70] 林竞. 西北丛编[M]. 乌鲁木齐：天山学会，1918.

[71] 姚祝萱. 新游记汇刊续编（西戍途中日记）[M]. 上海：中华书局，1923.

[72] 华企云. 新疆问题[M]. 上海：大东书局，1931.

[73] 吴绍璘. 新疆概观[M]. 南京：仁声印书局，1933.

[74] 太平洋书店. 新疆 [M]. 上海：太平洋书店，1933.
[75] 西北论衡社. 西北论衡 [Z]. 北平：西北论衡社，1933—1945.
[76] 冯有真. 新疆视察记 [M]. 上海：世界书局，1934.
[77] 徐弋吾. 新疆印象记 [M]. 西安：西京和记印书馆印行，1934.
[78] 天山月刊社. 天山 [Z]. 南京：天山月刊社，1934—1935.
[79] 吴霭宸. 新疆纪游 [M]. 上海：商务印书馆，1935.
[80] 杨刚毅. 新疆经济略谈 [M]. 上海：同文印刷社，1935.
[81] 杨刚毅. 新疆问题讲话 [M]. 上海：同文印刷社，1935.
[82] 西北刍议社. 西北刍议 [Z]. 南京：西北刍议社，1935—1937.
[83] 曾问吾. 中国经营西域史 [M]. 上海：商务印书馆，1936.
[84] 洪涤尘. 新疆史地大纲 [M]. 重庆：正中书局，1939.
[85] 中国国民党新疆省党部新新疆月刊社. 新新疆 [Z]. 乌鲁木齐：中国国民党新疆省党部新新疆月刊社，1942—1943.
[86] 陈纪滢. 新疆鸟瞰 [M]. 重庆：建中出版社，1943.
[87] 汪永泽. 新疆风物 [M]. 重庆：文信书局，1943.
[88] 韩清涛. 今日新疆 [M]. 贵阳：中央日报总社，1943.
[89] 许崇灏. 新疆志略 [M]. 重庆：正中书局，1944.
[90] 汪昭声. 到新疆去 [M]. 重庆：青年印刷所印行，1944.
[91] 李寰. 新疆研究 [M]. 重庆：安庆印书局，1944.
[92] 秦翰才. 左文襄公在西北 [M]. 上海：商务印书馆，1945.
[93] 张志毅. 新疆之经济 [M]. 上海：中华书局，1946.
[94] 卢前. 新疆见闻 [M]. 南京：南京中央日报发行，1947.
[95] 陈希豪. 新疆史地及社会 [M]. 重庆：正中书局，1947.
[96] 新疆文化社. 新疆文化 [Z]. 上海：新疆文化社，1947.
[97] 钟广生. 新疆志稿 [M]. 台北：成文出版社，1968.
[98] 陈启天. 中国近代教育史 [M]. 台北：中华书局，1969.
[99] 张大军. 新疆风暴七十年 [M]. 台北：兰溪出版社，1980.
[100] 陆维天. 矛盾在新疆 [M]. 乌鲁木齐：新疆人民出版社，1986.
[101] 秦翰才. 左宗棠逸事汇编 [M]. 长沙：岳麓书社，1986.
[102] 新疆社会科学院历史研究所. 新疆简史 [M]. 乌鲁木齐：新疆人民出版社，1987.
[103] 新疆对苏战略研究论文集 [C]. 乌鲁木齐：新疆大学出版社，1987.
[104] 林恩显. 清朝在新疆的汉回隔离政策 [M]. 台北：商务印书

馆，1989.

[105] 西北大学历史研究室. 西北历史研究（一九八六——一九八九年号）[C]. 西安：三秦出版社，1987—1990.

[106]《西域史论丛》编辑组. 西域史论丛（第3辑）[C]. 乌鲁木齐：新疆大学出版社，1990.

[107] 孟宪章. 中苏经济贸易史 [M]. 哈尔滨：黑龙江人民出版社，1992.

[108] 新疆维吾尔自治区交通史志编纂委员会. 新疆公路交通史 [M]. 北京：人民交通出版社，1992.

[109] 白振声，[日] 鲤渊信一. 新疆现代政治社会史略（1912—1949年）[M]. 北京：中国社会科学出版社，1992.

[110] 厉声. 新疆对苏（俄）贸易史（1600—1990）[M]. 乌鲁木齐：新疆人民出版社，1993.

[111] 包尔汉. 新疆五十年——包尔汉回忆录 [M]. 北京：中国文史出版社，1994.

[112] 何一民. 中国城市史纲 [M]. 成都：四川大学出版社，1994.

[113] 魏长洪，何汉民. 外国探险家西域游记 [M]. 乌鲁木齐：新疆美术摄影出版社，1994.

[114] 中共新疆维吾尔自治区委员会党史研究室. 抗战中的新疆 [M]. 乌鲁木齐：新疆人民出版社，1995.

[115] 陈方伯，谷梦麟. 从白山黑水到天山塔河——东北抗日义勇军在新疆 [M]. 乌鲁木齐：新疆人民出版社，1996.

[116] 刘金声，曹洪涛. 中国近现代城市的发展 [M]. 北京：中国城市出版社，1998.

[118] 周泓. 民国新疆社会研究 [M]. 乌鲁木齐：新疆大学出版社，2001.

[119] 成崇德. 清代西部开发 [M]. 太原：山西古籍出版社，2002.

[120] 谢晓钟. 新疆游记 [M]. 兰州：甘肃人民出版社，2003.

[121] 徐炳昶. 西游日记 [M]. 兰州：甘肃民族出版社，2002.

[122] 陈赓雅. 西北视察记 [M]. 兰州：甘肃人民出版社，2002.

[123] 林竞. 蒙新甘宁考察记 [M]. 兰州：甘肃人民出版社，2003.

[124] 杨钟健. 西北的剖面 [M]. 兰州：甘肃人民出版社，2003.

[125] 李烛尘. 西北历程 [M]. 兰州：甘肃人民出版社，2003.

[126] 萧乾. 昆仑采玉录 [M]. 北京：中华书局，2005.

[127] 于维诚. 新疆地名与建制沿革 [M]. 乌鲁木齐：新疆人民出版社，2005.

[128] 何一民. 20世纪中国西部中等城市与区域发展 [M]. 成都：巴蜀书社，2005.

[129] 周伟洲. 西北少数民族地区经济开发史 [M]. 北京：中国社会科学出版社，2008.

[130] 罗荣渠. 现代化新论——世界与中国的现代化进程 [M]. 北京：商务印书馆，2009.

[131] 朱永杰. 清代驻防城时空结构研究 [M]. 北京：人民出版社，2010.

[132] [俄] 尼·维·鲍戈亚夫连斯基. 长城外的中国西部地区 [M]. 外语系俄语教研室，译. 北京：商务印书馆，1980.

[133] [俄] A. H. 库罗帕特金. 喀什噶尔（它的历史、地理概况，军事力量，以及工业和贸易）[M]. 中国社会科学院近代史研究所翻译室，译. 北京：商务印书馆，1982.

[134] [苏] W. 克拉米息夫. 中国西北部之经济状况 [M]. 王正旺，译. 上海：商务印书馆，1934.

[135] [美] 费正清，等，编. 剑桥中国晚清史（1800—1911）（下卷）[M]. 中国社会科学院历史研究所编译室，译. 北京：中国社会科学出版社，1985.

[136] [芬兰] 马达汉. 马达汉西域考察日记 [M]. 王家骥，译. 北京：中国民族摄影艺术出版社，2004.

[137] [英] 凯瑟琳·马嘎特尼，戴安娜·西普顿. 外交官夫人的回忆 [M]. 王卫平，崔延虎，译. 乌鲁木齐：新疆人民出版社，1997.

[138] [美] 林乐知. 喀什噶尔略论 [M]. 中国西北文献丛书编辑委员会. 中国西北文献丛书第三辑，西北史地文献第3卷，兰州：兰州古籍书店，1990.

[139] [美] J. A. 米尔沃德（米华键）. 嘉峪关外：1759—1864年新疆的经济、民族和清帝国 [M]. 贾建飞，译. 张世明，审校. 北京：国家清史编纂委员会编译组刊印，2006.

[140] [日] 大谷光瑞，等. 丝路探险记 [M]. 章莹，译. 乌鲁木齐：新疆人民出版社，1998.

[141] [日] 日野强. 伊犁纪行 [M]. 华立，译. 哈尔滨：黑龙江教育出版社，2006.

[142][瑞典]斯文·赫定.亚洲腹地探险八年(1927—1935)[M].徐十周,等,译.乌鲁木齐:新疆人民出版社,1992.

[143][瑞典]贡纳尔·雅林.重返喀什噶尔[M].崔延虎,郭颖杰,译.乌鲁木齐:新疆人民出版社,1994.

[144][德]阿尔伯特·冯·勒柯克.新疆的地下文化宝藏[M].王家骥,译.北京:中国民族摄影出版社,2004.

[145][美]施坚雅.中华帝国晚期的城市[M].叶光庭,等,译.北京:中华书局,2000.

[146] Piper Rae Gaubatz. *Beyond the Great Wall*: *Urban Form and Transformation on the Chinese Frontiers*, Stanford University Press, 1996.

[147] S. Frederick Starr. *China's Muslim borderland*, M. E. Sharpe, 2004.

[148] Michael Dillon. *Xinjiang - China's Muslim Far Northwest*, Taylor & Francis e - Library, 2005.

[149] James A. Millward. *Eurasian Crossroads*: *A History of Xinjiang*, Columbia University Press, 2007.

[150] Ildikó Bellér - Hann. *Community Matters in Xinjiang 1880—1949*, Brill, 2008.

二、论文

[1]江昌绪.新疆之危机[J].边事研究会,1935(2).

[2]张觉人.新疆的交通[J].边事研究,1935(2).

[3]佚名.最近南疆情况[J].朱孝曾,译.边疆半月刊,1936(4).

[4][日]村田孜郎.苏俄对于新疆交通的控制[J].边疆半月刊,1937(1).

[5]王乃中.迪化市的改造和新市区的发展[J].新新疆月刊,1943(2).

[6]周芳冈.本省编查乡(镇)保甲的重要性与实施[J].新新疆月刊,1943(1).

[7]新疆省编查乡(镇)保甲户口实施办法[J].新新疆月刊,1943(1).

[8]何伦志.新疆近代手工业初探[J].新疆大学学报(哲学社会科学版),1981(3).

[9]邓绍辉.略论1881—1914年间新俄贸易关系的扩大[J].新疆大学学报(哲学社会科学版),1989(1).

[10] 李耕耘，厉声．盛世才统治时期新疆对苏贸易概述［J］．喀什师范学院学报，1991（1）．

[11] 房建昌．近代俄苏英美三国驻新疆总领事馆考［J］．新疆大学学报（哲学社会科学版），1995（2）．

[12] 吴福环．我国边疆治理制度近代化的重要举措——论新疆建省［J］．新疆大学学报（哲学社会科学版），1995（4）．

[13] 涂文学．中国近代城市化与城市近代化论略［J］．江汉论坛，1996（1）．

[14] 张建军．清季新疆建省后商业与城市的发展［J］．中国历史地理论丛，1996（4）．

[15] 蔡美权．国内较早的一次城市规划——乌鲁木齐市在1941年编制的分区计划图［J］．城市规划汇刊，1997（1）．

[16] 赵云田．清末新疆新政述论［J］．新疆大学学报（哲学社会科学版），1997（1）．

[17] 姜芃．城市史研究中的都市—地区理论［J］．史学理论研究，1997（4）．

[18] 余子明．清末地方自治与城市近代化［J］．人文杂志，1998（3）．

[19] 张建军．论清代新疆城市的占地规模［J］．中国历史地理论丛，1998（3）．

[20] 张建军．论清代新疆城市的人口规模［J］．中国历史地理论丛，1999（4）．

[21] 王非，赵荣．近现代西北城市体系的空间发展及其影响机制分析［J］．人文地理，1999（4）．

[22] 邢永福．中国第一历史档案馆藏清代新疆历史档案及其整理出版工作［J］．西域研究，2000（1）．

[23] 仲高．20世纪前半叶新疆民间文化与城市文化［J］．西域研究，2000（1）．

[24] 何一民．20世纪后期中国近代城市史研究的理论探索［J］．西南交通大学学报（社会科学版），2000（1）．

[25] 阎东凯．近代中俄贸易格局的转变及新疆市场与内地市场的分离［J］．陕西师范大学学报（哲学社会科学版），2000（2）．

[26] 齐清顺．论清末新疆"新政"——新疆向近代化迈进的重要开端［J］．西域研究，2000（3）．

[27] 何一民，曾进．中国近代城市史研究的进展、存在问题与展望

[J]. 中华文化论坛, 2000 (4).

[38] 袁澍. 王树枬与近代新疆开发建设 [J]. 新疆社科论坛, 2001 (1).

[29] 王茜, 李晓琴. 维吾尔近代集市贸易述论 [J]. 新疆社科论坛, 2001 (2).

[30] 阚耀平. 近代新疆城镇形态与布局模式 [J]. 干旱区地理, 2001 (4).

[31] 田庆锋. 新疆地区的中苏关系与新疆的近代化 (1917—1949) [J]. 喀什师范学院学报, 2002 (2).

[32] 王学斌. 走马喀什城——伊斯兰化的喀什传统街区特色与成因探析 [J]. 小城镇建设, 2002 (7).

[33] 王建基, 王茜. 19世纪末20世纪初新疆民族经济关系考察 [J]. 新疆社科论坛, 2003 (3).

[34] 关毅. 盛世才统治前期新疆经济的恢复和发展 [J]. 乌鲁木齐职业大学学报, 2004 (2).

[35] 周泓. 盛世才及国民党统治时期新疆对苏联的贸易关系 [J]. 西南民族大学学报 (人文社科版), 2004 (12).

[36] 周伟洲. 晚清"新政"与新疆维吾尔族地区近代经济的萌芽 [J]. 陕西师范大学学报 (哲学社会科学版), 2005 (1).

[37] 韩春鲜, 陈顺礼. 乌鲁木齐早期人类活动与城市形态演变 [J]. 中国历史地理论丛, 2005 (2).

[38] 贾秀慧. "津帮"在近代新疆的商业活动述评 [J]. 西北民族研究, 2005 (3).

[39] 黄达远. 晚清新疆城镇近代化初探 [J]. 西域研究, 2005 (3).

[40] 贾建飞. 满城, 还是汉城——论清中期南疆各驻防城市的称呼问题 [J]. 西域研究, 2005 (3).

[41] 葛剑雄. 从历史地理看西北城市化之路 [J]. 毛泽东邓小平理论研究, 2005 (4).

[42] 关毅. 略论盛世才主政时期新疆近代工矿业的发展 [J]. 新疆师范大学学报 (哲学社会科学版), 2006 (1).

[43] 娜拉. 清末民国时期新疆民族人口与分布格局 [J]. 黑龙江民族丛刊, 2006 (3).

[44] 关毅. 盛世才主政时期新疆商业贸易的发展 [J]. 新疆师范大学学报 (哲学社会科学版), 2007 (1).

[45] 贾秀慧. 晚清民国时期乌鲁木齐城市近代化述论 [J]. 西域研究, 2007 (2).

[46] 贾秀慧. 近代乌鲁木齐的市政文明建设述评 [J]. 新疆大学学报（哲学·人文社会科学版）, 2007 (2).

[47] 陈剑平. 试述商会对民国新疆工业的推进作用 [J]. 新疆地方志, 2007 (2).

[48] 钟建安, 陈瑞华. 近年来中国近代城市史研究综述 [J]. 社会科学评论, 2007 (4).

[49] 刘敏. 论清末新疆善后局 [J]. 安阳师范学院学报, 2007 (4).

[50] 苏奎俊. 清代新疆满城探析 [J]. 新疆大学学报（哲学·人文社会科学版）, 2007 (5).

[51] 许建英. 英国驻迪化领事馆的建立及活动述论 [J]. 中国边疆史地研究, 2008 (3).

[52] 周平. 我国边疆概念的历史演变 [J]. 云南行政学院学报, 2008 (4).

[53] 贾秀慧. 试析晚清民国时期新疆的政治生活变迁 [J]. 新疆社科信息, 2008 (4).

[54] 贾秀慧. 晚清民国时期新疆的社会生活变迁 [J]. 新疆大学学报（哲学·人文社会科学版）, 2008 (6).

[55] 黄达远. 清代新疆政区变革与城市发展——纪念新疆建省125周年 [J]. 民族社会学研究通讯, 2009 (51).

[56] 刘洋. 浅谈新疆近代手工业之衰落 [J]. 乌鲁木齐职业大学学报, 2009 (1).

[57] 韩蓓蓓. 近代我国新疆地区与苏（俄）贸易简论 [J]. 边疆经济与文化, 2009 (2).

[58] 黄达远. 清代新疆政区变革与城市发展 [J]. 西域研究, 2009 (3).

[59] 江平, 孟楠. 外国探险家游记所反映的新疆近代文化变迁——以喀什为例 [J]. 黑龙江民族丛刊, 2009 (3).

[60] 陈剑平, 任冰心. 俄国——苏联对近代新疆工业发展的影响 [J]. 新疆大学学报（哲学·人文社会科学版）, 2009 (3).

[61] 吴轶群. 清代新疆建省后伊犁人口变迁考 [J]. 新疆地方志, 2009 (3).

[62] 吴轶群. 清代伊犁城市体系变迁探析 [J]. 地域研究与开发,

2009（4）.

［63］冯建勇．民国初期新疆民众社会心态的重构：传统与近代之间［J］．新疆地方志，2009（4）.

［64］成湘丽．对民国新疆妇女运动的历史重估［J］．新疆大学学报（哲学·人文社会科学版），2009（4）.

［65］赵剑锋，靳焱．从《新疆图志》看新疆建省后商业发展状况［J］．昌吉学院学报，2009（6）.

［66］戴一峰．城市史研究的两种视野：内向性与外向性［J］．学术月刊，2009（10）.

［67］陈蕴茜．空间维度下的中国城市史研究［J］．学术月刊，2009（10）.

［68］张利民．城市史视域中的城乡关系［J］．学术月刊，2009（10）.

［69］段金生，董继梅．民国前期新疆现代化的历史审视——以杨增新统治时期（1912—1928）为中心［J］．文山学院学报，2010（1）.

［70］朱永杰，韩光辉．清代新疆"满城"时空结构研究［J］．满族研究，2010（3）.

［71］侯宣杰．论清代内陆边疆城市发展的特征［J］．云南民族大学学报（哲学社会科学版），2010（4）.

［72］闫佼丽．20世纪40年代美国驻迪化领事馆的建立及其活动［J］．新疆社会科学，2010（4）.

［73］贾秀慧．民国后期新疆的工商同业公会刍议［J］．西域研究，2010（4）.

［74］郑明治．多元视角下的新疆早期（1884—1949）城市近代化——以乌鲁木齐为中心的考察［J］．学理论，2010（13）.

［75］努如拉·莫明·宇里魂．清末的新疆工业［J］．史学月刊，2010（12）.

［76］侯宣杰．中国边疆城市发展史的特点与研究方法［J］．青海民族研究，2011（1）.

［77］贾秀慧．晚清民国时期新疆的公共卫生建设探析［J］．伊犁师范学院学报（社会科学版），2011（1）.

［78］黄达远．乌鲁木齐城市社会空间演化及其当代启示［J］．西北民族研究，2011（3）.

［79］左红卫．民国时期苏联电影在新疆的传播［J］．影视评论，2011（16）.

［80］何一民．清代藏新蒙边疆城市发展滞后原因探析［J］．民族学刊，2012（1）．

［81］彭融．20世纪新疆中等城市与区域发展研究［D］．成都：四川大学，2003．

［82］隔离下的融合：清代新疆城市发展与社会变迁（1759—1911）［D］．成都：四川大学，2006．

［83］李春华．新疆绿洲城镇空间结构的系统研究［D］．南京：南京师范大学，2006．

［84］刘海燕．清末民初哈密地区社会生活初探［D］．乌鲁木齐：新疆大学，2006．

［85］盛岚．民国时期新疆城镇发展研究［D］．乌鲁木齐：新疆大学，2007．

［86］刘正江．新疆城市民族商业社区变迁研究——以乌鲁木齐市南关民族社区为例［D］．北京：中央民族大学，2009．

［87］［日］国松久弥．日人眼中之新疆［J］．陈一中，译．边疆半月刊，1936（1）．

［88］［叙］M．S．阿米尼．苏菲派伊斯兰之城市观［J］．胡若飞，译．固原师专学报，1995（2）．

附　录

1884—1949年新疆市、县名称与现称对照表（仅列名称变化市县）

现用名	1884—1949年间名称	现用名	1884—1949年间名称
乌鲁木齐	迪化	新和	托克苏
巴里坤	镇西	喀什	喀什噶尔
鄯善	辟展	疏勒	喀什噶尔
焉耆	喀喇沙尔	英吉沙	英吉沙尔
和静	和靖	塔什库尔干	蒲犁
尉犁	新平	和田	和阗
若羌	婼羌	于田	于阗
察布查尔	河南、宁西	塔城	塔尔巴哈台
和布克赛尔	和什托洛盖、和丰	乌苏	库尔喀喇乌苏
阿勒泰	阿山	福海	布伦托海
木垒	木垒河	吉木萨尔	孚远
米泉	乾德	呼图壁	景化
玛纳斯	绥来	伊宁	宁远
霍城	绥远、霍尔果斯		